纪念抗日战争胜利七十五周年

抗战大迁徙实录丛书
编委会

主　　任：潘　洵
副 主 任：刘东风　郭永新
顾　　问：张　生　黄正林
编　　委：（按姓氏笔画排序）
　　　　　王兆辉　王勇安　刘志英　张　炜　张守广
　　　　　高　佳　赵国壮　郭　川　唐润明
审　　稿：方大卫

抗战大迁徙实录丛书

丛书主编 潘 洵

国府西迁

唐润明 著

陕西师范大学出版总社

图书代号：SK20N0717

图书在版编目(CIP)数据

国府西迁 / 唐润明著. — 西安：陕西师范大学出版总社有限公司，2020.7
（抗战大迁徙实录丛书 / 潘洵主编）
ISBN 978-7-5695-0840-6

Ⅰ.①国…　Ⅱ.①唐…　Ⅲ.①国民政府—史料　Ⅳ.①K265.206

中国版本图书馆CIP数据核字（2019）第104633号

国府西迁
GUOFU XIQIAN

唐润明　著

选题策划	刘东风　张　炜　王勇安
执行编辑	郭永新　王西莹　胡　杨
责任编辑	王　翰　王西莹
责任校对	刘丹迪
封面设计	张潇伊
图表设计	荣智广告文化
出版发行	陕西师范大学出版总社
	（西安市长安南路199号　邮编710062）
网　　址	http://www.snupg.com
印　　刷	中煤地西安地图制印有限公司
开　　本	720mm×1020mm　1/16
印　　张	20.25
插　　页	2
字　　数	290千
版　　次	2020年7月第1版
印　　次	2020年7月第1次印刷
书　　号	ISBN 978-7-5695-0840-6
定　　价	88.00元

读者购书、书店添货或发现印装质量问题，请与本公司营销部联系、调换。
电话：（029）85307864　85303629　传真：（029）85303879

总序：气壮山河之大迁徙

潘 洵

抗日战争全面爆发前的中国，不仅经济、文化、教育、科技等十分落后，布局也极不合理，绝大多数现代工业、金融、文化、教育、科技等机构集中分布于东部沿海沿江地区。据国民政府实业部统计，战前工业主要分散在冀、鲁、苏、浙、闽五省及天津、威海、青岛、上海四市，尤其集中于长江三角洲地带的苏、浙、沪两省一市，广大中西部地区川、滇、黔、陕、甘、湘、桂七省共有工厂237家，占全国工厂总数的6.03%，稍具规模的工厂几乎没有。战前全国108所高等院校中大学42所、专科30所，大部分集中在中心城市及沿江沿海一带，其中上海与北平占1/3，而贵州、陕西则一所没有。一旦东部沿海沿江地区遭遇战争破坏，将会给中国经济、文化、教育等带来毁灭性的打击。

从1931年九一八事变，日军炮击沈阳北大营开始，到1945年抗日战争胜利，中国历经了一次史无前例的大迁徙。特别是在全面抗战爆发以后，为了躲避日寇的炮火，为了不当亡国奴，数以千万的社会精英和平民百姓扶老携幼、驮箱推车、风餐露宿，艰难地向大后方迁徙。而同时，在国民政府和社会各界的动员和组织下，各政府机关、厂矿企业、文化单位、科研机构、大中院校、金融机构等也艰难地向西迁移。抗战大迁徙，涉及地域之广、动员力量之大、跋涉路途之遥远、历经时间之长久、辗转周折之艰险、作用影响之巨大，在人类历史上实属罕见。

这场大迁徙始因于1931年日本军国主义对中国东北的侵略。东北大学成为日军侵略下第一所内迁的高等学府,在九一八事变爆发后被迫走上流亡之路,成为第一所流亡大学,揭开了抗战大迁徙的序幕,其先迁北平复课,后又迁开封、西安,最后南下四川三台继续办学。

1935年华北事变后,华北危在旦夕,华北之大,已放不下一张平静的书桌。北平的部分学校、科研及文化机构开始了国难迁徙。位于北平的中央地质调查所、故宫博物院、中央研究院历史语言研究所等陆续南迁南京、上海。

全面抗战爆发后,平津很快沦陷,淞沪会战打响,首都南京岌岌可危,政府西迁迫在眉睫。1937年10月29日,中国军队在淞沪战场上处于不利的形势,蒋介石在国防最高会议上发表《国府迁渝与抗战前途》的讲话,确定以四川为抗日战争的大后方,以重庆为国民政府的驻地。[①]11月16日晚,国防最高会议正式决定国民政府西迁重庆。国民政府主席林森即席辞别,于当晚乘军舰溯江而上,率领国民政府高级官员及随员800余人离开南京,首途重庆。11月20日,国民政府正式发表移驻重庆宣言:"国民政府兹为适应战况,统筹全局,长期抗战起见,本日移驻重庆,此后将以更广大之规模,从事更持久之战斗。"同日,四川省政府主席刘湘电呈林森,表示"谨率七千万人,翘首欢迎"。12月1日,国民政府宣布在重庆简陋的新址正式办公。

国民政府的西迁,迅速带动中国沿海沿江和中部地区的工业、金融、文化、教育、科技等机构及民众的大规模内迁。"中华民族6000万儿女,政府官员、大学教授、工商老板、小工苦力,他们挈妇带女,扶老携幼,从海边走向大山,从莽莽林海前往黄土高原,从富饶的江南奔赴偏远的西南。他们不分老幼,不分男女,不分信仰,不分党派;为了生存,为了延续民族的血脉,为了抗击日本侵略者,走上艰苦卓绝的迁移之路。"[②]

为了保存中国经济命脉,支援抗日战争,上海及其他战区的民族企业家纷纷冒险犯难,将机器、设备和员工迁到武汉,继而又转移到西南内地。他

[①] 《国府迁渝与抗战前途》(1937年10月29日),见秦孝仪主编:《总统蒋公思想言论总集》第14卷,中国国民党中央委员会党史委员会1984年版,第655—657页。
[②] 苏智良、毛剑锋、蔡亮等编著:《去大后方:中国抗战内迁实录》,上海人民出版社2005年版,前言第1—2页。

们长途跋涉，历尽艰辛，迁往内地恢复生产，仅1938年至1940年，内迁工厂448家，有技工12,182人，内迁后复工的308家。①高校内迁也是抗战大迁徙的重要组成部分，从1937年到1944年，经历三次大规模的内迁：第一次是全面抗战开始到武汉、广州会战前，内迁高校达56所，占当时全国高校总数97所的57.73%；第二次是太平洋战争爆发后，内迁高校21所，占21.65%；第三次是1944年2月至12月豫湘桂大溃败时期，原迁在此的21所高校仓促再迁，损失极大。据统计：迁校4次以上的有19所，其中4次的有东吴大学、国立戏剧学校等8所；5次以上的有浙江大学、私立贤铭学院，其中浙江大学两年5次迁徙，途经浙、赣、湘、桂、黔五省，行程5000余里；6次的有河南大学等3所；7次以上的有中山大学、山西大学等5所；8次以上的有广东省文理学院。而迁校2—3次的占绝大多数。②抗战期间迁移高校总计106所，搬迁次数多达300余次。内迁重庆的科学研究学术单位、文化机构也很多，如国民政府国史馆，中央广播电台，兵工署导弹研究所，中央工业实验研究所，中央农业实验研究所，国立中央研究院动物研究所、植物研究所、物理研究所，中国地质调查所，永利化工研究所，中山文化教育馆，国立编译馆，国立礼乐馆，商务印书馆，正中书局，国立中央图书馆，中央电影制片厂等100多家单位。大量报社、出版社也纷纷迁渝，当时国民党的主要大报《中央日报》《扫荡报》《大公报》等，以及共产党的《新华日报》都在重庆印行。在战时四川的"文化四坝"中，重庆就占据了"文化三坝"（北碚夏坝、市区沙坪坝、江津白沙坝）。重庆出现文化机构云集、文人荟萃的局面，大大推动了重庆文化的繁荣。随着战争的持续，大量东部、中部地区的人口也纷纷内迁，据国民政府铁道部部长、交通部部长张公权先生估计"到1940年，沿海各省逃往大后方的人民，从一亿八千万增加到二亿三千万，以致全国人口总数之一半定居于中国后方"③。而据陈达统计，七七事变后短短数年中，全国城乡共有一千四百二十五万人迁往后方。④陈彩

---

① 国民政府经济部：《经济统计月报》，1940年第4期。
② 季啸风主编：《中国高等学校变迁》，华东师范大学出版社1992年版。
③ 张公权：《中国通货膨胀的历史背景和综合分析》，见中国人民政治协商会议全国委员会文史资料研究委员会编：《工商经济史料丛刊》第1辑，文史资料出版社1983年版，第147页。
④ 陈达：《现代中国人口》，天津人民出版社1981年版，第93页。

章认为大后方除有组织的迁移人口外，仅难民就收容了一千余万人。①而陆仰渊认为迁移人口多达五千万。②

太平洋战争爆发后，美国好莱坞著名导演弗兰克·卡普拉根据美国国防部参谋长马歇尔元帅的要求，制作完成了反映第二次世界大战真相的系列纪录片Why We Fight（《我们为何而战》），其中的第六集是1944年制作上演的The Battle of China（《中国战事》）。该纪录片以相当长的篇幅记述了抗战期间中国大迁徙的景况：

> 三千万人被本能驱赶着向西移动，路上崎岖难行，他们没有铁路快车可搭，在二千英里没有道路的荒地中往西移动，全世界目睹人类史上最不可思议的景象之一，史上最大的迁徙。任何可以使用和搬动的东西都被中国人带上路，他们的图书馆，他们的学校，他们的医院，全都被拆下来带走。一千多家工厂的机器，重达三亿多磅，被用卡车运走，用牛车运走，以及扛在背上带走。二千多英里的路程，向西二千多英里，只要可以，他们就聚集在仅存的少数几条铁路旁，等待着，希望在前往西方的目的地时，火车能多少载他们一程，当最后的一部火车载满人和机器后，铁轨也被拔起，一个横轨接着一个横轨，一块枕木接着一块枕木，都将运往西方，不留下任何东西给敌人。每一条往西的河都载满船只，每个舢板、每个驳船，都行在水面上，运送新中国所需的工具到河岸。什么也阻挡不了他们，即使是山谷里的狭窄河流也一样，运送比生命重要的机器往西行。旅程是以英里计，以英尺计，以英寸计，流着汗水一步步披荆斩棘，没有火车、没有船、没有牛车的地方，还是有自动帮忙的勤劳人手，三千万人往西迁移，往西离开侵略者，往西离开奴役与死亡，往西寻找自由。

中国铅笔工业奠基人，有"铅笔大王"之称的企业家吴羹梅曾回忆抗战内

---

① 陈彩章：《中国历代人口变迁之研究》，上海书店出版社1946年版，第112页。
② 陆仰渊、方庆秋主编：《民国社会经济史》，中国经济出版社1991年版，第636页。

迁经历:"那是1937年8月,我在上海经营的中国标准铅笔厂为了救亡图存,加入了内迁的行列。由于上海江运已被日寇封锁,大轮船不能通过,同时火车又多被军队征用,陆路运输也不可能,因而只好出重价雇用木船,由小火轮拖到镇江,再以江轮转驶武汉。我与全体职工在敌机轰炸、炮火连天的危险时刻,争分夺秒,随拆随运。我们将拆下的机件,装上木船,在船外以树枝茅草伪饰,掩蔽船内物资。各船沿苏州河前行,途中遇到敌机空袭,就停避在芦苇丛中,空袭过去,再继续前进,终于经镇江运达武汉。次年三四月间,武汉吃紧,再迁宜昌。后因宜昌势难久留,又不得不溯江西上。宜昌以上川江,滩多水浅,只有木船可用。其时搁在武昌待运的物资堆积如山,运输大成问题。我们与工矿调整委员会武汉办事处负责人林继庸、李景潞多次商谈,承协助租到白木船几百只,始得成行。由宜昌至重庆水路全线1300哩,沿线有险滩75处,水流甚急,须由纤夫在岸上拉纤前行,速度很慢。过滩时,因水位不平,船头被纤拉住,往上倾斜,极为危险。如逢小轮急驶而过,激起高浪,最易倾覆沉没。我厂所租的白木船被浪涌入,有两只倾覆,物资落江,损失不小。我们就这样辗转设法把工厂的设备和物资,迁到了抗战后方的重庆。"[①]

抗战大迁徙是一曲撼人心弦的悲歌。由于国民政府对日本侵略的严重性、紧迫性认识严重不足,直到抗战全面爆发,日寇占领平津,上海即将沦陷,决定迁都重庆前不久,国民政府才匆忙部署政府机关和工矿企业的西迁事宜,造成了很大的被动。而对大中院校、文化单位、科研机构等的迁徙,更是缺乏统筹计划和组织,大多只能各自为政。且由于时间仓促,有的直接毁于战火,有的未来得及搬迁便沦于敌手,有的搬迁计划多次变更,搬了又迁,费尽周折。当时交通极不发达,公路铁路很少,西迁主要靠长江水道,运输能力严重不足。迁徙之路还不时面临日军的狂轰滥炸。更多的人只能靠双脚行走,肩挑背驮,颠沛流离,风餐露宿,艰难西行。

抗战大迁徙是一曲气壮山河的壮歌。对于大规模的工厂、机构的搬迁,即使在和平时期也是一项复杂的工程。但广大内迁员工同仇敌忾,满腔热情

[①] 孙果达:《民族工业大迁徙——抗日战争时期民营工厂的内迁》,中国文史出版社1991年版,序言第1页。

地投入搬迁，废寝忘食，夜以继日地拆卸、包装、装车、装船、造册，无论是机器设备，还是实验器材，无论是桌椅板凳，还是文物图书，都尽一切可能搬运到大后方。无论在迁徙途中，还是在大后方重建，完全陌生的环境，持续不断的无差别轰炸，无休无止的通货膨胀，"衣"的简朴、"食"的匮乏、"行"的艰难、"住"的简陋、"活"的困苦，都没有动摇他们一路向西的意志和抗战救国的信念。

抗战大迁徙是一曲可歌可泣的赞歌。抗战的西迁，粉碎了日军威迫中国首都、要挟国民政府妥协投降的企图，特别是国民政府移驻重庆，"一则防为城下之盟，一则更坚定抗战之决心，俾便从容为广大规模之筹计，使前方将士、后方民众感知政府无苟安求和之意念，愈加奋励"。抗战大迁徙，建立了一个长期抗战的战略后方基地，对支撑长期抗战，争取抗战最后胜利奠定了坚实的基础。"播迁想见艰难甚，辛苦谁争贡献多，宝气精心应不灭，从头收拾旧山河。"①抗战大迁徙，也给中国西部经济、文化、科技的发展创造了一个特殊的、前所未有的机遇。不仅为国民政府正面战场的抗战提供了物质基础，也在一定程度上调整了全国经济、文化、科技布局不均的状况，带动了西部地区经济、文化和社会事业的发展，极大地促进了西部地区的现代化发展。

抗战大迁徙，实现了抗击日军侵略的重大战略转移，奠定了中华民族持久抗战的坚强基石，是一部民族解放战争史上气壮山河的壮丽史诗。

为了再现抗战大迁徙波澜壮阔的历史画卷，弘扬伟大的抗战精神，陕西师范大学出版总社与西南大学中国抗战大后方研究中心共同策划推出"抗战大迁徙实录丛书"。该丛书包括《国府西迁》《文化存续》《金融对垒》《守望科学》《烽火兵工》《工业重塑》等六卷，由长期从事中国抗战大后方历史研究的学者编著。经过多年的不懈努力，力图以学术的视野，故事化的文字，并辅之以生动的图片，全景式呈现抗战大迁徙中那些颠沛流离的生活、悲欢离合的故事、可歌可泣的事迹和不屈不挠的抗争，给广大读者提供一套兼具思想性和可读性的学术读物。

---

① 黄炎培为迁川工厂出口展览会的题词，1942年2月。

引　言

所谓首都，即一个国家的国都，是全国最高权力机关所在地。一般说来，首都所在的地区（城市），地位优越、交通便利、人口众多、商贸发达、人文荟萃，通常是这个国家的政治、经济、军事、文化、外交与社会的活动中心，是一个国家的象征与缩影。首都设在什么地方，不仅对一个国家的政治、经济、军事、文化、社会等有着重大的意义和影响，而且首都之于全国，犹如人的大脑之于全身，统率、指挥、协调着全国各个地方、各个方面、各个阶层的活动，故首都又被称为一个国家的"神经中枢"，是一个国家、民族的精神寄托与归宿。正因为首都地位的重要，所以历代统治者都十分重视首都地点的选择与首都本身的建设，并视之为"国之大事"。

一朝之内，国都一旦建立，除非政权更迭、朝代变迁，轻易是不会变动的。但古今中外，因种种原因而迁都的，则屡见不鲜。总结其迁都的情况，大致可以分为两种，即积极主动的迁都和消极被动的迁都。

纵观中国历史上的迁都，既有为适应形势发展需要、拓展统治区域的积极主动的迁都，如商代"盘庚迁殷"，汉朝刘邦自洛阳迁都长安（今陕西西安），北魏孝文帝自平城（今山西大同）迁都洛阳，明朝明成祖自南京迁都北京，以及辽、金、元等少数民族建国后将国都由北方偏僻地区迁往北京，等等，均属此类。这些迁都，虽然迁移方位各异，但迁都目的相同——都是为了适应形势发展需要，拓展统治区域，以便更好地控制全国局势。正因为它们适应了形势的发展需要，所以迁都之后的这些朝代，都在中国历史上产生了巨大影响，盛极一时，经久不衰。如"盘庚迁殷"造就了商代稳定的政治局面，经济繁荣，文化发展，实现了商朝的中兴，为商朝取得灿烂的文明创造了先决条件。再如北魏孝文帝迁都，不仅适应了当时政治经济形势的发展，加速了中华民族融合的步伐，促进了社会经济的发展和历史的进步，而且有力地推进了孝文帝的汉化改革，也因此结束了鲜卑人在中原汉人心目中的"胡虏"形象，其政权也开始归于正统，其政治也由此走上正轨，达到了巩固统治的目的。

与历史上一些新兴王朝积极主动的迁都相对的是一些朝代在经历了一段时间之后，国势衰颓，"外敌"入侵，面对强敌的压迫，为挽救危局、延续统治而被迫迁都。如西周末年，周平王面对西戎的进逼，以及正在崛起的秦国，被迫将国都从强敌环伺下的丰镐（今陕西西安）迁到较为安全的洛阳；又如北宋灭亡后，赵构于归德（今河南商丘）做了皇帝，为了避金国之锋芒，将其国都自归德迁到临安（今浙江杭州），偏安东南；再如到了金朝末年，蒙古人在北方迅速崛起，并攻城略地，不断南下，金朝为了延续并巩固其统治，不得不将其国都自中都（今北京）迁至汴京（今河南开封）；等。这些朝代的迁都，大都发生在其统治末期、国力衰退、强敌入侵之际，是一种已丧失了政治、军事主动权的迫不得已的被动行为。因而其迁都之后，虽然能勉强延续其统治，但很难有大的作为。

首都在国家中的重要作用与地位，使其与一个朝代、政权的稳定紧紧地联系在一起。如果说"首都"被誉为一个国家的精华与缩影，那么"迁都"就是历史上的一道"风景线"，"迁都史"则被誉为一部浓缩、精练的历史。中国历史上的迁都，被称作"是中国历史剧烈震荡的政治波谱图，是中国政治变迁的晴雨表"[①]。

1912年至1949年，是中国历史上社会急剧动荡、变化的时期，反映在国都上，就是国都众多，迁都频繁。在中华民国存在的三十八年

---

① 辛向阳、倪健中主编：《首都中国：迁都与中国历史大动脉的流向》，中国社会出版社2008年版，第4页。

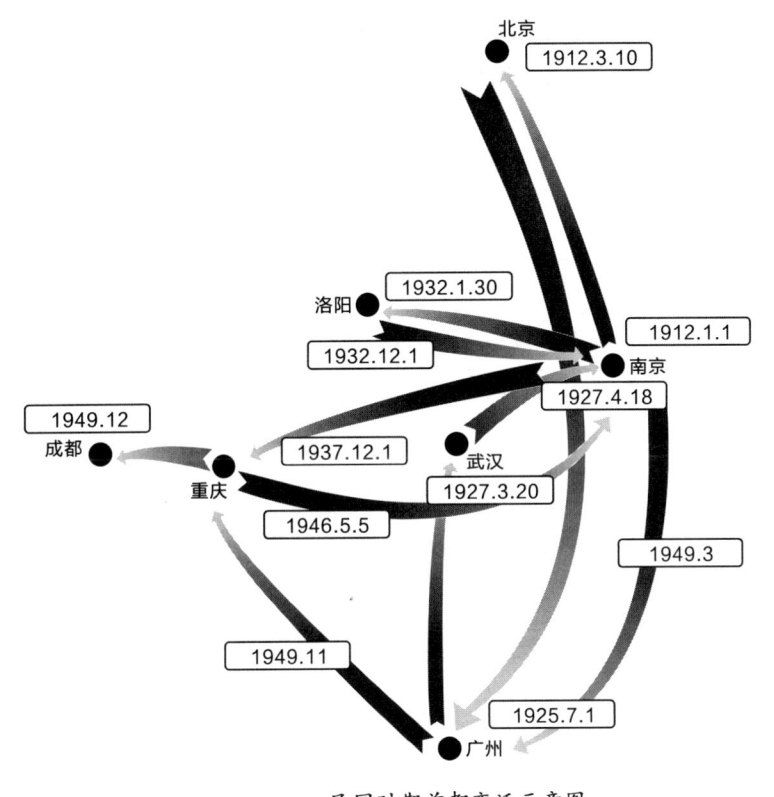

民国时期首都变迁示意图

里，不仅有"首都"南京和北京，而且有"行都"洛阳，"陪都"西安、重庆和北平……就地点来说，有南京、北京（北平）、广州、武汉、洛阳、西安、重庆、成都8个城市，可谓东南西北，无所不有；就时间来说，平均四年一轮换，且有的城市还先后多次充当"首都"的角色，故实际上一个城市作为"首都"的时间平均还不到四年。在这8个城市中，北京作为首都的历史有十六年（1912—1928），南京作为首都的历史有十三年（1927—1937、1946—1949），重庆作为首都的历史有九年（1937—1946）。这3个城市作为首都的时间与整个中华民国存在的时间大体相等，故其他5个城市作为"首都"的时间，都只能用"昙花一现""过眼烟云"来形容。就"国都"的叫法来说，则先后有首都、准首都、行都、陪都和临时首都的称谓或事实；就国都存在的形式来讲，有统一时的一国之都，也有对立时的一国两都或三都，还有首都沦陷、陪都成立，以及首都与陪都同时存在的情形。其设立之复杂，变迁之频繁，不仅为中国历史上仅有，也为世界历史上罕见。

伴随着民国时期"首都"的频繁变迁，则是往返多次、纷纷扰扰的迁都。民国时期的迁都，既有主动的迁都，也有被动的迁都；既有因国内战争、斗争的迁都，也有在外来敌寇势力侵略下的迁都。就迁都的结果与影响而言，则以1937年全面抗日战争爆发后国民政府迁都重庆最具价值和意义，且存在的时间最长，对中国历史的影响也最大。虽然早在1948年9月出版的"中华民国历史小丛书"中就有赵授承编的《迁都重庆》一书，但该书并未说清楚抗战时期国民政府迁都重庆的背景、原因、经过与意义。在此之后的时间里，人们几乎淡忘了抗战时期国民政府迁都重庆这一中国近代史上具有重大意义和作用的重大事件，对之也很少有专门的研究，更未给其正确的地位与评价。即使个别专著有所涉及，也是要么泛泛而谈，轻描淡写；要么避重就轻，一笔带过；要么演义重于史实，错漏颇多，这不能不说是一种学界的遗憾和学者研究的缺失。

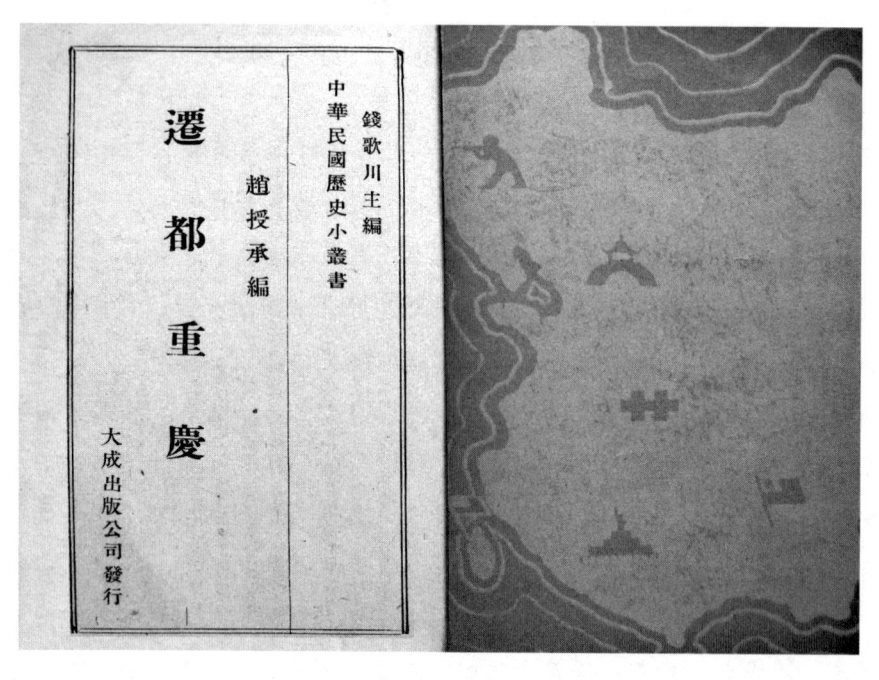

《迁都重庆》
（赵授承编，大成出版公司，1948年9月）

笔者完成了《衣冠西渡——抗战时期政府机构大迁移》一书的撰写工作，并于2015年12月在商务印书馆正式出版。但该书纯为一学术性的专著，且字数太多，不便于普通读者的阅读。陕西师范大学出版总社组织编写通俗性的，抗战时期的"抗战大迁徙实录丛书"，将《国府西迁》纳入其中并邀请笔者撰写。笔者也希望能在学术专著向通俗读物的转化上做一尝试，同时让更多的读者了解、认识抗战时期国民政府迁都重庆的背景、原因、经过及其影响。这就是笔者撰写《国府西迁》的动机与目的。

目 录

第一章 "虎踞龙盘"之南京 / 1

  中华民国定都南京始末 / 3
  混乱的北京政府与北伐中的广州国民政府 / 6
  北伐途中的"迁都"之争 / 10
  南京国民政府的成立 / 14

第二章 众论御敌方略 / 21

  国防大势的转移 / 23
  孙中山关于建立"海、陆都"的构想 / 26
  傅斯年：中华不是一个可以灭亡的民族 / 29
  胡适：长期苦斗为不可避免的复兴条件 / 33
  蒋百里及其"三阳"御敌理论 / 36

第三章 西为陪、洛为行 / 41

  蒋介石左右抗战方略 / 43
  迁都洛阳的决策与实施 / 46
  筹建洛阳行都、西安陪都的决议 / 54
  国民政府还都南京 / 58

第四章　巡视十省　聚焦四川 / 63

国民政府对行都洛阳、陪都西安的经营 / 65

蒋介石巡视北方十省 / 73

蒋介石的"蜀粤并重"思想 / 79

国人目光聚焦四川 / 85

第五章　策定四川　经营蜀地 / 97

西北之劣势与四川之优势 / 99

国民党中央势力进入四川 / 105

"一箭三雕"西南行 / 110

四川抗战基地的策定 / 116

蒋介石的第二次西南之行 / 124

重庆行营的设立 / 128

改革川政，整顿蜀军 / 133

移蜀风，改蜀道 / 142

统一币制，健全经济 / 152

第六章　定都重庆始末 / 159

"异地办公"的谋划 / 161

迁都重庆的决策与经过 / 166

驻武汉各党政机关的再次迁移 / 190

中共代表团及各民主党派代表迁抵重庆 / 203

蒋介石率国民政府军事委员会移驻重庆 / 214

第七章　各方优势终定渝 / 227

自然环境上的优势 / 229

交通及经济上的优势 / 236

政治上的优势 / 242
　　"川军国家化"的成功 / 244

第八章　巴山渝水留辉光 / 247

　　稳定人心，鼓舞士气 / 249
　　依托西部富源，夺取抗战胜利 / 257
　　开发西部，泽及后世 / 266
　　促进重庆发展，奠定今日始基 / 283

后记 / 302

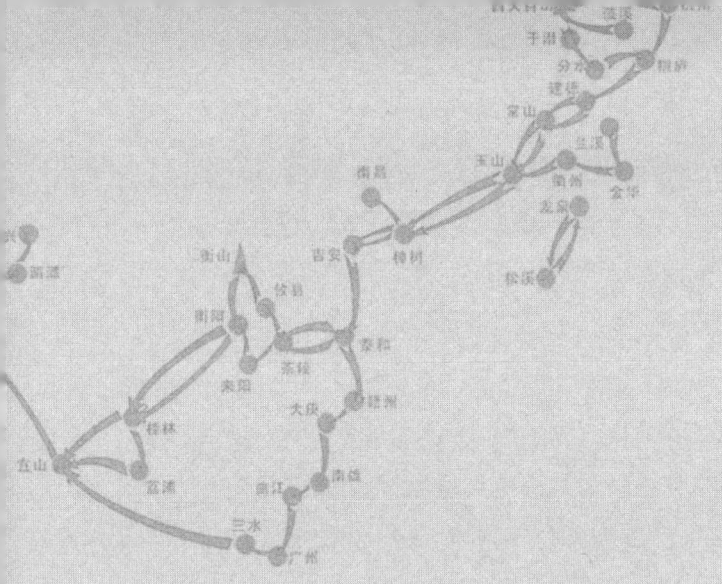

第一章
"虎踞龙盘"之南京

首都，是一个国家的政治、经济、军事、文化中心，也是一个国家或一个政权屹立于世的象征。首都稳定，则国家安宁，人民安稳；首都频繁迁徙或不存，则国家必是处于战乱之中，整个社会也是动荡不安。中华民国成立前十余年首都的频繁变迁，正是民国前期中国社会动荡不安的缩影，直到1927年南京国民政府成立，中国才得以实现表面上的统一，南京作为中华民国的首都，也渐次得到国际社会的承认。

中华民国定都南京始末

南京，简称"宁"，是我国著名的历史文化名城。它位于长江下游江淮平原、太湖平原与皖浙丘陵的交接处，三面环山，一面临江，集"山、水、城、林"于一体，有着深厚的历史文化底蕴和壮丽的自然景观。"南京"之名，始于明代，在此之前的晋、隋、唐三朝，以及此后的清朝，皆以"江宁"之名称之。除此之外，南京在不同的朝代还有多种不同的称谓，如："楚曰金陵，秦曰秣陵，汉属丹阳，吴曰建邺，宋曰建康，唐初曰蒋州，乾元中复改曰昇州"。[1]1853年太平天国攻占江宁后，又改江宁为"天京"，并以之为都。

因为南京兼有江淮之利、太湖之饶与鄱阳之富，加之在军事上龙盘虎踞，长江及其附近的山脉形成天然屏障，攻守兼备，战略地位十分重要，所以在中国古代的历史上，南京素有"象天设都""金陵王气""金陵自古帝王州"的说法。其建城的历史，可追溯到春秋战国时期，到了公元前333年楚威王灭吴，以及公元前306年楚怀王灭越国后，均在石头山（今名清凉山）设立"金陵邑"，"金陵"作为南京之古称，自此开始。到了东汉末年的公元222年，孙权在此建立吴国，有了南京历史上第一次真正意义的建都。从此之后，先后有东晋、宋、齐、梁、陈、南唐、明王朝前期、太平天国等多个历史朝代与政权，选择在南京建立国都。由此一来，南京作为首都的历史，也多达"凡十一代

---

[1] 《十年来之南京》，南京市政府秘书处1937年版编印，第1页。

五十五世，五百七十二年"①。南京也因此成为与西安、洛阳、北京齐名的中国著名的"四大古都"之一，以"六朝古都"和"十朝都会"闻名于世，在中国历史上具有重要的地位和作用。

1911年10月10日，武昌起义爆发并获得成功，于11日组织成立了中华民国湖北军政府，以黎元洪为都督。消息传出，举国沸腾，南方的湖南、江西、安徽、云南、贵州、四川、浙江、江苏、广东、广西以及北方的陕西、山西、直隶（今河北）、山东等省，纷纷宣布独立。武昌起义的成功及由此带来的如火如荼的革命形势，使统治中国长达二百六十余年的清王朝面临土崩瓦解的境地。为筹备民国政府的成立，1911年11月7日，黎元洪致电独立各省，征询建立中央临时政府的意见。两天之后的11月9日，黎元洪又致电独立各省，请各省军政府派代表来鄂举行会议，商讨组织临时政府的问题。与此同时，江、浙、上海等地的革命党人，也于11月13日发出通电，要求独立各省迅速派遣代表到上海，商讨临时政府的成立问题。11月15日，浙江、江苏、上海、福建、山东等省的代表在上海集会并成立了各省都督府代表联合会。由此一来，就出现了上海、武汉两地同时发出通电，吁请各省派遣代表会商组织临时政府的不协调局面。后虽经多方协调，仍未能达成一致。

12月2日，江浙革命联军攻克南京，长江中下游的革命形势发生巨大变化，在汉口的各省代表闻讯后，异常兴奋。遂于12月4日举行会议，决定"临时政府设于南京"②，并请各省代表于7天之内齐集南京，继续开会，并规定如有10省以上的代表报到，即开临时大总统选举会，选举临时大总统。同一天，留在上海的各省代表也举行会议，决议在南京筹建中华民国临时政府。12月12日，上海、湖北两地的各省代表相继到达南京，并于12月16日举行会议，选举黎元洪为大元帅，黄兴为副元帅，同时决定大元帅暂住武昌，由副元帅驻南京主持临时政府的筹备工作。由此可见，武昌在辛亥革命中虽有"首义之功"，但并未成为中华

---

① 《南京》，南京市文献委员会1948年编印，第3页。
② 蒋顺兴、孙宅巍主编：《民国大迁都》，江苏人民出版社1997年版，第23页。

民国的开国国都,革命党人目光一致,将中华民国的开国国都放在了南京。

1911年12月25日,孙中山从法国经香港回到上海,随即与同盟会的一些主要负责人会晤,商讨临时政府的组织问题。12月29日,在南京的各省代表(共17省,每省一票)举行选举临时大总统的会议,孙中山以16票(另一票为黄兴)的高票当选为中华民国临时大总统。1912年1月1日上午,孙中山乘沪宁铁路专列由上海抵达南京,下午6时许抵达设于城内旧两江总督衙门(太平天国时的天王府)的临时大总统府,当晚11时,孙中山在南京临时大总统府宣誓就任中华民国临时政府大总统职,并发表《临时大总统就职宣言》和《告全国同胞书》,宣告中华民国成立。1912年1月2日,孙中山通令各省改用公历,并以临时大总统就职的1月1日作为中华民国建元的开始。1月3日,中华民国临时政府正式在南京成立,同时选举黎元洪为临时政府副总统,并通过孙中山提出的临时政府各部总长、次长任命名单。[①]

孙中山

虽然中华民国临时政府已在南京成立,但无论是《临时大总统就职宣言》或是《中华民国临时政府组织大纲》,以及其他文献、文告,均未明确说明中华民国要定都南京,或以南京为中华民国的首都。因此,此时的南京,只是中华民国事实上的首都,而无法律上的规定。虽然如此,但这并不能改变南京作为中华民国开国之都的事实。

[①] 李松林、齐福麟、许小军等编:《中国国民党大事记》,解放军出版社1988年版,第54页。

混乱的北京政府与北伐中的广州国民政府

辛亥革命结束了中国历史上长达两千余年的封建专制，开创了中国乃至亚洲实施共和体制的新纪元。但由于资产阶级自身的软弱性，其胜利的成果并未维持多久，很快就被袁世凯所窃取。1912年3月10日，袁世凯在北京宣誓就任中华民国临时政府大总统，3月13日，袁世凯任命唐绍仪为内阁总理，3月30日，唐绍仪内阁成立。4月1日，孙中山辞去临时大总统职务，4月5日，临时参议院正式决议临时政府迁往北京。至此，南京临时政府宣告结束，中国开始进入北洋军阀政府统治的时代。

袁世凯北京政府的成立及其采取的一系列倒行逆施的政策，使整个国家急剧陷入混乱、动荡之中。先是袁世凯于1915年12月策划、操纵全国各省区、各团体投票，让自己当上皇帝。但这个倒行逆施的做法，在护国战争的浪声和全国人民的痛骂中，只持续了两个多月，皇帝也只做了83天，即偃旗息鼓，很快死了。继之有1917年7月1日张勋在北京拥清废帝溥仪复辟，结果仅12天即告失败；随后又有1923年10月曹锟以5000元一张选票的价格，贿赂国会议员选举自己当总统。史实表明，在1912年袁世凯北京政府成立后至1927年南京国民政府成立的这十几年里，虽然北京名为中国国都，表面上有了统一的中央政府存在，但实际上则是党派林立、派系纷争涌动，作为中央政府所在的北京政坛，更是常常上演着"城头变换大王旗"的闹剧，总统、总理就像走马灯似的换个不停。在此十几年中，内阁变更了多次，总统换了一个又一个。之后的1928年，"有7人出任过总统或国家首脑，其中一人两次上台，因而实际上共有8位国家首脑"。这些年里"有24次内阁改组，有26人担任过总统，任期最长的是17个月，最短的仅两天，平均存留时间是3—5个月。此外，还有4个摄政内阁在短时间内主理过政府，再加一次短暂的清王朝复辟"[①]。

在北京政坛动荡不安的同时，孙中山领导的革命党人，则以南方各省为根据地，为反对袁世凯的专制政策及北洋军阀的统治，先后发动了二次革命、护国战争和护法战争，并于1919年10月10日改中华革命党为中国国民党，继续领导中国人民的反帝反封建斗争。1921年5月5日，中华民国政府在广州成立，孙中山在广州国会再次宣誓就任大总统职（因系非常国会所选出，故一般称之为"非常大总统"）。1921年7月中国共产党成立后，孙中山又受苏联十月革命和中国共产党的影响，于1924年改组国民党，确立了"联俄、联共、扶助农工"的新三民主义政策，并与中国共产党实现了第一次合作。随后，孙中山便根据中国国民党第一次全国代表大会通过的《组织国民政府之必要案》，积极筹建国民政府，并亲自拟定了《国民政府建国大纲》25条。但由于种种原因，国民政府并没能很快成立。

1925年6月12日，平定刘震寰、杨希闵叛乱，扫除了建立国民政府的障碍。6月14日，国民党中央执行委员会政治委员会举行第十四次会议，会议讨论通过了《国民政府组织大纲》6条。第二天，国民党中央执行委员会全体会议又决议：（一）中国国民党中央执行委员会为最高机关；（二）改组大元帅府为国民政府；（三）建国军及党军改称国民革命军；（四）整理军政、财政。[②] 6月24日，胡汉民以"大本营总参议及代行大元帅职权"的名义，发表《接受中国国民党中央执行委员会关于政府改组决议案》的通电，并将国民政府成立的本意及性质通告中外。7月1日，汪精卫、胡汉民等11人发布《中华民国国民政府成立宣

[①] 辛向阳、倪健中主编：《首都中国：迁都与中国历史大动脉的流向》，中国社会出版社2008年版，第484页。

[②] 李松林、齐福麟、许小军等编：《中国国民党大事记》，解放军出版社1988年版，第143页。

言》，公布《中华民国国民政府组织法》，宣告中华民国国民政府在广州正式成立，史称"广州国民政府"，汪精卫为国民政府主席，同时推定国民政府委员、常务委员及各部部长人选。7月3日，国民政府成立军事委员会，以掌理全国军务。7月8日，国民政府决定将所属各军统一改编成国民革命军并于7月26日改编竣事，同时学习苏联红军的经验，在军队里设立政治部和实行党代表制度。与此同时，广州国民政府还健全政府机构，整理财政，很快便实现了政令、军令、财政的统一。而作为广州国民政府所在地的"临时首都"——广州，到处都是生机勃勃的景象，广州也因此成了中国人民反帝反封建的指挥部和策源地。

1926年年初，广州国民政府统一广东全省，2月，拥兵4万的广西军队编入国民革命军，使广州国民政府的力量进一步增强。为了早日结束军阀割据的局面，实现国家的统一，广州国民政府积极准备北上讨伐北洋军阀政府。3月18日，北京发生北洋政府镇压北京各界爱国民众"反对八国通牒示威大会"的"三一八"惨案，致使47人死亡，132人受伤。同一天，在广州的国民政府军事委员会决议进行北伐的准备；5月10日，国民政府举行军事会议，会议决议应唐生智请求，出兵入湘援唐；5月20日，国民政府派遣国民革命军第4军叶挺独立团为北伐先遣队，即刻由广东出发，入湘援唐，从而揭开了北伐战争的序幕；6月5日，国民党中央临时全体会议通过《国民革命军迅行出师北伐案》，同时任命蒋介石为国民革命军总指挥，指挥北伐各军；7月1日，广州国民政府军事委员会下达北伐部队动员令，称："本军继承先大元帅遗志，欲求贯彻革命主张，保障民众利益，必先打倒一切军阀，肃清反动势力，方得实行三民主义，完成国民革命。爰集大军，先定三湘，规复武汉，进而与我友军国民军会师，以期统一中国，复兴民族。"[1]7月9日，国民革命军在广州东校场举行隆重的北伐誓师典礼，正式宣布出师北伐。

---

[1] 李新总编，韩信夫、姜克夫主编：《中华民国史大事记》第4卷（1925—1927），中华书局2011年版，第2479页。

广州国民革命军的北伐,得到了长时期受帝国主义和封建军阀奴役压迫的全国各界、各阶层人民的热烈支持和拥护,故一路所向披靡,势如破竹:7月11日,占领长沙;8月22日,攻克岳阳;8月29日、30日,相继攻占武汉外围的汀泗桥、贺胜桥,打开了直捣武汉的门户,并于9月初兵分三路进攻武汉三镇;9月6日,攻克汉阳;9月7日,攻克汉口;10月10日,攻克武昌,武汉三镇为国民革命军全部占领,直系军阀吴佩孚的主力被歼,两湖战事宣告结束;11月4日,攻占九江;8日,攻占南昌,孙传芳部主力被歼,北伐战争取得巨大胜利。

北伐途中的"迁都"之争

随着广州国民革命军的胜利进军及全国革命形势的发展，广州国民政府的迁移问题也开始被提上议事日程。最早提出迁广州国民政府于武汉的是蒋介石。1926年9月9日，在北伐前线指挥作战的蒋介石，致电在广州的国民党中央执行委员会主席张静江，以及国民政府代主席谭延闿。他称："武昌克后，中即须入赣督战。武汉为政治中心，务请政府常务委员先来主持一切，应付大局，否则迁延日久，政治恐受影响，请勿失机，最好谭主席先来也。"[①]9月18日，蒋介石再次致电张静江、谭延闿，称："中明日由长沙入赣督战，……惟中离鄂以后，武汉政治恐不易办，非由政府委员及中央委员先来数人，其权恐不能操之于中央。"[②]

为了应对北伐战争节节胜利后的形势，商议广州国民政府是否北迁武汉的问题，1926年10月15至26日，国民党中央于广州举行了长达12天的中央委员，各省、区、各特别市，海外各总支部代表联席会议，会议的一项重要内容，就是讨论广州国民政府"现在要不要迁移"的问题，"以求一个适当的方法"。会上出现了立即迁移与暂不迁移两种意见。时任国民政府代主席的谭延闿认为，广州国民政府目前的主要工作，在于巩固各省基础，现在北迁，容易与奉系军阀发生冲突。与其匆忙迁移，不如先把各省的基础巩固起来，因而"目前无急迁之必要"。中共中央也担心广州国民政府北迁武汉后，左派群众的影响力减少，

---

① 毛思诚：《民国十五年以前之蒋介石先生》第8编4，[出版者不详]，1992年版，第22页。
② 毛思诚：《民国十五年以前之蒋介石先生》第8编4，[出版者不详]，1992年版，第55页。

"政策愈右，行动愈右"，因而对迁移广州国民政府持反对态度。由此一来，反对立即迁移的观点就占了上风，10月16日，中央各省区联席会议通过的《国民政府发展决议案》第一条明确规定："国民政府地点，应视其主要工作所在之地而决定之。现在国民政府之主要工作在巩固各省革命势力之基础，而此种主要工作以首先由广东省实施最为适宜，故国民政府仍暂设于广州。"① 10月21日，谭延闿等将此决议电告蒋介石，但蒋介石仍坚持自己的主张。10月22日，蒋介石再次致电张静江、谭延闿并转联席会议，力陈迁移的理由，内称："武昌既克，局势大变，本党应速谋发展，中意中央党部与政府机关仍留广州，而执行委员会移至武昌为便。否则政府留粤而中央党部移鄂，亦可使党务发展也。"②

随着革命形势的进一步发展，加之蒋介石的一再坚持，到了10月底11月初，有关广州国民政府是否迁移的形势发生逆转，不仅在前线作战的军事将领力主迁移，而且先前反对迁都的国民党、共产党以及苏联顾问，都出现不同程度的妥协和动摇；加之迁都武汉会与奉系军阀张作霖发生冲突的顾虑此时业已消除。在此历史背景下，1926年11月8日，国民党中央政治会议决定：国民政府及中央党部于短期内迁至武汉。11月16日，国民党中央及国民政府派宋庆龄、宋子文、陈友仁、徐谦、孔祥熙、李烈钧、蒋作宾、孙科、鲍罗廷及随员60余人，以调查各省党务、政务为名，离广州经韶关、江西赴武汉，筹备迁都事宜。蒋介石得知这一消息后，十分高兴，他于11月19日致电张静江、谭延闿，内称："闻徐、宋、孙、鲍诸同志来赣，甚喜。务请孟余先生速来，中意中央如不速迁武昌，非特政治、党务不能发展，即新得革命根据地，亦必难巩固。"③同一天，在接见汉口《自由西报》记者采访时，蒋介石又称："新国都将设于武昌，且将为永久之国都。国民政府由粤迁鄂，虽不能

---

① 《国民政府发展决议案》（1926年10月16日），见荣孟源主编：《中国国民党历次代表大会及中央全会资料（上）》，光明日报出版社1985年版，第277页。
② 万仁元、方庆秋主编：《蒋介石年谱初稿》，档案出版社1992年版，第754页。
③ 万仁元、方庆秋主编：《蒋介石年谱初稿》，档案出版社1992年版，第800页。

决定期限，但在最近期内，必能实现，鄙人将于两星期内，由赣赴鄂，参与盛典。"①11月26日，国民党中央政治会议正式决定迁都武汉，广州设政治分会。这样一来，广州国民政府迁都武汉的问题，就正式确定了下来，所剩的只是实施罢了。

1926年12月7日，国民党中央通电全国，宣布中央党部及国民政府北迁武昌，通电称："承先总理遗志奋斗，现前方军事成功。党、政府为适应环境，实行迁鄂。决7日迁移，准半月内可到武昌办事"②。同一天，国民党中央与国民政府由广州迁移武汉的第一批人员彭泽民、丁惟汾、顾孟余等千余人，离粤北上。12月10日，宋庆龄、孙科、宋子文、徐谦、鲍罗廷等自九江抵达武汉；12月11日，谭延闿率领国民党中央、国民政府第二批北迁人员，离广州经韶关北上。12月13日，中国国民党中央执行委员会及国民政府委员会在武昌举行紧急会议，会议决议：在中央执行委员会政治会议未迁到武昌开会之前，由国民党中央执行委员和国民政府委员组织临时联席会议，执行最高职权。会议并推徐谦为主席，叶楚伧为秘书长，宋庆龄、孙科、蒋作宾、吴玉章、宋子文等为委员，以处理决定各项重要问题。12月17日，国民政府正式通告各国政府：本政府迁武昌后，所有外交事宜，概由政府负责。③1927年1月1日，中央临时联席会议正式在武汉办公，并由国民党中央执行委员及国民政府委员以国民政府名义，划武昌、汉口、汉阳三镇为京兆区，定名武汉。2月21日，在汉口的国民政府委员与国民党中央执监委员举行扩大联席会议，会议决定：（一）结束临时联席会议；（二）中央党部、国民政府即日在武汉开始办公；（三）中央执行委员会于3月1日前召集全体会议，并通告各地中央执监委员如期到会。同一天，临时联席会议宣告结束，国民党中央党部及国民政府正式在武汉办

---

① 刘建强：《谭延闿大传》，九州出版社2010年版，第284页。
② 中国人民解放军湖北省军区军事志办公室编：《湖北近现代军事大事记（1840—1985）》，1988年，第57页。
③ 李松林、齐福麟、许小军等编：《中国国民党大事记》，解放军出版社1988年版，第157—158页。

公。①3月7日，原定于3月1日召开的国民党第二届中央执行委员会第三次全体会议在汉口举行预备会议，并于3月11日的会议中改选了国民党中央执行委员会常务委员、中央政治委员会委员、军事委员会委员，以及国民政府委员。3月20日，新任武汉国民政府委员在汉口宣誓就职，并推汪精卫、谭延闿、孙科、宋子文、徐谦5人为常务委员。至此，武汉国民政府正式成立，武汉也因此一度成为中华民国的"国都"，直到同年9月15日国民党中央执监委员临时联席会议在南京召开，决议设立中国国民党中央特别委员会，以代行中央执监委员会职权，实现宁、汉、沪三方合作之后，武汉国民政府才宣告结束，其存在时间大约半年。

---

① 李新总编，韩信夫、姜克夫主编：《中华民国史大事记（1925—1927）》第4卷，中华书局2011年版，第2630页。

南京国民政府的成立

迁移广州国民政府于武汉，原本是蒋介石首先倡导并一直主张和坚持的，但在1927年1月1日中央临时联席会议在武汉正式办公、开始处理有关重要问题之后，蒋介石出于个人目的，却出尔反尔，不愿国民政府迁往武汉。

1927年1月3日，正当武汉各界在武汉隆重举行庆祝国民政府迁鄂暨北伐胜利大会之际，先前极力主张国民政府迁都武汉的蒋介石，则与被他截留在南昌的张静江、谭延闿、宋子文等广州国民政府迁鄂人员在南昌召开中央政治会议第六次临时会议，并于会后发表通告称：为军事与政治发展便利起见，决定中央党部和国民政府暂驻南昌，待3月1日在南昌召开二届三中全会，决定驻在地后，再行迁移。得知蒋介石的这种态度，武汉方面大为惊异，"同志非常惶惑，民众尤深失望，乃起而要求政府从速迁鄂"[①]。他们纷纷致电蒋介石进行询问和劝阻。1月6日，徐谦、孙科致电蒋介石，询问国民政府不迁武汉的理由，同时要求南昌方面将"政府不迁汉消息，暂宜秘密。如宣布，民众必起恐慌，武汉大局将受影响"[②]。1月7日，武汉临时中央党政联席会议举行第十一次会议，专门就迁都问题做出决议，认为迁都武汉早已决定，且人民对政府信任，内外工作皆有进展，在目前情况下必须坚持到底。因此会议决

[①] 《谭延闿在国民党二届三中全会的开会词》（1927年3月10日），见荣孟源主编：《中国国民党历次代表大会及中央全会资料》（上），光明日报出版社1985年版，第300页。

[②] 郑自来、徐莉君主编：《武汉临时联席会议资料汇编（1926.12.13—1927.2.21）》，武汉出版社2004年版，第375页。

定：国民政府地点问题，待中央执行委员会全体会议决定，在未决定之前，武汉政局实有维持之必要。从而否定了蒋介石的提议。蒋介石则根本不顾武汉方面的建议，坚持自己的意见，于同一天在南昌召集中央政治会议第七次临时会议，仍决定中央党部与国民政府暂驻南昌，其迁移问题，留待3月举行的中央执行委员会全体会议解决。

1月12日，蒋介石偕彭泽民、顾孟余等抵达武汉，与徐谦、鲍罗廷等人晤谈，希望在武汉的国民党中央委员和国民政府委员能迁往南昌，但遭到武汉方面的反对。在各方的压力下，蒋介石"应民众之要求，允于回南昌后即将党部、政府迁至武汉。乃往复磋商，迟至二月八日，南昌始决议将党部、政府全移武汉，而同时又布告取消三月一日所召集之中央执行委员全体会议。……二月十三、四等日，迭接南昌来电，谓党部及政府职员于十五日全部启程，各委员于十六日启程。武汉各机关及民众筹备盛大之欢迎，每日有数十万人民鹄候于江干，延顶（颈）企踵，自朝自暮，未敢稍懈，其渴望为何如耶。乃十九日又得南昌电，各委员来鄂竟无期延期。在武汉中央委员当得南昌各委员定期来武汉电后，即定于二月二十一日开在武汉中央执监各委员联席会议，一面将临时联席会议结束，一面宣布党部、政府即日开始办公。盖约计彼时南昌同志必均已到武汉也。及届时又不来，实使人失望。二十一日，联席会议席上讨论此问题甚久，结果一致决议临时联席会议仍应宣告结束，党部、政府宣布即日开始办公，并建议于三月一日以前开中央执行委员全体会议"[①]。在武汉方面的坚持下，3月3日，南昌中央政治会议决议中央党部、国民政府于3月6日全部移鄂，3月6日，原留南昌的国民党中央执监委员、国民政府委员启程赴鄂。3月10日至17日，延迟已久、本应三个月开一次会的中国国民党二届三中全会在汉口开幕，3月20日，新任国民政府委员也在汉口宣誓就职。至此，自1926年9月以来的迁都之争，以国民党左派的胜利告一段落。武汉也因此成为中华民国国民政府

---

① 《谭延闿在国民党二届三中全会的开会词》（1927年3月10日），见荣孟源主编：《中国国民党历次代表大会及中央全会资料》（上），光明日报出版社1985年版，第300—301页。

自广州之后的第二个"首都"。

迁都南昌的企图破灭，个人的权力又在国民党二届三中全会上全面受限，这让蒋介石极为不满。手握军权、心怀不满的蒋介石，一方面挥师长江下游，以为自己找到一块富庶的根据地；一方面将其斗争的矛头指向武汉国民政府，以及支持武汉国民政府的中国共产党和国民党左派。挥师东下的国民革命军进军顺利，于1927年2月17日占领杭州，3月22日占领上海，3月23日占领南京。至此，长江下游以南地区完全为北伐军所占领并连成一片，成为蒋介石与武汉国民政府抗衡的根据地。与此同时，蒋介石又勾结帝国主义和国民党右派，先后在南昌、九江、安庆、杭州、重庆、福建、南京、上海等地制造了一系列屠杀共产党人和国民党左派人士的反革命事件。

对于蒋介石3月26日抵达上海后的一系列反常举动，武汉国民政府早有察觉。为限制蒋介石的异动，适应革命形势的发展需要，4月7日，武汉国民党中央政治委员会召开紧急会议，主动决定将首都从武汉迁往南京。次日，国民党中央常务委员会扩大会议通过了这个决定，指出："为适应革命势力之新发展及应付目前革命之需要，中央党部及国民政府迁至南京。"①但因为种种原因，武汉国民政府主动迁都南京、钳制蒋介石的决议只停留在纸上而未能付诸行动。

武汉国民政府主动迁都南京的计划未能实施，蒋介石却打起了在南京另起炉灶、建立中央政府的如意算盘。为此，蒋介石于4月14日召集追随他的国民党中央执监委员，以与汪精卫在沪约定为借口，在南京举行所谓的国民党二届四中全会预备会，并决定全体委员于15日在南京开会。15日开会时，因符合法定的人数太少，只得改为"谈话会"。会上，萧佛成提出了"（一）以南京为国都；（二）取消不合法之中央党部；（三）取消汉口伪政府"等8项主张并获得通过。当天，在南京的国民党中央监察委员会致电在武汉的中央常务委员会，要求他们克日

---

① 蒋顺兴、孙宅巍主编：《民国大迁都》，江苏人民出版社1997年版，第131页。

赶赴南京。4月17日下午3时，根据胡汉民的建议，在南京召开所谓的国民党中央执行委员会政治会议第七十三次会议，参加此次会议的有蒋介石、柏文蔚、吴稚晖、张静江、甘乃光、陈果夫、胡汉民、李石曾、蔡元培9人，以吴稚晖为主席。吴稚晖致开会辞，以"自南昌、武汉间发生中央地点问题以后，武汉以中央自居，其决议案及命令中发见多量危害国民革命之行动，因此经监察委员会全体会议决定举发案以后，确认南京有继续南昌中央政治会议开会之必要"为引言，要求与会者就此问题发表意见。蒋介石赓即发言，以"总理北上时，因北京时局紧张，曾加添中央政治委员会委员数人，在北京开会。现在在武汉之中央同志未来，北伐方在进展，客观的需要与总理北上时相同"为由，请加派萧佛成、蔡元培、李石曾、邓泽如、何应钦、白崇禧、陈可钰、陈铭枢、贺耀组9人为中央政治委员会委员，获得通过。随后，会议又通过了主席吴稚晖提议的"应时局之需要，国民政府应即日开始办公，本席提议国民政府于本月十八日开始在南京办公，同时举行庆祝典礼"，以及以钮永建为国民政府秘书长的建议。[1] 也就在同一天（17日）稍晚一点，蒋介石等人又在南京举行国民党中央执行委员会政治会议第七十四次会议，会议决议："（一）国民政府之印文为'中华民国国民政府印'。（二）国民政府于四月十八日上午九时起在南京开始办公，并举行庆祝典礼。（三）中央党部及国民政府委员全体参加市民庆祝大会。"会议同时通过了组织中央宣传委员会、中央组织委员会及其委员名单，并决议发表国民政府定都南京宣言。[2]

1927年4月18日上午，南京国民政府在原江苏省议会门前举行成立典礼，蒋介石、胡汉民、张静江、吴稚晖、蔡元培等人出席庆典，蔡元培代表国民党中央授印，胡汉民代表国民政府受印，并选出胡汉民、张静江、伍朝枢、古应芬为国民政府常务委员会委员，请在武汉的汪精

---

[1] 中国第二历史档案馆编：《国民党政府政治制度档案史料选编》（上），安徽教育出版社1994年版，第68—69页。
[2] 中国第二历史档案馆编：《国民党政府政治制度档案史料选编》（上），安徽教育出版社1994年版，第70—71页。

卫、谭延闿来南京行使职权。接着，又在南京公共体育场举行"庆祝国民政府迁都南京与恢复党权"大会，胡汉民在会上致辞称：建都南京，是为实现总理的精神与意旨。会后举行游行和阅兵式。同一天，发布《国民政府定都南京宣言》。宣言并未说明国民政府定都南京的原因和经过，而是全篇充斥着对中国共产党的污蔑和对武汉国民政府的诋毁，多次叫嚣要"驱逐共产分子"。这样，在一片腥风血雨中，南京成了以蒋介石为首的国民政府的"首都"，加之以汪精卫为首的武汉国民政府及奉系军阀张作霖控制的北京政府，中华大地上又出现了南京、北京、武汉"三都鼎立"的局面。

南京国民政府成立后，一方面忙于镇压、屠杀共产党人，实行反苏反共；一方面将有关机构如军事委员会等自广州迁至南京，开始建立健全南京国民政府的内部组织；一方面通过种种手段，拉拢武汉的汪精卫实行清党并于7月15日在武汉发动"七一五"反革命政变，实现宁汉合流。8月19日，武汉国民政府根据国民党中央执行委员会扩大会议之决议，通电宣布迁都南京，并以中央执行委员会名义发表《迁都南京宣言》。9月5日，汪精卫、朱培德、顾孟余等人抵达南京，9月13日，武汉国民政府停止办公。9月16日，由南京、武汉、上海三方国民党要员组成的中国国民党中央特别委员会在南京成立并举行第一次会议，决议：（一）发表宁汉合作的国民党宣言；（二）改组中央党部；（三）改组国民政府；（四）设置监察院。9月17日，国民党中央特别委员会举行第二次会议，推举丁惟汾等47人为国民政府委员，于右任等67人为军事委员会委员，并通过了大学院院长及各部部长人选。9月20日，新任国民政府委员及军事委员会委员在南京宣誓就职，宣告结束了自南京国民政府成立以来宁、汉分裂的局面，实现了国民政府内部的"统一"。

至于北洋政府所在地的北京，1928年6月8日国民革命军进占北京后，奉系军阀势力退出关内。6月15日，国民政府发表对外宣言，宣告统一完成，并联合西北军将领冯玉祥等人重提定都北京，要求国民政府迁都北京，而江浙和两广地区的国民党领袖反对迁都，坚决主张定都南京不变。国民党中央常务委员会政治会议于6月20日决议：直隶省改为河北省，北京市改名北平市，并以北平、天津为特别市。6月25日，国民党中央政治会议又决定，设立北平临时政治分会。①从而将北洋政府的首都——北京降成了国民政府的一个市。1931年6月1日，国民政府公布《中华民国训政时期约法》，并于约法的第五条中明确规定："中华民国国都定于南京"。②至此，自中华民国成立以来的政治上的各种纷争以及围绕纷争所产生的关于"首都"的各种争论，告一段落，中华民国历史开始真正进入到一个政府、一个首都的南京国民政府时代。

---

① 李松林、齐福麟、许小军等编：《中国国民党大事记》，解放军出版社1988年版，第178页。
② 《中华民国训政时期约法》，见徐辰编著：《宪制道路与中国命运：中国近代宪法文献选编（1840—1949）》（下卷），中央编译出版社2017年版，第90页。

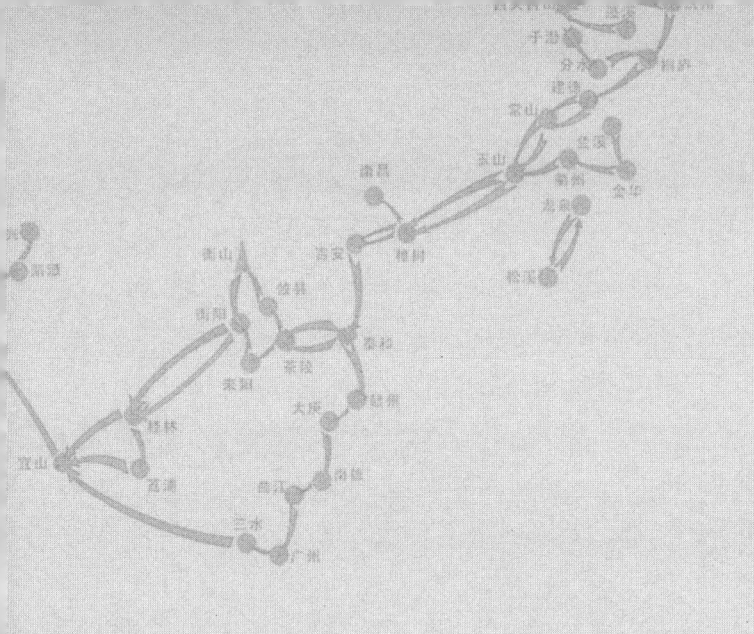

第二章

众论御敌方略

　　日本自明治维新之后，逐渐走上资本主义道路，并在由资本主义向帝国主义的转化中，成了典型的军国主义国家，其显著特征就是对外扩张和侵略。与其一水之隔的中国，既拥有众多的人口、广阔的市场，又拥有辽阔的国土、丰富的资源；加之国贫民穷，国家长时期处于动荡与混乱之中，所以侵略、占领中国，就成了日本军国主义的首要目标。其最具标志意义的，就是臭名昭著的《田中奏折》。面对日本军国主义对中国的侵略，中国的一些有识之士，纷纷提出了他们卓有见识的御敌方略。

国防大势的转移

中国是一个以汉族为主体，包括众多少数民族在内的多民族国家，在长达三千余年的历史融合、变迁与发展中，虽然中华民族的版图不断拓展、扩大，但包括今河南、河北、山西、山东、陕西、甘肃、湖北等省在内的广大的中原及部分西北地区，却一直是汉民族的主要活动地区，所以中原地区被视为汉民族的发祥地，西北的陕西、甘肃地区，被誉为汉族文化的发源地。

在我国古代长时期的民族斗争与融合中，除依托人工修建的万里长城抵御北方入侵势力之外，中原王朝抵御北方少数民族入侵，还依靠三条天然的河流，这就是人们经常讲的中国古代防御的基本策略：第一步守河（黄河）；河不能守时，第二步守淮（淮河）；当淮河也守不住时，则采取第三步守江（长江）。但无论是万里长城，还是黄河、淮河、长江，都是自西向东且形势天成，自然形成了一道又一道自西向东的国防线。明末清初著名思想家、史地学家顾炎武，对中国古代的这种防御形势做了深入的研究与总结，他在其所著的《天下郡国利病书》中，对此论述道："大河（黄河）自天地之西，而极天地之东；大江（长江）自中国之西，而极中国之东，天地所以设险之大者莫如大河，其次，莫如大江。故中原依大河以为固，吴越依大江以为固。中原无事，则居河之南；中原多事，则居江之南。"[①]也就是说，当没有外

[①] 顾炎武：《天下郡国利病书》卷13《江南——山堂考索》，上海图书集成局1901年版。

敌入侵时，则中原无事，汉民族可在中原地区扎根；当北方民族入侵中原、中原多事之际，汉民族就只有迁居长江之南了，这也就是中国古代史上所谓的"中原板荡，衣冠南渡"。以之验证我国古代历史，东晋和南朝的宋、齐、梁、陈建都建康（今南京）得以偏安江左，南宋之建都临安（今杭州）得以延长国脉，无一不是"中原板荡，衣冠南渡"这种防御战略的成功运用。

当人类社会进入18世纪之后，世界局势发生重大变化，西方资本主义各国相继完成工业革命，大大解放了国内生产力，促进了生产的发展和社会的进步。作为东方岛国的日本也受此影响，于19世纪60年代开始了一场自上而下、具有资本主义性质的全面西化与现代化改革运动——明治维新，并获得成功，也因此成为亚洲第一个走上工业化道路的国家，逐渐跻身世界强国之列。而此时的中国，仍处于清王朝闭关锁国的政策之下，清王朝虽缔造了历史上有名的"康乾盛世"，但此时已开始走向腐朽没落。当发展变化中的资本主义各国国内原料、市场不能满足其需要时，唯利是图的资本主义国家，就开始了疯狂的对外侵略和扩张。地大物博、人口众多、市场广大的中国，就成了资本主义各国瓜分、吞噬的首要对象。近代以来，外国资本帝国主义凭借其船坚炮利，从海上向中国发动了一次又一次的侵略，1840年的鸦片战争，以及接踵而来的第二次鸦片战争、中法战争、甲午中日战争、八国联军侵略中国等等，无一不是从中国东部沿海各港口城市进入中国大陆。与此同时，沙皇俄国、大英帝国也在陆地上觊觎着中国的东北、新疆与西藏。由此一来，近代中国就处于一个复杂多变、内忧外患纷至沓来，各种矛盾错综交织的苦难的转型期。

与近代中国的这种苦难转型相适应，中国的国防大势也开始由单纯的陆上防御（陆防，也称塞防）向海防或海陆防并重的方向转变。发生于清朝中后期的有关海防、塞防之争，就是中国国防大势由单纯的陆上防御转向海防的最好说明，也是中国国防由古代的国防形势（进攻者从北向南，防御者自东向西横向防御）转向近代国防形势（进攻者从东向西，防御者自北向南纵向防御）的标志，发生于二十世纪三四十年代的中华民族抗日战争，就是这种转变的最后完成。与这种转变紧密相连的，则是作为一国之都的首都由过去的"衣冠南渡"转向了抗战时期的"衣冠西渡"。

孙中山关于建立"海、陆都"的构想

南京是中国历史上的著名古都，也是作为共和体制的中华民国的开国新都。1912年中华民国临时政府成立时，虽然没有明文规定将南京作为中华民国的国都，但孙中山是主张以南京为国都的，并在南京就任了中华民国临时大总统，组织成立了中华民国临时政府。在随后与袁世凯的南北议和中，孙中山虽然同意辞去临时大总统职而举袁世凯为临时大总统，但却附加了"（一）临时政府地点设于南京，为各省代表所议定，不能更改；（二）辞职后，俟参议院举定新总统亲到南京受任之时，大总统及国务各员乃行辞职"等条件。孙中山坚持认为，自己辞职后的临时政府地点，仍必须设在南京，因为"南京是民国开基，长此建都，好作永久纪念。不似北京地方，受历代君主的压力，害得毫无生气"[1]。在这场"南北二京"的争夺战中，孙中山最后虽然失败了，但他对南京的情有独钟，却矢志未移。1925年3月12日，孙中山在北京逝世时，又专门留下遗嘱，要求逝世后归葬于南京钟山之下。如今，位于南京钟山的中山陵，就是孙中山钟情南京、归宿南京的标志。

正因为孙中山钟情南京，所以对于南京的发展与建设，也极为重视。在其所著的建设民国的纲领性文献——《建国方略》之《实业计划》中，孙中山对南京做出了高度评价并对未来南京城市的发展，制订

---

[1] 李新总编，韩信夫、姜克夫主编：《中华民国史大事记（1905—1915）》第1卷，中华书局2011年版，第836页。

了详细、具体的建设计划。孙中山认为："南京为中国古都，在北京之前，而其位置乃在一美善之地区。其地有高山，有深水，有平原，此三种天工，钟毓一处，在世界中之大都市，诚难觅如此佳境也。而又恰居长江下游两岸最丰富区域之中心，虽现在已残破荒凉，人口仍有一百万之四分一以上。且曾为多种工业之原产地，其中丝绸特著，即在今日，最上等之绫及天鹅绒尚在此制出。"据此，孙中山坚信："当夫长江流域东区富源得有正当开发之时，南京将来之发达，未可限量也。"为此，孙中山建议，整治长江航道，"削去下关全市"，以拓宽长江水道，将沿江码头移至江心洲，并阻塞江心洲上游长江支流，形成天然港埠，以便于巨型船舶的航行、停靠，同时购买城市界外界内的土地作为国有，"以备南京将来之发展"。除此之外，孙中山还建议将南京长江北岸的浦口，建设成为长江与北方各省铁路载货之大中心，横贯大陆直达海滨的主要干线。同时建设长江过江隧道，将长江南北两岸的重要交通枢纽——镇江与浦口联结，加强南北的交通联系。①所有这些，充分表明了孙中山对南京的喜爱与重视。

虽然孙中山对南京喜爱有加，十分看重，但作为一代伟人的孙中山，也对南京在近代中国所面临的日益复杂、险恶的国际环境及由此在国防上的局限性有着清晰的认识。因此，早在民国初年孙中山认南京为中华民国首都时，就有建立两个"都城"（一个陆都，一个海都）的构想。孙中山认为，南京具备山地、水地、平原三要素，在平时可以南京为首都（海都）；但南京地接沿海，中国若与外国如日本等发生冲突或战争，或者日本与美国发生战争，日本都一定会先攻击我沿海各省，"南京一经国际战争不是一座持久战的国都"。因此，孙中山主张"要在西北的陕西或甘肃，建立个陆都"，并以此作为"作战的根本，扫荡入侵之敌人"。②

---

① 孙中山：《建国方略》，武汉出版社2011年版，第152—153页。
② 公安部档案馆编注：《在蒋介石身边八年——侍从室高级幕僚唐纵日记》，群众出版社1991年版，第9页。

孙中山的这种中国与敌国（主要是指日本）发生战争，敌国必先攻击我沿海各省，"南京一经国际战争不是一座持久战的国都"，在中国的内陆（当时主要指西北）建立"陆都"，并以此作为"作战的根本，扫荡入侵之敌人"的观点，可以说是高瞻远瞩的，它既为中国后来的仁人志士在阐述、制定应对外来侵略之方略时所遵循和弘扬，也成为1932年中日局部战争期间国民政府迁都洛阳、1937年中日全面战争爆发时国民政府迁都重庆的理论依据。其对中国国防特别是中国应对日本侵略的贡献，可以说是巨大和深远的。

傅斯年：中华不是一个可以灭亡的民族

中国是一个历史悠久、地大物博的国家，其现有领土东西跨经度60余度，直线距离5200公里，南北跨越纬度近50度，直线距离约为5500公里。如此广袤的国土，数千年的发展变迁，加之受交通、气候、地势及开发等种种因素的制约和影响，国家发展存在不平衡的情况，既是可能的，也是情有可原的。近代以后的中国，其政治、经济、文化、教育的发展极不平衡，国家政治统治中心的建立、经济事业的设置、文化教育的开办，以及军事防御的部署等，大多集中在华北、华东等东部沿海地区。据不完全统计，在抗战爆发之前，中国有合乎《工厂法》的工厂3935家，资本377,857,742元，其中绝大部分集中在东部的上海（工厂1235家，资本148,464,463元）、浙江（工厂783家，资本26,183,976元）、江苏（工厂318家，资本39,562,718元）、青岛（工厂148家，资本6,051,090元），而占全国土地总面积53.62%（全国38个省市区共11,562,588平方公里，西部10省共6,200,216平方公里）、占总人口24.57%（全国为471,245,763人，西部10省为115,809,844人）的西部10省，仅有工厂348家，约占全国总数的8.84%；[①]在1936年全国（东北除外）成立的193家新式工厂中，西部10省区只有5家，仅占总数的2.59%；[②]在全国所有的1,397,653千市亩耕地面积中，西部10

---

① 土地面积数、人口数分别见国民政府主计处统计局编：《中华民国统计简编》，中央训练团1941年2月印行，第19—20页；工厂数见简贯三：《中国工业建设的分区问题》，载《财政评论》第14卷第1期。

② 《民国二十五年全国实业概况》，实业部统计处1937年编印，第50—51页。

省只有328,692千市亩，约占全国总数的23.52%；在1937年底全国所有的110,952公里公路中，西部地区只有28,370公里，约占总数的25.57%；在全国164家银行总行、1927家分行中，西部地区只有总行23家、分行227家，分别占总数的14.02%、11.78%；在全国108所高等院校中，设于西部各省的仅9所，约占总数的8.33%；在全国1304所医院中，西部各省仅有172所，约占总数的13.19%。①

傅斯年

中国社会这种发展的不均衡性，不仅造成了中国东西部地区政治、经济、文化和社会发展的巨大差异，而且也给没有强大海空军的中国的军事防御、国防部署带来诸多不利。这种不利到了20世纪20年代特别是日本帝国主义相继发动九一八事变和"一·二八"事变，掠取中国东北和侵略中国最大中心城市上海，其侵略、吞并中国的野心昭然若揭之后，表现得更为明显和突出。但是，中国又是一个大国，有着广阔的土地和众多的人口，绵延不断的山脉和纵横交错的河流，而且中华民族经过数千年的繁衍、融合，又形成了一个有机的整体，著名历史学家、中央研究院历史语言研究所所长傅斯年说——"我们中华民族，说一种话，写一种字，据同一的文化，行同一的伦理，俨然是一个家族"②。而且这个家族在世界上的民族中，"我们最大"；在世界的历史长河里，"我们最长"。所以，面对中日战争，在中华民族面临生死存亡的重要关头，中国的一切有识之士，都深刻地认识到问题的严重性、复杂性和紧迫性，并以他们的所学、所思与所感，提出了解决问题的方针、步骤与办法。

---

① 以上统计数字均见国民政府主计处统计局编：《中华民国统计简编》相关章节，中央训练团1941年2月印行。
② 傅斯年：《中华民族是整个的》，见杨宗元编：《学者的责任：中国学者在抗日战争中》，中国人民大学出版社2015年版，第317—318页。

1932年8月，五四运动主将、著名学者傅斯年于刚刚创办不久的《独立评论》①上发表文章，倡导积极抵抗日本的侵略。他认为："中国在开战之初，不能打胜日本，却可以长久支持，支持愈久，对我们越有利。""中国人之力量在三四万万农民的潜力，而不在大城市的统治者及领袖；中国的命运在死里求生，不在贪生而就死。历史告诉我们：中华不是一个可以灭亡的民族。事实告诉我们：日本不是一个能成大器的国家。"②

一个月之后的9月18日，正值九一八事变一周年纪念。也就是在这一天出版的《独立评论》第18号上，傅斯年再次在《九一八一年了！》这篇文章中阐明自己的观点。文章进一步指出，如果从表面看，当时的中国可谓是无限地悲观甚至绝望，但从深处看，则蕴藏着中华民族复兴的转机。在这篇文章里，傅斯年首先开宗明义地指出："九一八是我们有生以来最严重的国难，也正是近百年中东亚史上最大的一个转关，也正是二十世纪世界史上三件最大事件之一。……我们以这一年的经验，免不了有些事实的认识。我们纵观近代史，瞻前顾后，免不了有些思虑。假如中国人不是猪狗一流的品质，这时候真该表示一下子国民的人格，假如世界史不是开倒车的，倭人早晚总得到他的惩罚。所以今天若把事情浅看出来，我们正是无限的悲观，至于绝望；若深看出来，不特用不着悲观，且看中国民族之复兴，正繁于此。"其次，傅斯年详细分析了"浅看中的失望"的四个方面，第一失望是在如此严重的国难之下，统治中国者自身竟弄不出一个办法来；第二失望是人民仍在苟安的梦中而毫无振作的气象；第三失望是世界上对此事件反应之麻木；第四失望是中国的政治似乎竟没有出路。随后，他又从地理、历史、人文等多方面深处分析了我们不应该失望而应该抱有希望的原因。傅斯年认为：中华民族经历了三千年的风风雨雨，仍然能够屹立于世，这并不

---

① 1932年5月于北平创办，1937年停办。胡适任主编，傅斯年、丁文江、翁文灏等10余人任主要编辑人，主要发表时事评论。

② 转引自吴相湘：《中国对日总体战略及若干重要会战》，见薛光前编：《八年对日抗战中之国民政府》，台湾商务印书馆1978年版，第57—58页。

是偶然的，而是"自有其潜藏的大力量"。傅斯年说："中国人不是一个可以灭亡的民族。历史上与中国打来往的民族，如匈奴、鲜卑、突厥、契丹、女真、蒙古等，固皆是一世之雄，而今安在？中国人之所以能永久存立者，因其是世界上最耐劳苦的民族，能生存在他人不能生存的环境中，能在半生存的状态中进展文化。这或者就是中国人不能特放异彩，如希腊人如犹太人的原故，然而，这确是中国人万古长存的原故。"最后，傅斯年得出了"今日中国事，从深里看出，皆不足悲观"的结论。因为"中华民族自身有其潜藏的大力量，三千年的历史告诉我们，中华民族是灭不了的"。[1]

20世纪30年代在日本军国主义咄咄逼人的侵略态势之下，在中华民族面临生死存亡的紧要关头，像傅斯年那样坚持"中华民族不可亡"的人，并不是少数。著名政治学家钱端升于1934年2月24、25两日发表于《益世报》上的题为"复兴民族几个必备条件"的文章，也同样以大量的事实，阐明了这一观点。文章写道："以吾族论，具有数千年悠久之文化，拥有数千万方里之广土。过去兴亡，非止一次，今后成败，谁能断言？平心而论，吾族数千年来经列祖列宗发扬化育，惨淡经营，优美之德性，伟大之精神，已深植于吾辈不肖子孙心坎与血液。吾人今日有共同惟一之信念焉，即今后无论经过如何困苦艰难，盘根错节，吾族终不失为人类最优秀民族之一种；吾人更自信中国民族决不会亡！即亡亦当与世界人类皆亡耳！此非豪语，此非证言，此乃吾族心理上伟大坚韧之基石！"[2]

正是因为有众多专家学者关于"中国必胜""中华不会亡"的深刻论述及其宣传，才使中国人民树立了"坚持抗战""抗战到底""抗战必胜"的信心，这是中国人民抗日战争于艰难困苦条件下得以坚持十四年并最终赢得胜利的共同信念和精神支柱。

---

[1] 傅斯年：《九一八一年了！》，载《独立评论》1932年版第18号。
[2] 陈夏红主编：《钱端升文集.1—12卷》，中国政法大学出版社2017年版，第308页。

胡适：长期苦斗为不可避免的复兴条件

傅斯年、钱端升等人的观点使中国人民树立了"中华民族不可亡"的信心。但面对当时中日两国的实际情形与国力，如果战争一旦爆发，将出现怎样的惨烈场面？战争的进程会一帆风顺吗？中国的抗战将面临如何困难等一系列问题，许多仁人志士加以分析、思考和研究，这当中最典型的代表，则非胡适莫属。

1933年3月27日，日本因国际联盟调查和对其侵略中国东北的谴责而宣布退出国联。嗣后不久，胡适即在《独立评论》上发表文章，大声疾呼："我们要准备更大、更惨的牺牲！同时，我们要保存信心，才经得起大牺牲！""全世界道德的贬议是在我们敌人的头上，我们最后的胜利，是丝毫无可疑的。"[①]

日本侵占中国东北后，进一步窥视华北，并于1935年5月起在华北挑起一系列事端，鼓动汉奸流氓发起华北自治运动，积极推进"华北特殊化"。面对日本的咄咄气势，执政的国民党政府一再退让，6月27日，察哈尔省代理主席秦德纯与日本关东军代表土肥原贤二在北平订立《秦土协定》，接受日本的无理要求，中华民族的危机进一步加深。面对日益加深的民族危机，在北平的胡适于1935年6月20日写信给在南京的国民政府教育部部长王世杰，阐述自己对时局的看法，主张对日本应有一个应对办法，不能再让日本侵占察哈尔、河北、北

[①] 转引自吴相湘：《中国对日总体战略及若干重要会战》，见薛光前编：《八年对日抗战中之国民政府》，台湾商务印书馆1978年版，第58页。

平、天津，希望政府当局"对世界固应赶紧结合，对日本尤不可不做一种可以使我们喘气十年的 Modus Vivendi（权宜之计）。若无一个缓冲办法，则不出一二年，日本人必不容许蒋先生安然整军经武，此可断言也。"胡适在经过深思远虑之后，对未来中国，以及世界局势的发展进行了大胆预测："①在最近期间，日本独霸东亚，唯所欲为，中国无能抵抗，世界无能制裁。这是毫无可疑的眼前局势。②在一个不很远的将来，太平洋上必有一度最惨的大战，可以作我们翻身的机会，可以使我们的敌人的霸权消灭，这也是不很可疑的。"胡适希望能将此预测作为"我们一切国策的方针"，同时也希望王世杰能慎重考虑并设法将他的想法告知蒋介石。[①]

为了促成这个"不很远的将来"的国际大战的到来，以求得中国"翻身的机会"，6月27日，胡适再次写长信给王世杰，告知了他自己的想法和打算："欲使日本的发难变成国际大劫，非有中国下绝大牺牲决心不可。"这个"绝大牺牲"的限度，就是"先下决心作三年或四年的混战、苦战、失地、毁灭"。为此，胡适主张："我们必须准备：①沿海口岸与长江下游的全部被侵占毁灭，那就是要敌人海军的大动员。②华北的奋斗，以至冀、鲁、察、绥、晋、豫的沦亡，被侵占毁坏，那就是要敌人陆军的大动员。③长江的被封锁，财政的总崩溃，天津、上海的被侵占毁坏，那就要敌人与欧美直接起利害上的冲突。"当然，胡适也指出，上述三方面的毁灭与牺牲，"都不是不战而退让，都是必须苦战力竭而后准备牺牲，……我们必须要准备三四年的苦战。我们必

[①]《胡适致王世杰信》（1935年6月20日），见胡适：《胡适日记（1931—1937）》全编6，曹伯言整理，安徽教育出版社2001年版，第505—506页。

须咬定牙根，认定在这三年之中，我们不能期望他国加入战争。我们只能期望在我们打得稀烂而敌人也打得疲于奔命的时候，才可以有国际的参加与援助。这是破釜沉舟的故智，除此之外，别无他法可以促进那不易发动的世界二次大战"。在这封长信中，胡适明确反对蒋介石的"等我预备好了再打"的思想，认为"敌人不是傻子，他们必不许我们'准备好了打他们'。……我们若要作战，必须决心放弃'准备好了再打'的根本错误心理。我们必须决心打三年的败仗，必须不惜牺牲最精最好的军队去打头阵，必须不惜牺牲一切工商业中心作战场、一切文化中心作鲁文大学。但必须步步战，必须虽步步败而仍步步战；必须虽处处败而处处战。此外别无作战之法"。为此，胡适在信中反复强调："我们如要作战，必须下绝大决心，吃三年或四年的绝大苦痛。""公等如不甘仅仅作误国的'清流党'，必须详细计划一个作三四年长期苦斗的国策，又必须使政府与军事领袖深信此长期苦斗为不可避免的复兴条件"，"我们如认定，无论如何屈辱，总得不到这十年的喘气时间，则必须不顾一切苦痛与毁灭，准备作三四年的乱战，从那长期苦痛里谋得一个民族翻身的机会"。[1]

当时与胡适持同一见解者，亦不在少数。据王世杰7月11日复胡适的信中称：国民党中央的高官如戴季陶、居正、孙科等人，其见解"与兄第三函（6月27日长函）所言略同，而其主要方法则在'团结'"[2]。著名军事家蒋百里在回答友人"中国打得过日本吗？"这一问题时，也是以"感谢我们的祖先，中国有地大、人众两个优越条件。不打则已，打起来就不能不运用'拖'的哲学，拖到东西战事合流，把敌人拖倒了而后已"[3]相告。而全面抗战爆发后最初三四年的抗战形势，更是证明了胡适这一论断的正确性。

---

[1]《胡适致王世杰信》（1935年6月27日），见胡适：《胡适日记（1931—1937）》全编6，曹伯言整理，安徽教育出版社2001年版，第509—512页。
[2]《胡适致王世杰信》（1935年7月12日），见胡适：《胡适日记（1931—1937）》全编6，曹伯言整理，安徽教育出版社2001年版，第525页。
[3] 陶菊隐：《狷介与风流蒋百里传》，群言出版社2015年版，第171页。

蒋百里及其"三阳"御敌理论

傅斯年、胡适均是中国近现代史上著名的学者,他们以自己渊博的知识和独立的思考,提出了自己的御敌之策。那么,那些带兵打仗的将领以及研究战争与军事的战略家们,对此又有什么高见呢?

1919年,梁启超等人将著名护国军将领蔡锷于辛亥革命后带兵打仗对士兵的讲话辑录成册,以"松坡遗集·曾胡治兵语录"为名,由中华振武书社印行。在书中,蔡锷既赞扬曾国藩、胡林翼对攻守之道的卓越见解——"曾、胡论兵,极重主客之见,只知守则为主之利,不知守反为客之害",又结合普法、日俄两次大战以来战略战术的新变化,指出现代战争的主要特点是"进攻"。"攻击之利,昭然若揭。各国兵学家,举凡战略战术,皆极端的主张攻击。苟非兵力较弱,或地势敌情有特别之关系,无复有以防守为计者矣。"虽然如此,但蔡锷并不是单纯地只强调进攻,而是主张要结合实际,因地制宜,审时度势。他说:"战略战术,须因时以制宜,审势以求当。未可稍事拘滞,若不揣其本,徒思仿效于人,势将如跛者之竞走,鲜不蹶矣。"最后,蔡锷根据南非战争中波尔人及1812年拿破仑攻俄失败等战役的经验教训,结合当时中国的军队现实与强邻军队的实际情况,从而提出了自己有关未来中国与他邦作战时的御敌方略:"鄙意我国数年之内,若与他邦以兵戎相见,与其为孤注一掷之举,不如采用波亚战术,据险以守,节节为防,以全军而老敌师为主,俟其深入无继,乃一举歼除之。"①

---

① 《松坡遗集·曾胡治兵语录》,中华振武书社1919年印行,第54页。

蔡锷在日本士官学校的同学——蒋百里,不仅留学日本,而且还专赴德国研习军事,系我国著名的军事理论家、战略家,曾任国民政府军事委员会高等顾问,国防参议会参议员,被誉为"观时局,崇国防,论抗战,纸上能谈兵当真国士无双"①。这样一位既是"天生兵学家,亦是天生文学家"(黄炎培语)的人,自然对日本侵略我国的阴谋感悟更多,也提出了更加适合我国的御敌之策。蒋百里在其所撰写的《裁兵与国防》一文中,不仅将日本作为未来

蒋百里

侵略中国的唯一假想敌,并对日本表现出高度警惕,而且还提出了一旦中日战争爆发,中国的应取之策。蒋百里在文中写道:"呜呼我国今日,乃日日在威胁中者,非彼侵略性之国家为厉哉?然则彼利急,我利缓,彼利合,我利分,彼以攻,我以守,此自然之形势,而不可逆者也。"②1922年,蒋百里又于《军国主义之衰亡与中国》一文中,充分阐明了日本军国主义的侵略特性,表明了誓死守卫国土的决心——"我国民当以全体互助之精神,保卫我祖宗遗传之疆土。是土也,我衣于是,我食于是,我居于是,我祖宗之坟墓在焉,妻子之田园在焉。苟欲夺此土者,则是夺我生也,则牺牲其生命与之宣战!"与此同时,蒋百里还明确指出了面对邻近我国富侵略性国家日本之唯一制胜方法,"即是事事与之相反。彼利速战,我持之以久,使其疲弊;彼之武力中心,在第一线,我侪则置之第二线,使其一时有力无用处"。③

1923年,蒋百里的母亲去世,蒋百里由北京返浙江硖石老家奔丧。事毕偕湖南吊丧代表龚浩返回北京,当其乘坐的火车经过徐州时,蒋百

---

① 陶菊隐:《狷介与风流蒋百里传》封面介绍语,群言出版社2015年版。
② 蒋百里:《国防论》,武汉出版社2011年版,第84页。
③ 蒋百里:《国防论》,武汉出版社2011年版,第94、95、97页。

里突然若有所思地说："将来对日作战，津浦、平汉两线必然被敌军占领。现代国防应以三阳为根据地，即洛阳、襄阳和衡阳。"当时的龚浩听到蒋百里这样说，并不当一回事，反而认为是他的老师太敏感。因为在他看来，"将来无论怎样，中国半壁河山不会沦于敌手的"。只是碍于老师的面子，不好和蒋百里抬杠，便"只好付之一笑"。没想到抗战爆发后不久，蒋百里的话就应验了，不仅北平、天津、上海、太原等大城市很快沦陷，就是河南省政府也被迫从开封迁到南阳。时任第一战区参谋长的龚浩，这时想起蒋百里十几年前的预言，在衷心敬佩之余，"在卧龙冈造了一座小亭，颜曰'澹宁读书台'，还镌碑记载当年津浦车中的一席话"①。1932年上海"一·二八"事变爆发后，刚刚出狱不久的蒋百里，又向蒋介石建言，称中日必有一战，要警觉日寇模仿八百年前蒙古铁骑灭南宋的路线，即由山西打过潼关，翻越秦岭，占领汉中，再攻四川与湖北，彼计若成，亡国无疑。必须采取抗战军力"深藏腹地"，建立以陕西、四川、贵州三省为核心，甘肃、云南、新疆为根据地，拖住日寇，打持久战，等候英、美参战，共同对敌的策略，方能最后胜利。②蒋百里这里向蒋介石所提的建议，与他的"三阳御敌"理论是一脉相承的。

在蒋百里看来，无论从地理上看，或是从民族性上讲，湖南都是中国的心脏，像欧洲的德国一样。"一旦战事爆发，沿海一带首遭蹂躏，工业计划应着眼于山岳地带，而便利防空及军事守险应以南岳为工业核心，而分布于株洲至郴州之线。"③1937年年初，蒋百里奉命秘密视察中国南北各地的防务，他的足迹既遍布北方的青岛、济南、北平、太原、石家庄、郑州，也涉及了中部的武汉、长沙、衡阳，还到了南面的广州、香港与福州。在福州与陈仪"谈到中日问题，两人同以为战争不能免，而且短期内不能解决，战局必逐步西移"。同时认为"将来的对

---

① 陶菊隐：《狷介与风流蒋百里传》，群言出版社2015年版，第80—81页、198页。
② 李新总编，韩信夫、姜克夫主编：《中华民国史大事记（1931—1933）》第6卷，中华书局2011年版，第4064页。
③ 陶菊隐：《狷介与风流蒋百里传》，群言出版社2015年版，第126页。

外战争，民兵制和游击战，都是弱大的国家所应采行的"①。当谈到中日之战的最后结果时，蒋百里不仅在其1937年结集出版的《国防论》之题中，开宗明义地告诉人们："千言万语，只是告诉大家一句话，中国是有办法的！"以提升国人的抗日决心与信心，同时指明了抗战的方略，那就是"胜也罢，败也罢，就是不要同它讲和！"表明了其抗战到底的决心。不仅如此，蒋百里也相信，虽然日本侵略中国势在必行，但其最终的失败，也是必然的。所有这些，对中国抗战的指导与影响，可谓至深且巨！

　　傅斯年、胡适、蒋百里等人有关中国对日抗战的方针策略，虽然不能作为一个国家的国防战略方针，但他们通过各种渠道，交到了国民党高官要员，以及蒋介石的手中，同时也得到了执政的国民党中央一些高官要员的认同和支持，并在相当程度上影响着当时中国最高军事领袖——国民政府军事委员会委员长蒋介石的对日方略。1931年9月26日，也就是九一八事变爆发一个星期之后，当蒋介石得知日本不接受国联调停而主张中日直接交涉时，相当愤慨，称："如此，则暴日之凶焰更张矣。倘与之直接交涉，或听其地方交涉，则必无良好结果。我断不能任其枭（嚣）张横行，决与之决一死战，以定最后之存亡。与其不战而亡，不如战而亡，盖可以存我中华民族之正气与人格也。……余今决心移首都于西北，集中军队主力于陇海路，严阵以待之也。"②10月3日，蒋介石在与熊式辉谈对日备战计划时，又称："此次无论对日和与战，而西北实为政府之第二根据地，万一首都沦落，即当迁于洛阳，将来平时亦以洛阳与西安为陪都也。"③1932年11月，蒋介石确立了"强国之国防重边疆，取攻势；弱国之国防重核心，取守势"，"战时以努力经营长江流域，掌握陇海铁路为第一要旨"的对日作战思想。这以后，随着四川对日抗战根据地的确定，以及国内局势的渐趋稳定，蒋介

---

① 陶菊隐：《狷介与风流蒋百里传》，群言出版社2015年版，第168页。
② 曾景志编注：《蒋介石家书日记文墨选录》，团结出版社2010年版，第209页。
③ 周美华编注：《蒋中正总统档案·事略稿本》（12），台湾2006年版，第129页。

石对未来中国抗战的方针做了进一步的深层次考虑，即"对日应以长江以南与平汉铁路以西地区为主要阵线，以洛阳、襄阳、荆州、宜昌、常德为最后阵线；而以四川、贵州、陕西三省为核心，甘肃、云南为后方"[①]。

　　所有这些，都为日后中国抗战总体战略的确立，以及蒋介石策定四川为中国抗战的根据地和国民政府迁都重庆奠定了理论基础。而抗战爆发后的事实证明，无论战争期间个别战役中的"焦土抗战"思想，或是整个抗战方略中的"以空间换时间、积小胜为大胜"的战略，都是抗战爆发前众多专家学者有关对日长期作战思想的继续和完善，也是地广、人众但又贫穷、落后的中国抗御地狭、人少但又国力强大的日本帝国主义最为正确的方略，更是积弱的中国能够经历艰苦异常的十四年抗战而不倒，最终打败强大的日本帝国主义，取得近代以来中华民族反对外敌入侵的第一次伟大完全胜利的一个重要因素。

---

① 转引自吴相湘：《中国对日总体战略及若干重要会战》，见薛光前编：《八年对日抗战中之国民政府》，台湾商务印书馆1978年版，第59页。

第三章

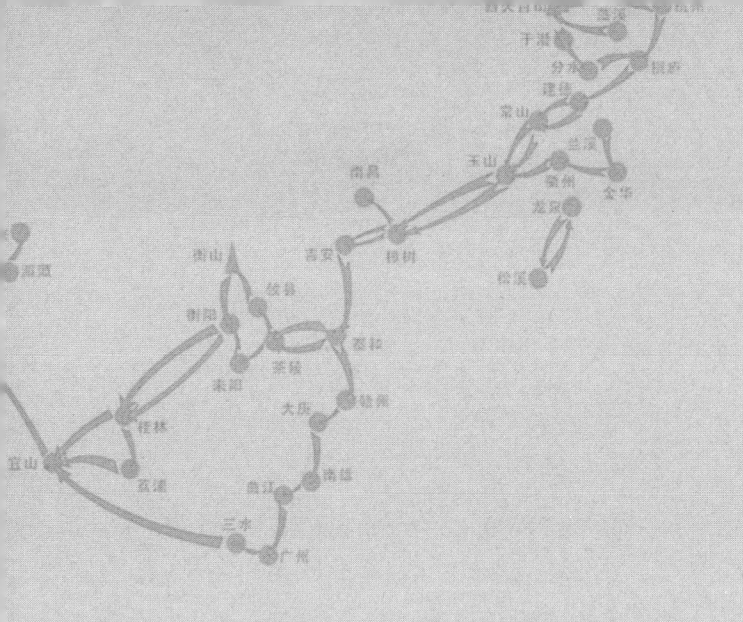

西为陪、洛为行

正当国人纷纷提出御敌方略之时,1932年1月28日,日本帝国主义进犯中国最大的城市——上海,国民政府宣布被迫迁都洛阳,并在洛阳举行的国民党四届二中全会上做出了"以西安为陪都、以洛阳为行都"的决议。国民政府迁都洛阳虽然不及一年,但在抗战中占有重要地位,它既检验了先前国人有关御敌方略的正确性,又为抗战全面爆发后国民政府迁都重庆做了铺垫。

蒋介石左右抗战方略

1932年1月28日晚上，蓄意挑起事端、发动侵略战争的日本帝国主义，不顾中国当局已完全接受其无理要求的事实，分三路进攻闸北，驻防上海的国民革命军第19路军奋起抵抗，是为淞沪会战，也称上海"一·二八"事变。

当上海"一·二八"事变爆发时，蒋介石虽仍是国民党中央政治会议常务委员和国民党中央执行委员会常务委员，但已于1931年12月15日辞去国民政府主席兼行政院院长职务，以下野之身赋闲于老家奉化。面对九一八事变后国内国外的复杂形势，无论是老资格的胡汉民、汪精卫，或是新任国民政府主席林森、行政院院长孙科，都感到束手无策，毫无办法。为解决危机，应对时局，他们或纷纷致电蒋介石，或亲自前往奉化，敦促蒋介石重返南京，主持大局。在各方的敦促下，蒋介石于1932年1月21日偕夫人宋美龄回到南京，并表示"将一本良心道义上之责任，为公义私交而尽力，以赞助政府，共纾国难"[①]。

蒋介石回到南京一个星期，即发生日本进犯上海导致的"一·二八"事变。上海是蒋介石早年发迹的地方，也是近代中国最大的城市，是国民政府的经济、金融与商业中心，是国际社会关注的重要地区，而且与首都南京近在咫尺。所以当上海"一·二八"事变爆发后，执政的国民党中央政府当即意识到：日军"攻上海即系对于首都加以直接

---
① 秦孝仪主编：《中华民国重要史料初编——对日抗战时期》绪编（1），台湾"国民党党史委员会"1981年版，第430页。

危害与威胁"①。与此同时，国民政府还明确意识到：日本在上海挑起战争，其侵略的范围并不只限于上海一隅，而是有进一步侵犯我国东南富庶地区的可能，其侵略的欲望已超出了国民政府容忍的最大限度，因此，国民政府也表现出了与九一八事变后截然不同的态度。1月29日，当蒋介石得知日军进攻上海闸北的消息后，一方面为"昨日对上海日领事要求，我方已予承认，彼亦已满足，且表示傍晚撤兵，何乃至午夜又冲突也"感到不解；另一方面又明确意识到"倭寇必欲再侵略我东南乎？我亦唯有与之决一死战而已"；同时也考虑到了日后长期的抗日方略——"决心迁移政府，与倭长期作战，将来结果不良，必归罪于余一人，然而两害相权，当取其轻，政府倘不迁移，则随时遭受威胁，将来必作城下之盟，此害之大，远非余一人获罪之可比"②。除此之外，蒋介石还手定了"对日交涉原则""京沪防御与政军部署"以及"与敌决战"等方面的应对策略，以作为国民政府在此复杂、纷乱、重要关头的施政方针。

其中"对日交涉"的原则是：一面预备交涉，一面积极抵抗。其交涉的程度，则规定"交涉必须定一最后防线与最大限度，此限度至少要不妨碍行政与领土完整，即不损害九国公约之精神与不丧失国权也。如果超此限度，退让至不能忍受之防线时，即与之决战，虽至战败而亡，亦所不惜。必具此决心与精神，而后方可言交涉也。"

在"京沪防御与政军部署"中，蒋介石明确规定：一、十九路军全力守上海。二、前警卫军全力守南京；三、各部迁往河南人员之行动归何部长（军政部部长何应钦——作者注）规定。四、军事委员除何敬之、陈真如之外，其余定午后五时过江由海军部备船。五、何部长留守南京，所有政府党军政留守机关人员概归何部长指挥。六、宋副院长（宋子文，时任行政院副院长兼财政部部长——作者注）留驻京沪，所

---

① 中华民国史事纪要编辑委员会编：《中华民国史事纪要（初稿）》（1932年1月至6月），台湾"中华民国史料研究中心"1984年版，第181页。
② 秦孝仪主编：《中华民国重要史料初编——对日抗战时期》绪编（1），台湾"国民党党史委员会"1981年版，第430页。

有上海行政人员归宋部长指挥。①

与此同时，蒋介石还分别致电各将领，告以上海发生"一·二八"事变之真相，表示"与敌决战"的决心。在命何应钦、朱培德致蒋光鼐、蔡廷锴的慰问电中，有"我军此时固宜避免冲突，惟若日人恃强相欺，无理侵犯，应即不惜任何牺牲，竭力抵抗，以尽守土卫国之天责"的指示；在致湖北省政府主席何成濬、湖南省政府主席何键、江西省政府主席熊式辉的电文中，有"我军决与死战，其在汉、浔海军，必有军事行动，务望严密戒备自卫，万勿为其所屈"的部署。②

从此可以看出，"一·二八"事变爆发后所有有关对日的大政方针，都是由他主宰和制定的，他实际上成了"一·二八"事变爆发后，掌握国民政府和国民党中央大政方针的第一人，左右着整个局势的变化与发展。当然，国民政府迁都洛阳，也是蒋介石一手促成的。

---

① 秦孝仪主编：《中华民国重要史料初编——对日抗战时期》绪编（1），台湾"国民党党史委员会"1981年版，第431—432页。
② 周美华编注：《蒋中正总统档案·事略稿本》（13）（1932年1月至3月），台湾2006年版，第96—97页。

迁都洛阳的决策与实施

在蒋介石的主导和影响下，1932年1月29日下午，国民党中央政治会议召开紧急会议，会议一方面决定成立军事委员会，通过其组织大纲，并推选蒋介石、冯玉祥、阎锡山、张学良、李宗仁、陈铭枢为委员，行政院院长、参谋总长、军政部长、海军部长、训练总监、军事参议院院长为当然委员，蒋介石、冯玉祥、何应钦、朱培德、李宗仁为常务委员，全面负责筹划、指挥国防有关事宜；一方面经过讨论，决定"实施昨日所确定外交方针之积极抵抗者，先迁移政府于洛阳，免受炮舰之威胁，与之决战，并为长期抗战之策"[①]。

国民政府已决定迁都洛阳，首都南京又将如何保卫呢？第二天（1月30日）上午，蒋介石命何应钦以军政部部长的名义，委任谷正伦兼任南京警备司令，贺国光为副司令兼参谋长，指挥第87、88师以及军官学校附属部队，南京附近的航空、宪兵、警察、要塞等部队；命令军事委员会暂留南京，以朱培德、林蔚负责办理，而指挥前线部队作战之大权，则交军事委员会常务委员何应钦、朱培德共同负责，江苏省政府主席顾祝同也留在南京，协助办理。

安排好南京的守卫后，蒋介石抱着"国府主席与行政院长，应先以居于安全之地"的目的，商请林森、汪精卫等先行赴洛阳。无奈无论是林森，或是陈璧君都面有难色，不愿先行。蒋介石"乃再以诚意

[①] 周美华编注：《蒋中正总统档案·事略稿本》（13）（1932年1月至3月），台湾2006年版，第96页。

与利害婉劝之，至午后一时，林、汪始渡江而行"。随后，蒋介石又请冯玉祥、朱培德、叶楚伧等北迁，并嘱托何应钦、陈铭枢、顾祝同等留南京人员，要"各尽职责，努力奋勉，勿使所分配任务，少有疏懈"①。在安排好这一切后，蒋介石夫妇于下午渡过长江，然后乘车到达浦口，备车等待林森、汪精卫等。当天晚上八点，载有国民政府主席林森、行政院院长汪精卫，以及国民政府直属各机关、各部会官员张继、冯玉祥、李烈钧、李济深、朱培德、叶楚伧等1000余人的专列，随着汽笛的一声长鸣，缓缓驶离南京北岸的浦口车站，沿津浦铁路北上洛阳，开始了中国都城自南向北的迁徙，将历史上寻以为常的"衣冠南渡"转换成了历史上难得一见的"衣冠北渡"。

待林森一行离开南京北上后，蒋介石一方面致电河南省政府主席刘峙及驻防洛阳的国民革命军第1军军长陈继承，告以林森等人北迁洛阳情形，并要求刘、陈二人"在洛阳、郑州二处迅速预备行营②，并先垫五万元为设备费，竭诚招待"；另一方面电令留守南京的军政部部长何应钦，于当天晚上在南京代表政府发表由国民政府主席林森主签，行政院院长汪兆铭、立法院院长覃振（代）、司法院院长居正（代）、考试院院长戴传贤、监察院院长于右任副签的《国民政府移驻洛阳办公宣言》，宣言全文如下：

  自日本以武力侵占东北以来，政府一方面尊重华盛顿九国条约、国联盟约、凯洛格非战公约之精神，虽衅自彼启，仍坚持忍耐，以候签约各国之主持公理；一面严饬军警，应以全力捍卫地方，保障人民生命自由财产之安全，苦心维护，于兹数月。而日本进逼不已，最近竟已〔以〕

---

① 周美华编注：《蒋中正总统档案·事略稿本》（13）（1932年1月至3月），台湾2006年版，第103—104页。
② 所谓"行营"，系指出征时的军营，一般带有临时性质。在抗日战争前后，国民党中央为了某种需要，曾先后在全国各重要地点设立了16个"国民政府军事委员会委员长行营"，其中抗战全面爆发前设立的有南昌行营、武昌行营、重庆行营、西安行营等，但重庆行营存在时间最长（1935年11月至1939年2月），南昌行营次之（1933年5月至1935年1月），武昌行营则仅存在了半年余（1935年3月至1935年10月），由此也可见国民党中央对重庆乃至整个四川及西南的重视、控制与经营。

大批战舰驶至上海，并输送陆空各军，藉口市民抗日举动，以使用暴力，横相恫吓。夫人民组织团体，以急国难而御外侮，本出于爱国之热诚，苟无越轨行动，政府无从加以干涉。惟政府为避免战祸计，已不恤一再迁就日本之要求，始则对于民众抗日之言论稍涉激烈者，均予禁止；继再晓谕各种民众团体，自动取消抗日名义，以杜强邻之藉口。本月二十八日午后一时四十五分，上海市政府对于日本驻沪领事之要求，已予以日领自身亦认为满意之答复，而同晚十一时二十五分，日本第一外遣舰队司令官忽来通知，迫我上海驻军让出防地，俾其占领。军队有守土之责，讵能应其所求，日本军队遂即向我军进攻，竟使上海繁盛市面，罹于兵燹，且使用无限制之飞机轰炸政策，平民生命财产，惨受荼毒，数量之巨，无可估计。同时首都及长江上下游各重要市镇，亦有日本军舰到处挑衅。夫日本所以继续使用此等暴力政策，且进而愈厉，其用心不过欲威胁我政府，使屈服于丧权辱国条件之下。政府受国民付托之重，惟知保持国家人格，尊重国际信义，决非威武所能屈，惟有坚持原定方针，一面督励军警，从事自卫，决不以尺土寸地授人；一面仍运用外交方法，要求各国履行其条约上之责任。日本此次滥启兵祸，破坏和平，不但中国领土主权，遭其损害，举凡华盛顿九国条约、国联盟约、凯洛格非战公约，亦为之毁弃无余；政府深信中国对于此等暴行，有正当防卫之权利与义务，同时深信各国为维持世界和平及国际信义，亦必不能坐视。兹者政府为完全自由行使职权，不受暴力胁迫起见，已决定移驻洛阳办公。望我各省区行政长官及军队长官，同心协力，各尽所职，以靖地方而安人民；尤望我全国民众，以勇毅沉着之精神，共赴国难，勿嚣张，勿畏葸，务使暴力无所施，正义得以申，国家安危，悉系于此，愿共勉之。国民政府主席林森、行政院长汪兆铭、立法院长覃振代、司法院长居正代、考试院长戴传贤、监察院长于右任。①

宣言揭露了日本帝国主义自九一八事变以来对中国的侵略，阐明了国民政府为避免战祸而一再忍辱负重的心路历程，抨击了"日本所以继续使用此等暴力政策，且进而愈厉，其用心不过欲威胁我政府，使屈服丧权辱国条件之下"的阴谋，表达了国民政府移驻洛阳办公的主要原因是"为完全自由行使职权，不受暴力胁迫"。何应钦在发表宣言前，还致电全国各地的各党政军领袖，对国民政府迁都洛阳的原因和意义做了说明，内称：

> 日寇侵沪，暴行未已，彼利用其炮舰政策，长驱深入我腹地，长江各埠，迭肇衅端。察其用心，直欲使我政府在炮火威迫之下，为彼武力苛酷条件所屈服。中央为保全领土主权之完整，已具最大、最后之决心。现为便于自由行使职权，不受强邻威力压迫计，决将整个政府及军事委员会迁驻洛阳，继续办公。此间事务，由弟负责处理。尚祈不遗在远，随时惠赐教言为幸。②

1月31日，北上的行政院院长汪精卫于徐州致电广东的唐绍仪、胡汉民、白崇禧等人，解释国民政府迁移洛阳办公的原因时也称："国府迁洛办公，目的在不受强敌邻力之威胁，以签字于丧权辱国之条件。以最大之决心，作长期之抵抗。"③抵达开封后，汪精卫又在开封的联欢社上发表讲演，再一次对国民政府移驻洛阳办公的原因做了详细说明。他说："政府如果预备屈服于日本暴力之下，为城下之盟，则或者不会离南京；如果预备以最大牺牲，为长期之抵抗，则必然将国民政府移至

---

① 中华民国史事纪要编辑委员会编：《中华民国史事纪要（初稿）》（1932年1月至6月），台湾"中华民国史料研究中心"1984年版，第204—205页。
② 周美华编注：《蒋中正总统档案·事略稿本》（13）（1932年1月至3日），台湾2006年版，第107—108页。
③ 中华民国史事纪要编辑委员会编：《中华民国史事纪要（初稿）》（1932年1月至6月），台湾"中华民国史料研究中心"1984年版，第212页。

中原腹地。"由此，"既使暴日之炮舰政策无所施，同时于中原腹地建立中枢，策应四方，团结举国一致之努力，共谋最后之胜利"。①1月31日，国民党中央机关报——《中央日报》以大字标题刊登了国民政府移驻洛阳办公的消息，向全国人民及世界各国表明了中国中央政府对日本步步紧逼的态度与对策。

1932年1月30日，刚刚出任国民政府主席不到一个月的林森，即率其阁员及部属1000余人离开首都南京，北迁洛阳。1月31日晨，林森一行经徐州继续西行，于当晚抵达开封，2月1日到达郑州，2月2日抵达洛阳。而作为当时国民党中央负实际责任的蒋介石，则偕夫人宋美龄及邵力子、魏道明、郑毓秀等人，原拟乘飞机直飞洛阳，无奈当天雨雾重，飞机不能飞行，遂改坐火车前往。蒋介石一行于1月31日晨搭津浦铁路列车离开浦口，于下午一点抵达安徽蚌埠，傍晚七时抵达江苏徐州；2月1日上午十点，蒋介石一行抵达河南开封，驻足河南省政府，批阅文件，分电各方，指示方略；晚饭后继续乘车赶往洛阳，于2月2日早晨五点左右，抵达洛阳，入住位于西宫营房东花园的行营。上午八点，蒋介石即召集林森、汪精卫及其他已到洛阳的高官要员在河南省立第四师范学校图书馆开会，会上，蒋介石报告了"一·二八"事变后各方面的情形及应对方略。会议再次决议："中央党部与国民政府决迁洛办公，即以图书馆分作党政机关办公地址，乃从详讨论应付国难办法。"②

遵照蒋介石关于"各部迁往河南人员之行动归何部长规定"的指示，在大规模的第一批北迁人员离开南京后，何应钦继续主持着南京国民政府所属各院部会人员的北迁。2月2日，在洛阳的行政院院长汪精卫致电在南京主持工作的何应钦，以洛阳的房屋及其他办公设备准备不及为由，要求第二批迁洛人员缓行。2月3日，何应钦秘密致函各相关单

---

① 张衡：《略论"一·二八"抗战期间国民党内的和与战之争》，载《民国档案》1992年第27期。
② 周美华编注：《蒋中正总统档案·事略稿本》（13）（1932年1月至3月），台湾2006年版，第130页。

位，指示"各机关派赴洛阳第二批出发人员，务必减少为主，每一机关最多以十员为限"。并要求各单位将第二批迁移人员的名单开列上报，然后再根据人数多少，决定出发日期。① 军政部接到各机关迁洛人员名单后，再根据其迁洛人员职务的高低，抄送津浦铁路管理委员会，请其分配等级，换发免费的头等、一等、二等、三等乘车证，凭证上车，前往洛阳。2月12日，洛阳的各项准备工作基本就绪，行政院院长汪精卫遂致电何应钦，要求在南京的行政院各部，都应该陆续迁往洛阳，"仅留少许在宁，请勿再延留为要"。奉此，何应钦于2月14日转令南京各部执行。

1932年1月30日，国民政府主席林森离开南京前往洛阳

到2月中旬，国民政府及所属各院部会基本迁移竣事，并因陋就简，相继在洛阳开始办公。其中，国民政府在原府尹衙门（旧福王府）办公，林森的国民政府主席官邸被安排在西工公馆街的天字第一号院（原吴佩孚公馆），国民党中央党部驻西工原吴佩孚巡阅使署，

---

① 参见《何应钦为第二批迁洛人员务必减少并上报人员名单致内政部公函》（1932年2月3日），中国第二历史档案馆馆藏档案，全宗号12，目录号2，卷号1354。

蒋介石及迁洛阳后成立的国民政府军事委员会驻老城河南省立第四师范学校，汪精卫和行政院驻河洛图书馆，考试院驻西关周公庙，监察院驻南关贴廓巷庄姓民房，司法院驻城内地方法院（原张敬尧公馆），其他各机关则被安排在西工兵营。由此，洛阳这座在中国历史上素以"九朝古都、八代陪都"而闻名的"首善之区"，在中国近代史上再次成了中央政府名义上的政治中心并进而成了中华民国的行都，同时也先行做了近代中国中华民族在外敌入侵下迁移政府于内地办公的探索和试验。

国民党中央各部会首脑及党政军要员纷纷移驻洛阳办公后，留在首都南京者，仅军政部部长何应钦、外交部部长罗文干、实业部部长陈公博及京沪卫戍司令陈铭枢等人，其他各部则于南京政府原址设立驻京办事处，负责善后事宜，何应钦负责京中一切事务；国民政府财政部、交通部，则分别设立驻沪办事处，财政部派张寿镛、交通部派韦以黻驻上海，分别处理各自相关事宜，所有上海的一切事务，由宋子文负责；蒋介石则以"在野"之身，来往于洛阳、南京、徐州、浦口等地，发号施令，掌控整个大局。

洛阳到南京，直线距离长达700余公里。一个政府，在如此远距离的两个城市办公，虽属事出有因，迫不得已，但的确给各方面的工作带来了诸多不便。为加强两地间的沟通与联系，提高工作效率，除重要、紧急事项采用电话、电文联系外，一般的公文，仍取信函方式传达。为此，国民政府铁道部南京办事处专门拟订了《南京各机关封送洛阳文件寄递办法》4条，呈报国民政府主席林森。林森看后认为可行，遂训令国民政府文官处于2月29日通令各方执行。该办法规定："一、南京各机关寄递洛阳文件，于每日正午12时以前，将应寄文件包一总包，加盖火漆印，书明洛阳接收机关登记簿册，送交本处事务科代收。二、本处收到各机关文件登记簿册，即日送交津浦路局交本日列车带赴洛阳。三、津浦路局收到本处及本处代各机关寄递洛阳之文件登记簿册，交当日平浦通车，次日转陇海路带至洛阳，送交铁道部查收。四、洛阳铁道部收到本处代递文件，即日照封面所书机关名称，代为分送。"[1]由此一来，南京国民政府就第一次出现了一个政府、两地办公的局面。

---

[1] 参见《国民政府文官处为奉谕转知〈铁道部南京办事处代各机关寄递洛阳文件办法〉致内政部公函》（1932年2月29日），中国第二历史档案馆馆藏档案，全宗号12，目录号2，卷号1354。

筹建洛阳行都、西安陪都的决议

九一八事变，特别是上海"一·二八"事变的爆发，既是日本帝国主义对中国进行侵略，实施其灭亡中国的《田中奏折》的开始，也是中国政府与人民抗击日本帝国主义侵略的开端。残酷的现实，不仅在理论上而且也以铁的事实证明了一旦对外战争爆发，设于南京、靠近上海的国民党中央政府，即完全暴露在敌人强大的空军、海军和陆军的炮火之下，如果国民党中央政府不想在对外战争中屈辱求和，不甘心与敌人订立城下之盟，那么在抗日战争发生之后，迁都之举就事属必然且势在必行。因此，1932年3月1日至6日在洛阳西宫召开的国民党四届二中全会，将"我们今后是否仍然以南京为首都，抑或应该在洛阳要有相当的时（期）间，或者我们更要另找一个适宜的京都"作为五个"重大问题"之一正式提上会议的议事日程并视之为"此次会议的第一意义"。[①]时任行政院院长的汪精卫在3月1日所致的开幕词中，不仅再次向与会者详细解释了国民政府于"一·二八"事变后移驻洛阳办公的原因："自从一中全会之后，一个月以来，我们正在进行精诚团结，而国难则日加严重，到了一月三十日，中央党部、国民政府决定迁到洛阳办公，当时林主席同兄弟已经通电将此事的经过报告。因为日本一方面以海陆空军猛攻上海，一方面派大批军舰开到南京，其目的在威逼政府签字于丧权辱国的条约。当时事机是非常危

---

① 《汪精卫在国民党第四届第二次中央全会上所致开幕词》，见荣孟源主编：《中国国民党历次代表大会及中央全会资料》（下），光明日报出版社1985年版，第142页。

急，如果错过了，则将至挽救不及。所以我们即日开紧急会议，决定迁至洛阳，把中央党部、国民政府放在安全的地位，以便自由行使职权。政府搬到洛阳以后，由中央常务会议追认此事。"考虑到迁都的重要及其关系的重大，汪精卫希望国民党四届二中全会对此事"加以追认"，同时由全体会议来讨论决定"我们今后是否仍然以南京为首都，抑或应该在洛阳要有相当的时（期）间，或者我们更要另找一个适宜的京都"这一重大问题。①

会议期间，国民党中央常务委员会及河南省政府主席刘峙分别提出了《以洛阳为行都以长安为陪都案》《请确定洛阳为永久陪都案》。其中，国民党中央常务委员会的提案称：

> 此次中央党部及国民政府迁至洛阳办公，其理由详于国民政府主席林森、行政院长汪兆铭一月三十日通电。窃以南京为中华民国之首都，载诸约法，本无疑问，但按诸目前情形，实有以洛阳为行都之必要，行政院已设有行都设备委员会经理其事。至于陪都之设定，在历史、地理及国家将来需要上，终以长安为宜，请定名为"西京"，并由中央特派专员担任筹备，从本年三月起以一年为期，筹备完毕。②

河南省政府主席刘峙的提案，首先说明了于战时建立陪都的重要，称："国家当承平之际，民安物阜，政治令修，则于人文荟萃之区，建设庄严统驭之都，此中外古今不易之图也。然而边圉有警，莠民作乱，欲免鞭长莫及之嫌，迅收遏决防微之效，就得四达之中区，凭陵险阻，另建陪都，以行使整饬勘定之威权，为安内攘外之基础。是故一国之首都，正如一身之脑府，所以使百骸四肢者，则知国都之于陪都以为辅贰，亦犹人身大、小脑，不可偏缩之矣。"接着，刘峙从历史、地理以及未来西北之开发建设等方面，全面阐述了定洛阳为永久陪都的必要性：

---

① 《汪精卫在国民党四届二中全会上所致开幕词》，见荣孟源主编：《中国国民党历次代表大会及中央全会资料》（下），光明日报出版社1985年出版，第142页。
② 《国民党中常会提议以洛阳为行都以长安为陪都案》，见西安市档案局、西安市档案馆编：《筹建西京陪都档案史料选辑》，西北大学出版社1995年版，第2—3页。

一、关于历史者 周室东迁，始都洛阳。自此人文蔚起，世世弗替，两都媲美，……总观历代相沿之迹，考以文化胚胎之原，则洛阳实有可建陪都之必要。二、关于地理者 豫省位九州之腹地，自昔为中原文物之邦，东连苏皖，南毗荆湘，西扼秦陇，北接齐鲁、晋冀诸域。洛阳尤为豫省中心，川陆四达，为交通之主轴，西北商业之门户，中原用兵之机枢，所谓举一发而全身俱动者也。……然则南京只可作为承平之永久国都，专资庶政之建设者，而非宜于国难临头之日。是洛阳另建陪都之议，未容暂缓者耳。三、关于启发西北之大计者 我国幅员之广，世界稀有。历来当国者，每仅经营中原诸行省为繁荣之域，其他蒙、藏、川边、新疆、青海等区，土广人稀，货弃于地，此中外人士所引为痛惜者。垦荒殖民之大计，年来甚嚣尘上，……情势昭昭，固非夸大之词，此则关于国运前途，尤非浅鲜。然则欲得指麾统驭之便，于洛阳建设陪都之议，尤当亟亟确定者也。

通过上述三个方面的详细叙说，刘峙最后在提案中指出："在此国步方艰之际，百工努力、万众图强之秋，欲谋安危强弱之转移，而践周、汉中兴之迹者，舍此莫由。"[①]

与会者鉴于日本帝国主义对华侵略的步步紧逼，以及首都南京在对外战争中所处的不利地位，依据孙中山关于建立"海都""陆都"的构想，综合当时中国国内各方的具体情形，对两个提案进行了充分讨论，最后于1932年3月5日上午举行的国民党四届二中全会第二次会议上讨论通过了《确定行都与陪都地点案》，决议：

一、以长安为陪都，定名为西京。二、以洛阳为行都。三、关于陪都之筹备事宜，应组织筹备委员会，交政治会议决定。[②]

[①] 《刘峙请确定洛阳为永久陪都案》，见西安市档案局、西安市档案馆编：《筹建西京陪都档案史料选辑》，西北大学出版社1995年版，第3—4页。
[②] 《确定行都与陪都地点案》（1932年3月5日国民党四届二中全会通过），见荣孟源主编：《中国国民党历次代表大会及中央全会资料》（下），光明日报出版社1985年版，第156页。

此举表明：由于当时日本军队肇事的主要地点是华东的上海，中国所受的最大威胁来自华东沿海地区，所以国民党中央以此表明了一旦对外战事扩大，国民党中央政府将退守中原与西北的意愿。4月9日晚上，行政院院长汪精卫在参加"国难会议"各会员的宴会上，对此决议的解释是："长安洛阳同为我国古都，五千年来我民族之发荣滋长，文化之萌芽光大，皆以此为根据地。……我国自海禁大开，文化经济之发达，集中沿海各省。中国国民党总理孙先生早已见到中国若与外国冲突如中日战争或者日美战争时，日本必先攻击我沿海各省，采取抵抗办法，是必须立脚在西北，才能巩固作战之根本，扫荡沿海之敌人。不料日人对华侵略之暴行，即见于今日，我们只有尊奉中国国民党总理孙先生遗教，根据着西北，作长期之抵抗。"并称："今日我们在洛阳开会，是继续五千年来民族奋斗之精神，发扬我民族五千年来伟大之潜藏力，用西北作最后之长期抵抗根据，打破自建立民国以来最严重最危急之当前国难。"①

国民政府移驻洛阳办公及国民党四届二中全会第二次会议通过关于《确定行都与陪都地点案》的史实，是南京国民政府也是中国对日抗战史上的一件大事，它一方面表明在大规模的中日战争全面爆发之前，虽然政府当局尚未做好与入侵之敌长期周旋、坚决抵抗的打算，但勤劳、智慧的中国人民，已清醒地认识到首都南京在对外战争中所处的不利形势，从而为中日战争全面爆发后采取正确的政略、战略，彻底打败日本侵略者奠定了理论和思想上的基础；另一方面也表明了南京国民政府对日政策的某些变化——不愿屈服于日本帝国主义的武力压迫而迁都，并开始考虑战争爆发后首都的安全与迁移等长远、重大问题。所有这些，与先前国民政府的对日态度与政策相比，都无疑是一个历史性的进步，因而也是积极的，值得肯定的。

---

① 中华民国史事纪要编辑委员会编：《中华民国史事纪要（初稿）》（1932年1月至6月），台湾"中华民国史料研究中心"1984年版，第555页。

国民政府还都南京

1932年上海淞会抗战爆发后，国民党当局确立了"一面积极抵抗，一面预备交涉"的对日方针。在此方针的指导下，国民政府一方面移政府于洛阳办公，以免受日本暴力的威胁；另一方面和过去相比，也做了比较积极的军事部署，如召开对日作战会议，商讨对日作战计划，将驻在京沪、京杭线上的第87、88师合编成第5军，由张治中率领，前往上海增援蒋光鼐、蔡廷锴的第19路军，参与对日作战，等等。与此同时，国民政府又担心战争持续和扩大到不可收拾的地步，故于战争一开始，即企图通过英、美等国的调停和国际社会的斡旋，与日本方面早日达成和解协议，结束上海战事。在英、美等国的调停与国际社会的压力下，日本以其转移国际社会对其侵略东北和成立伪满洲国的目的已达，也同意与国民政府进行有关停战和撤军为主要内容的谈判。双方经过多次谈判，于1932年5月5日签订《淞沪停战协定》，国民政府以对日的妥协让步，换来了暂时的和平，也迫使侵略上海的日本军队自5月6日起开始撤退，恢复到战前的状况。

国民政府迁都洛阳，事起仓促，当时媒体形容称："一会之后，立时迁洛，既成行矣，始发布告。"等到迁都洛阳后，才知道古都洛阳早已今非昔比，远非想象中的那样繁华，与"行都"的要求相差甚远，用冯玉祥的话说，就是"没有洋楼，没有地板，没有新式马桶，更没有大餐可吃"[1]。上海日军的撤退，解除了首都南京所面临的战争的直接威

---

[1] 冯玉祥：《我所认识的蒋介石》，陕西师范大学出版社2007年版，第31页。

胁。因此，虽然此时国民政府尚未决定还都南京，但国民政府及国民党中央有关要员，已开始陆陆续续地向南京迁返。蒋介石、汪精卫等握有实权的人物自不待言，自迁都开始就一直仆仆道中，未在洛阳久留。就是徒有其表的国民政府主席林森，也是频频往来于洛阳南京间：1932年3月18日，林森自洛阳回到南京国民政府驻京办事处，视察留京各职员工作情形，并召集重要职员，有所询问和指示；6月11日，林森又"以行政院电请回京磋商要务"为由，率国民政府参军长吕超及随员数人离开洛阳，乘专车南下，于12日晚抵达南京，因其官邸没有安排生活起居，就下榻于下关的扬子饭店，并赴中山陵谒陵，召集在南京的国民政府官员训话。虽然林森事后不久又返回洛阳，但因为洛阳的确无公可办，所以林森在洛阳停留几日后，又前往庐山避暑去了。作为国家象征的国民政府主席尚且如此，其他迁驻洛阳的中央机关与人员，也纷纷以工作上的方便与生活上的舒适为借口，开始大规模、成批量地返回南京并在南京办公，从而形成了"夏秋之后，洛阳行都，实际一空""迁洛其名，留京其实"的状况。[①]

鉴于"行都"洛阳此时只是徒具其表、名不副实，11月15日，蒋介石、吴敬恒、商震、宋子文、何应钦、朱培德、陈果夫、陈立夫、居正、叶楚伧、张群、戴季陶等25人，认为"自国难会议闭会后，数月之间，一切政务，如外交、军事以及法律案之审议，各院部为谋事实上之便利，均就近在留京办事处办理，洛阳行都各机关，大都事务清简，无力措施"；同时认为"建国之业，首在立心，立国之道，始于守法。而御侮自强，则采集中人才、统一意志外，更无他术。方今外则国联开会在即，世界视线集中于中国；内则义军奋起，人民以自动之行为，替国家争损失之土地。而日本则肆意宣传，谓我中国为无负责政府之国家，四川之军人等，又任意私斗，使各国增加其轻视中国之资料。当此危局，我中央之一举一动，无不关系于民国之治乱兴亡。故关于第三次中

---

① 中华民国史事纪要编辑委员会编：《中华民国史事纪要（初稿）》（1932年10月至12月），台湾"中华民国史料研究中心"1984年版，第750、753页。

央全体会议开会之事，中正等再四筹议，认为现在国民政府、中央党部以及各院部会法律上之所在地，既为洛阳，则断不能在他处开会，破从来之法例。若因事实上之关系，开会须在南京，则应于开会之前将中央党部、国民政府及各院部会正式迁回南京"，以维持国民党中央全会在首都举行之成例。因应事实上的需要，蒋介石等人向国民党中央执行委员会提出了《提议请将中央党部、国民政府迁回南京并建设长安陪都、洛阳行都案》，建议国民党中央"依法决议如十二月十五日准在南京开会，则应于十二月十日以前将中央党部、国民政府及各院部会迁回南京，布告国民，咸使闻知，然后人心既定，共信斯立，而中央威信，方能确立也"。①

11月18日上午，国民党中央执行委员会举行第四十七次常务委员会议，出席会议的有叶楚伧、朱培德、居正、贺耀组、罗家伦等10余人。这些人大多数是11月15日蒋介石提案的签署者，此时也都是在南京工作生活，所以当会议讨论蒋介石等人关于《提议请将中央党部、国民政府迁回南京并建设长安陪都、洛阳行都案》的提案时，就很容易得到一致通过。会议最后决议："中央党部、国民政府及各院部会十二月一日迁回南京。"②随后，国民党中央执行委员会将此决议函送国民党中央政治会议。中央政治会议即予通过并于11月23日致函国民政府查照并分令行政院、军事委员会遵照办理，从而将既成事实法律化。11月27日，国民政府通电各省市政府：中央党部及国民政府定12月1日同时迁回南京。11月29日，国民政府正式发布自洛阳还都南京的命令，令称：

> 政府移驻洛阳行都，业已十月于兹。尝胆卧薪，朝乾夕惕，关于御侮图强之计，未尝稍懈。顾以枢府为政令所从出，亦人民所托命，贵能应时势之需求，慎抉择于驻地。前以日本违反国联盟约非战公约九国条约，肆其暴力，先占

---

① 参见《蒋介石等提议中央党部、国民政府迁回南京并建设长安陪都、洛阳行都案》（1932年11月15日），台湾馆藏档案：001-110003-0006。
② 中华民国史事纪要编辑委员会编：《中华民国史事纪要（初稿）》（1932年10月至12日），台湾"中华民国史料研究中心"1984年版，第749页。

东北，继攻淞沪，南京首都，受其威胁，乃徙洛邑，用奠邦基。……今各省匪氛，渐就敉平，国联会议，开会在迩，辽沈事件，早为世界各国视线所集，亦即吾国家民族兴替存亡所系，折冲樽俎，在能迅赴事机，首都交通便捷，国际周旋，较为顺适，乃定十二月一日移回南京，俾获耳目之周详，试申正谊于坛坫。外以遵守国际条约之精神，感格邻国，内以持续长期抵抗之策略，昭告邦人。①

国民党中央既已做出国民政府及中央党部迁回南京的决议，国民政府也已正式发布自洛阳还都南京的宣言，剩下的就只是实施了。由于此时的国民党中央与国民政府各院部会实际上已在南京办公，所以所谓的"还都"，也只是走一个形式罢了。为了完成这个形式，国民政府主席林森又专程回到洛阳，并率领国民政府直属的文官处处长魏怀、参军处处长吕超等一班人马，于1932年11月29日晚自洛阳启程，乘专列沿津浦线南下南京。12月1日上午林森一行所乘专列抵达南京江北的浦口车站，留守南京的国民政府行政院副院长宋子文，率国民政府所属各院部会首长及国民政府直属的文官处官员等千余人，专程过江赶到浦口迎接。林森一行下火车后，于上午十时登上海军部早已停泊于江边的军舰——"楚谦"号，立即升起海陆空军大元帅旗，于十时零五分启碇，向长江南岸的南京驶去。此刻，停泊于长江的英、美、法、日等国军舰，均鸣礼炮21响，既向国民政府主席林森表示致敬，也对国民政府还都南京表示欢迎。十时十五分，"楚谦"号抵达南京下关三北码头。林森等人下船后，即乘国民政府的汽车入城，径赴中山陵谒陵，其他欢迎人员，也跟着前往中山陵，并举行了一个简短的仪式。十一时三十分，林森抵达已离开近十个月的国民政府，并召集国民政府所属人员举行了一个简朴的还都仪式。林森发表讲演，在说明国民政府迁回南京的缘由

---

① 《国民政府发布迁回南京令》（1932年11月29日），见中华民国史事纪要编辑委员会编：《中华民国史事纪要（初稿）》（1932年10月至12月），台湾"中华民国史料研究中心"1984年版，第813页。

后，他说："国府及各院部会及中央党部，均定十二月一日迁回首都，业已通令各院部会准期回京，嗣接中政会电，洛阳国府及中央党部，仍须保存，并派人保守，以便接洽公务，同时中央有建设洛阳行都、西安陪都之决议，故洛阳方面仍须继续布置。"礼成后，林森又马不停蹄地赶到国民党中央党部，参加国民党中央党部举行的"中央"迁回南京典礼。典礼由居正主持并作报告，内有"中央依常会决议，于今日迁回南京，系因首都交通便利，易于推行政令，林主席顷在国府亦曾详为报告"[①]的说辞。

南京国民政府

至此，国民政府、国民党中央党部及所属各院部会均名正言顺地自洛阳迁回南京原址办公，先前各机关迁洛阳后在南京设立的办事处，同时于12月1日撤销。国民政府、国民党中央因日本帝国主义侵略而被迫进行的第一次迁都，到此也宣告结束。

---

① 中华民国史事纪要编辑委员会编：《中华民国史事纪要（初稿）》（1932年10月至12月），台湾"中华民国史料研究中心"1984年版，第825页。

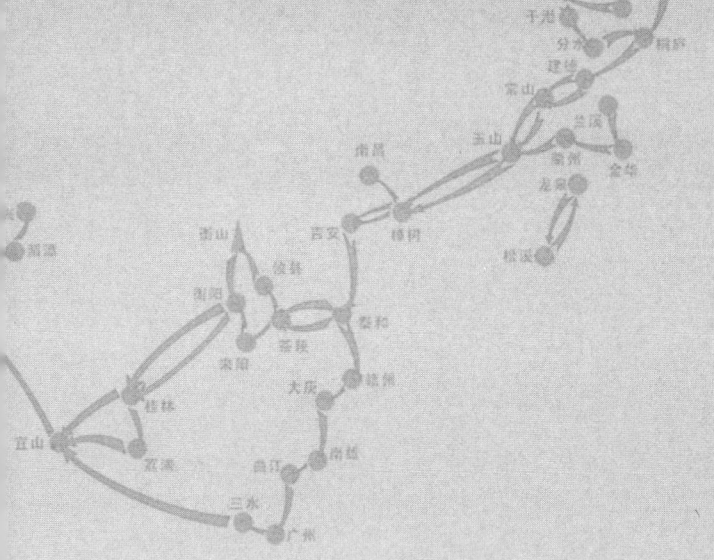

第四章

巡视十省　聚焦四川

1932年，四川正处于"二刘之战"的前夜；与此同时，中国工农红军第四方面军进入川北，并不断发展壮大，建立起川陕革命根据地。所以国民政府还都南京后，国内的舆论即聚焦四川。四川本身所具备的地势险要、人口众多、物产富饶等特点，也越来越多地吸引着外界对四川的关注，并于此过程中，形成了四川"为民族的生命线"、四川"为复兴整个中华民族根据地"的思想。

国民政府对行都洛阳、陪都西安的经营

以1932年1月国民政府迁都洛阳特别是国民党四届二中全会做出的"以洛阳为行都、以西安为陪都"之决议为标志，国民党中央政府为谋划战争爆发后首都的安全及后方根据地的支撑问题，在此后相当长的一段时期内（直到1935年10月蒋介石确定四川为对日抗战根据地前），都将其开发建设中国内地的重点放在了中国的西北和中原地区，并对行都洛阳和陪都西安，进行了一些规划和建设。

1932年2月，国民政府移驻洛阳后，洛阳成了名义上的中央政府所在地，有众多的中央党政军机构，数以千计的国民党要员、官员在洛阳办公，这既增加了洛阳衣、食、住、行的压力，也在一定程度上促进了洛阳的"繁荣"。但此时的洛阳，虽仍享有"历史名城""九朝古都"之名，却无过去宏伟壮丽、繁华昌盛之实。洛阳城区面积狭窄，人口稀少，城市破败，既无电力、自来水等近代城市公共设备，也少汽车与轿车等现代化交通工具，与已成为首都数年的南京相比，在城市建设与设备方面，更是相差甚远，也缺乏作为一个国家临时首都的气势与应有设施。面对着洛阳的如此现状，已迁都洛阳的国民政府，既然有对战争爆发后建都西北的设想，那么对已成行都的洛阳，总要有所规划和表示，所以1932年2月29日国民政府行政院第八次会议决议：设立洛阳行都设备委员会，以何应钦为委员长，委员则由国民党中央党部、国民政府各院部会各推1人担

1932年成立的西京筹备委员会

任,由此拉开了由国民党中央建设洛阳的序幕。①

1932年3月5日,国民党四届二中全会第二次全体会议,讨论通过了"以洛阳为行都以长安为西京案"。为了适应洛阳作为"行都"、长安作为"西京"的需要,开发建设西北,为国家未来的对外战争建立稳固的根据地,3月6日下午三时,国民党中央政治会议于洛阳西宫东花园举行第三百零二次会议,会议不仅推举蒋介石为国民政府军事委员会委员长,冯玉祥、阎锡山、张学良、李宗仁、陈铭枢、李烈钧、陈济棠为军事委员会委员,还决定组织西京筹备委员会,以张继为委员长,居正、覃振、刘守中、杨虎城、李协、褚民谊、陈璧君、王陆一、何遂、戴愧生、石青阳、黄吉宸、李次温、李敬齐、贺耀组、邓宝珊、恩克巴图、陈果夫、焦易堂等人为委员。5月3日,国民政府公布《西京筹备委员会组织条例》十一条,其中五条规定:(一)西京筹备委员会直隶于国民政府。(二)本会设委员长一人,委员十五人,由国民政府聘任。(三)本会会址设于西京,并于国民政府所在地设立办事处。(四)

---

① 参见《国民政府内政部为派项昌权担任洛阳行都设备委员会委员致行政院秘书处公函》(1932年3月29日),中国第二历史档案馆馆藏档案,全宗号12,目录号2,卷号1354。

本会下设秘书处，置秘书主任一人，必要时得聘任专家为专门委员或顾问。（五）本会各种建设方案的实行，得与关系机关合作办理。[①]随后，西京筹备委员会及其驻京办事处相继成立并开始办公。

5月30日，国民党中央在洛阳召开会议，会议通过了《中央还都南京之后繁荣行都之计划》，决定成立行都建设委员会，规划行都洛阳的建设事宜。11月15日，蒋介石、吴敬恒、商震、宋子文、何应钦、戴传贤等25人联名向国民党中央提交的《提议请将中央党部、国民政府迁回南京并建设长安陪都、洛阳行都案》中，除建议将国民党中央、国民政府于12月10日前迁回南京外，也提出了有关建设行都洛阳、陪都西安的建议。提案认为：

> 关中为自古建国之域，河洛为文化发祥之地。一自胡马南侵，中原板荡，黄河流域之地，文化日衰。至于近代，受外国经济、文化之侵略，与历年军匪之骚扰，社会文化，破坏几尽，而人民更不能保其生存。我总理之革命建国，其目的在于造成全国之统一，增进国民之文化，咸宜中国之民生。对于黄河流域之复兴，实有重大之关系。数年以来，事变纷纭，根本之计，未遑顾及，重以连年天灾人祸，河内关中，死亡枕藉，天府之地，渐成废墟。今年政府移洛后，中央全体会议决议，于西安建设陪都，以为开发西北，巩固国防，且为西方人民增进经济与文化之基础；而半年以来，于此重大之政策，不独无丝毫之预备，即对此政府所在地之洛阳，亦未尝有任何设计之工作。以中央政府名义，俨在河洛之时，尚且如此；将来政府南旋之后，更将不复措意。是以再四筹商，决将下列各事请中央于决议政府回京案时，一并议决，分别定款，交各主管机关迅速执行；并为统一计划、监督事业，促进工作，唤起民众起见，宜特定机关、拨定专

---

① 秦孝仪主编：《抗战前国家建设史料——西北建设》（三），《革命文献》第90辑，1982年，第544页。

款、任命负责人员综理一切，以免再如过去徒托空言，无补实际之弊。

基于上述认识，提案关于陪都西安与洛阳行都的建议方案有：

第一，关于陪都之建设。为统一事权起见，将长安改为行政院直辖之市，即兼负建设陪都之专责，其市区应根据陪都计划，划定适当区域，市之经费，由国库筹拨。第二，洛阳为关内外军事、政治、交通之枢纽，而盗匪充斥，民贫如洗，不仅古代文化成绩摧残殆尽，即最近期间之建设，亦已破坏不堪；政府南旋之后，必须以切实之计划，作永久之建设，以慰人民来苏之望。（一）拟请设立中央军官学校分校，将西宫旧有营房改建。……（二）设立中原社会教育馆，专为主持社会民众教育之机关，……（三）洛阳为中国文化发祥之地，名胜古迹不可胜数，而出土之物尤复不少。夫保存国粹，为中央历次之决议，载在约法，期在必行。……（四）洛阳桥工，关系民生至大，亦为洛阳古来名胜，残破已久，曾经华洋义赈会及吴佩孚先后修复，旋又被洪水冲坏，地方无力建设，应决定上等施工计划，迅速修复，……

最后，提案建议"以上关于建设陪都及兴复洛阳各案，应请于议决政府回京案时一并决定，并切实、迅速进行"，并称"诚以中国之兴复不难，只恐人无兴复之志；中国之统一亦不难，只恐人无统一之诚。其要义则在于根本大法必须尊重，立国大计不可轻忽。救国图强，挽回人心，端系于此"。①

提案提出三天后的1932年11月18日上午，国民党中央执行委员会举行常务会议，会议讨论通过了蒋介石等人提出的《提议请将中央党部、国民政府迁回南京并建设长安陪都、洛阳行都案》，决议国民党中央党部、国民政府及各院部会于12月1日迁回南京。对提案中有关行都洛阳、陪都西安建设的建议，会议决定：

甲、关于长安陪都者，为统一事权起见，将长安改为行政院直辖之

---

① 中华民国史事纪委编辑委员会编：《中华民国史事纪要（初稿）》（1932年10月至12月），台湾"中华民国史料研究中心"1984年版，第550—551页。

市，即兼负建设陪都之专责。其市区应根据陪都计划，定适当区域，市之经费由国库筹拨。乙、关于洛阳行都者，（一）设立中央军官学校分校，将西宫旧有营房改建，此校目的在养成屯垦实边之人才，以农林教育、军事教育合而为一，以为改良西北军事，开发土地，充实国防之基本。而洛阳地方之治安，亦可借学校而维持，人民之智识生活，更可因学校而获益，此案应交军事委员会负责迅速办理。（二）设立中原社会教育馆，以期开启民智，改良社会，振兴实业。（三）就本地名胜之处建立中原国立博物馆，以增进洛阳文化价值，为发展地方经济，以裕民生之资。以上社会教育馆及博物馆开办经费，应在庚款项下指拨，常年经费应在中央教育经费中筹拨，此案应交教育部负责办理。（四）洛阳桥工，关系民生至大，亦为古来名胜，被水冲坏，地方无力建设，应决定施工计划，迅速修复，既以便利人民，亦以为中央移洛之纪念。此案应交铁道、交通两部从速完成。决议交政治会议即行妥为筹办。[①]

国民党中央执行委员会政治会议随即举行第三百三十三次会议，讨论国民党中常委所提出的"将长安改为行政院直辖之市，在洛阳设立中央军官学校分校、中原社会教育馆、中原博物馆暨修复洛阳桥工"四事。决议除长安设立直辖市一案另交审查讨论外，"其关于洛阳行都建设各节，业经议决，大体通过，交行政院、军事委员会筹拟办法，迅速进行"。并于1932年11月23日将此决议及蒋介石等人提案原文致函国民政府，希望国民政府"即希查照，分令行政院、军事委员会遵照办理"[②]。随后不久，国民党中央执行委员会政治会议又举行第三百三十七次会议，专门讨论了蒋介石等人提案中关于"将长安改为行政院直辖之市，兼负建设陪都之专责"，以及划定适当区域、筹措经费之拨付等问题，决定："（一）西京应设直隶于行政院之市。（二）西京之区域，东至灞桥，南至终南山，西至沣水，北至渭水。（三）西京

[①] 中华民国史事纪要编辑委员会编：《中华民国史事纪要（初稿）》（1932年10月至12月），台湾"中华民国史料研究中心"1984年版，第750页。

[②] 参见《国民党中央执行委员会政治会议为告知该会第三百三十三次会议决议各案并希分令各方积极办理致国民政府公函》（1932年11月23日），台湾馆藏档案：001-110003-0006。

市之经费，暂由国库拨发每月三万元。（四）西京市设市长，其下先设测量处，办理全市土地测量事项；次设土地处，办理土地估价等事项；次设工程处，办理筑路、水利等事项。俟办理具有规模时，再将长安县并入。（五）西京筹备委员会为设计机关，西京市为执行机关。"[①]12月29日，中央执行委员会政治会议将此决定函告国民政府并希望"查照办理"。1933年1月7日，国民政府将中央执行委员会政治会议决议各案，分别训令行政院及西京筹备委员会知照并"遵照办理"。[②]

在国民政府准备还都南京的过程中，仍是没有忘记对洛阳行都、西安陪都的建设。《国民政府自洛阳还都南京令》中，有"夫国于大地，必有与立，非谋建设，无以图存，非固国防，无以御侮。洛阳前代文明，固已渐成往迹，而民情俭朴，物产丰饶，实与陪都西安同为天府，徒以经济窘涩，文化低落，天然富源，委地未发，政府此次虽以适用环境，东返首都，仍将急起直追，于陪都行都，树建设之宏规，立国防之基础。惟当经营伊始，待理百端，所望当代英彦，海外侨胞，踊跃输财，悉力共赴"[③]的表示。12月1日，已迁回南京的国民政府主席林森在召集国民政府有关人员的训话中，也有"中央有建设洛阳行都西安陪都之决议，故洛阳方面仍需继续布置。洛阳为古代文化区，今者文化比较落后，但自历史地理上言，均极有价值。该地风俗俭朴古厚，人民刻苦耐劳，仍望大家努力，实现行都陪都计划"[④]的明确指示。

1932年12月1日国民政府迁回南京后，有关方面根据国民党中央的决议，开始了行都洛阳、陪都西安的初步建设。其中，行都洛阳的建设主要有：1932年，在东车站建立了洛阳电报电话局，在周公庙成立了中原社会教育馆，并附设有民众学校，又辟洛京公园。1933年秋，中央军

---

① 参见《国民党中央执行委员会政治会议为告知该会第三百三十七次会议决议内容致国民政府公函》（1932年11月29日），台湾馆藏档案：001-110003-0006。
② 参见《国民政府为转知中央执行委员会政治会议决议各案给行政院、西京筹备委员会的训令》（1933年1月7日），台湾馆藏档案：001-110003-0006。
③ 秦孝仪主编：《中华民国重要史料初编——对日抗战时期》绪编（1），台湾"国民党党史委员会"1981年版，第552—553页。
④ 中华民国史事纪要编辑委员会编：《中华民国史事纪要（初稿）》（1932年10月至12月），台湾"中华民国史料研究中心"1984年版，第825页。

官学校洛阳分校在西工兵营成立,人数多时约3500人;杭州航空学校迁洛,改名为洛阳航空学校。1934年扩建了西工飞机场。1935年,在西小屯建洛阳电厂。1936年,在洛河天津桥遗址下游和伊河龙门段分别建钢筋混凝土大桥一座,命名为"林森桥"和"中正桥"。

在陪都西安的建设方面:1932年5月西京筹备委员会的成立以及1933年10月全国经济委员会西北办事处的设立,都表明国民党中央已将西北的各项建设纳入其施政日程。此后,不仅是国民党中央将西北的政治、经济、文化和社会建设作为施政的重点之一进行,而且以张人杰、邵力子、邵元冲、张继、戴季陶为首的一大批在国民党中央有实力和影响的人物,对西北的建设和宣导也是不遗余力。"开发西北""建设西北"的呼声此伏彼起,成为当时全国最为响亮的口号和最具影响的声音。一时间,有关开发西北的提案诸如《开发西北案》《促进西北教育案》《西北国防经济之建设案》《拟请组织健全机关集中人力财力积极开发西北以裕民生而固国本案》《请设国立西北大学以宏造就而免偏枯案》等,相继在国民党的历次中全会或中常会上提出和通过;新亚细亚学会、开发西北协会、西北问题研究会等学术团体也纷纷成立;时人有关开发西北之建议、调查、计划和报告等中的言论,更是充斥于全国各个报刊之中;前往西北各地进行考察、调查和研究的个人和团体,也是不绝于途。

在全国各界的共同努力下,不仅陪都西京的筹备工作逐步推进,而且西北地区的其他各项事业也得到自民国成立以来的第一次大规模开发,各项建设在原有基础上均有了一定程度的发展和进步。到1937年初,公路方面完成了自西安至兰州全长约750公里的西兰公路和由西安至汉中全长290余公里的西汉公路;铁路方面延长了陇海铁路;民用航空方面开辟了从兰州经宁夏至包头的航线;水利方面更于全国经济委员会下设立泾洛工程局,专门办理陕西泾惠、洛惠两水利工程,前者于1935年4月完工,可灌溉农田50万亩以上,后者于1937年夏完工,也可灌田50万亩。嗣后又相继兴办梅惠、洮惠、云亭等水利工程。农业推广方面，分别于青海、甘肃设立西北畜牧改良场及分场，并购置外国优良牲畜以推进西北畜牧事业的发展，于陕西成立陕西农业合作事业委员会，以主持规划陕西的合作事业；鉴于新疆在国防上的重要地位，又于行政院下设立专门的新疆设计委员会，先后聘定委员80人，专负新疆的建设设计事宜。[①]

[①] 《全国经济委员会对五届三中全会工作报告》（1937年2月），见台湾"中国国民党党史委员会"编：《抗战前国家建设史料——西北建设》（三），1982年版，第500、502、503页。

蒋介石巡视北方十省

中国政治、经济、文化、社会的发展与变迁,大致经历了西北经中原向东南转移的历史过程。当历史的步伐踏进近代的门槛后,东部沿海地区的发展已是大大地优于、快于中原、西北地区,而作为中华民族发祥地、中华文化发源地的中原、西北地区,则受气候、交通、人为等多方面的影响,长时期疏于建设,加上军阀混战和连年的自然灾害,使得丰腴宝地的中原地区,逐渐落后。尽管如此,但残酷的现实,使当时的仁人志士都知道,缺少空防、海防的中国,一旦对外战争爆发,东部沿海地区是不可能保住的。要不做城下之盟,与入侵之敌人作殊死战,就必须向中国内陆发展。考虑到20世纪30年代初中国国内的实际情况,所以当1932年"一·二八"事变爆发后,国民政府就将这种"向中国内陆发展"的理论做了一次有益的尝试——迁都洛阳,并定洛阳为行都、西安为陪都。

1932年3月,国民党四届二中全会做出的以洛阳为行都、以西安为陪都的决议,其本身就含有开发中原、西北之意。会后,无论是国民党中央或是社会各界,都十分重视对洛阳行都、西安陪都的经营和建设,并由此将先前隐隐约约、不能也不敢公开的"向中国内陆发展"的战略思维政府化、公开化。在此之后的相当长的一段时间里,无论是政府当局,或是各界人士,大多将其注意力集中在中原、西北地区并对之寄予厚望。1932年3月21日,军政部部长何应钦在洛阳行都中央扩大纪念周上做了《开发西北为我国当前要政》的讲演,从国防、经济、文化等方面说明了开发西北的重要性,最后得出的结论是:(一)"现时外患日急,非从速开发西北不足以言国防";(二)"为充裕国民生活起见,更有开发西北之必要";(三)"为研究与发扬我民族固有文化起见,更要开发西北"。[①]当时在国内颇具影响的天津《大公报》也著文称:"自辽、吉、黑沦陷,国人愈认识建设西北之亟,西安设陪都,亦足见政府目光渐重西北。近者长安、洛都道中,要人络绎,皆为视察关中,将欲为建设西北之研究者也。"[②]

作为国民政府内负国防军事之责的军事委员会委员长蒋介石,也在相当一段时间内重视西北国防根据地的建设与经营。当1933年日军进攻热河、察哈尔,华北形势进一步危急之际,蒋介石于8月5日的日记中写道:"以东南为经济之基础,以西北为立国保种之根据,军事设施,一切以洛阳为张本也。"[③]为了考察中国未来"立国保种之根据"及"军事设施之张本",蒋介石在江西"剿共"军事大局初定、迫使中国工农红军长征之后,于1934年10月,打着"为要明了各省的政情,和勘察边地实况,好让他着手计划国防建设"的招牌,携夫人宋美龄等开始了一连串的航空"旅行"。

此次长时间旅行之肇始,是蒋介石夫妇应张学良(时任豫鄂皖剿匪副总司令代司令——作者注)之邀,于1934年10月9日乘火车离武汉赴洛阳主持中央军校洛阳分校的开学典礼。第二天,蒋介石等抵达洛阳并开始视察。在洛阳期间,蒋介石先后视察了中央军校洛阳分校、洛阳飞机场,并往孝义视察军用化学厂,认为洛阳"市政有进步也"。事毕后,蒋介石等人决定继续西行,于10月11日晚乘火车离洛阳,于12日晨抵达潼关,随后下车,自东门登城远望。他于当天的日记中写道:"望见风陵渡北之中条山,南之十二塞,而黄雒渭水,自西北来汇,直注东流,如此形胜,而不图固守保存,何以对先人耶?"又曰:"北望沃

---

① 何应钦:《开发西北为我国当前要政》,见台湾"中国国民党党史委员会"编:《抗战前国家建设史料——西北建设》(一),1981年版,第34—35页。
② 《论西北建设》,见台湾"中国国民党党史委员会"编:《抗战前国家建设史料——西北建设》(一),1981年版,第41页。
③ 参见《蒋介石日记》(1933年8月5日),美国斯坦福大学胡佛档案馆存。

野千里，土地膏腴，关中丰肥，大可经营也。"①10月12日下午五时，蒋介石一行抵达陕西西安，此为蒋介石第一次到达陕西。西安是中国著名的古都之一，也是被国民党中央确定为未来"陪都"之所在，对于这位民国以后第一位亲临古城的国家首脑，西安党政军当局和民众给予了热烈的欢迎。史料记载称："这个古老的都会，以许多的旗帜装饰着，大群的人们聚集在每一个优越的地点，乐队奏着乐，而大炮也鸣了二十一响的礼炮。"②在西安，蒋介石检阅了军队，并召集地方党政军要员邵力子、杨虎城等谈话，告之他们"人尽其才，地尽其利，物尽其用三语，乃军事政治之要诀也"③。同时听取他们汇报地方行政与经济建设上的种种事宜，例如修建公路、经济问题、教育问题、禁烟工作等等；蒋介石夫妇则向他们宣讲国民政府的有关政策，推行于江西南昌发起的新生活运动。除此之外，蒋介石还"亲身见了许多别的东西，他视察过城里的情形，申言过经济的开发，而对历史上的碑石与死去多时的皇帝的陵墓，感到很大的兴趣"④。在游览了西安的碑林与大雁塔后，蒋介石得出了"乃知西京规模之宏远，非北京所能及也"的结论。

10月17日，蒋介石一行又坐飞机从西安到兰州。在兰州，他听取了时任甘肃省政府主席的顾祝同等人关于改进工作的计划，视察了黄河，并于日记中记下了其开发建设西北的有关设想："极思经营西北，

---

① 《蒋中正总统五记——游记》，台湾2011年版，第77页。
② 蒋鼎黼、姜君衡译校：《中国最高领袖蒋介石》，文史研究会1939年版，第387页。
③ 《蒋中正总统五记——困勉记》（上册），台湾2011年版，第430页。
④ 蒋鼎黼、姜君衡译校：《中国最高领袖蒋介石》，文史研究会1939年版，第388页。

以为复兴之基也"，"经营西北，应速成陇海路"，"应补助甘肃经费，月五万元"。①在离开兰州之前，蒋介石还召见了从青海省连日连夜赶来的军事将领马良及青海省政府主席马步青。10月19日，蒋介石一行又启程飞到了"宁夏一个戈壁沙漠的荒凉的边界上的极远而最难达到的城镇"，这个城镇没有名字，时人只得称之为"一个绿洲"。在此飞行过程中，蒋介石"从他的飞机上俯瞰下来时，是荒芜而凄凉的，而且约摸有两百里，全是一片连绵的荒野。这荒野仅为一个不能形容的小山的山系间断着罢了。在北边，它与内蒙古西部的小戈壁沙漠的火红的红沙接界，蓝阿拉山障壁，阻止着那些红沙，使它们不能将宁夏所占有的肥沃的平原变成一个沙漠，而黄河也阻止了贺图沙漠的沙石从东边流进去"。经此一行，蒋介石"学得了许多他从来不知道的，并且带回了当考虑中国的那一个辽远部分的问题的时机到来时有重大价值的知识"②。

10月20日，从辽远的边陲回到西安后，蒋介石一行又由西安坐火车到洛阳，再从洛阳到开封，然后从开封飞北平，并于中途在山东济南做了一次短暂的逗留，召见山东省政府主席韩复榘并有所指示，随即飞赴北平，与夫人宋美龄一道，于协和医院做健康检查，并召集各方人员会谈训话。11月4日，蒋介石一行又视察了察哈尔省的张家口，并于11月6日晚抵达绥远的归化，11月8日又飞到山西的太原，与阎锡山会谈并召集山西将领训话，11月11日，由太原飞汉口，从而结束了其为期一个月的北方10省之行。

在此次长途视察中，蒋介石对华北和西北的政治、经济、财政、交通、教育、道德与统治情形等，做了多方面的仔细考察，在蒋介石看来，陕西、甘肃、山东、绥远，以及山西等省与过去相比，都有长足的进步。但这些省份也有一个共同的缺点，那就是当别的省份在建设上有着进步的时候，它们却缺少了一个共同的目标；除此之外，这些省份的

---

① 《蒋中正总统五记——困勉记》（上册），台湾2011年版，第430页。
② 蒋鼎黼、姜君衡译校：《中国最高领袖蒋介石》，文史研究会1939年版，第389页。

地方当局，都忽视了造林与护河问题。对于困扰西北地区社会经济发展的交通问题，蒋介石更是给予了充分的重视，他在10月16日的日记中写道："经营西北，速成陇海路。"10月24日，蒋介石又在日记中记述称："西北建设，筹备陇海路与陕川路"。在兰州期间，蒋介石又亲自致电在南京的国民政府行政院院长汪精卫："陇海路潼西段应即继续展筑至咸阳。"10月底，蒋介石又指示坐镇西北的陕西省政府主席杨虎城："陕南北各公路修筑计划，例如担任之部队名称，自何段起至何段止，与何时开工何时完成，希详告。希兄力督速成勿延。"[1]

蒋介石的此次北方巡视，是在日本帝国主义侵华步步紧逼，国民党中央所实施的"攘外必先安内"国策中"安内"政策基本实现之际进行的。且此时的西北，已被国民党中央确定为未来对外战争爆发后，国家立国的根据地和未来的"国都"所在。因此，考察西北、华北各地的实情，筹划未来对外战争爆发后国家的军事防务以及西安陪都的生存环境与条件，也自然是蒋介石此行的重要目的之一。1934年10月14日，蒋介石刚到西安不久，就致电在南京的国民政府监察院院长于右任，称："西行入陕，发愿数年，今始克遂，至为快慰。此邦历史悠久，凭借深厚，诚足为复兴民族之根基。但只赖天利而未尽人力，不免稍形（行）缺陷耳。"[2]游览了黄河之后，蒋介石又于日记中写道："至此更知中国之伟大与可为也。左公规模之大尤为心领。黄河形势雄壮，西北物产之丰，倭、俄虽侵略倍至，如我能自强，则无如我何也。极思经营西北，以为复兴之基地。"在饱览了贺兰山的雄伟之后，10月20日，蒋介石在日记中写道："见贺兰山之雄伟，而不起汉族复兴之念者，非黄帝子孙也。"[3]

蒋介石的此次北方之行，不仅是他个人历史上的第一次长途旅行，而且也是中国历史上政府首脑人物第一次如此长时间、大范围的视察，它

---

[1] 潘晓霞：《1934年蒋介石西北之行》，载《抗日战争研究》2013年第2期。
[2] 周美华编著：《蒋中正总统档案·事略稿本》（28）（1934年9月下至12月），台湾2007年版，第273页。
[3] 《蒋中正总统五记——游记》，台湾2011年版，第78页。

遍及西北、华北的陕西、甘肃、宁夏、河南、山东、北平、察哈尔、绥远、山西等多个省市，行程长达8000余公里，被当时的媒体称为"万里长征"。这次旅行，虽然有考察地方、安抚各地官员、推行新生活运动之意，但它发生于蒋介石"安内"国策初步实现，日本帝国主义进一步觊觎华北，中日战争一触即发之际，故其为国民政府寻觅、建设一个稳固的抗战大后方之意图也是存在的。当时舆论对此评价称，蒋介石"此次出巡华北西北各省，勤劳国事，远适边陲，为期不及四十日，计历十一省区之多。此行结果，不仅激励全国人士，闻风兴起，共图挽救危亡。且为民族国家辟一光明前途，实我国近代史之一重要事迹也"[①]。1942年9月22日，蒋介石在重庆出席国民党中央党部总理纪念周所做的《视察西北之观感及中央同人今后应有之努力》的讲话中，对其此次西北之行的动机与目的，有一说明，他说："我在二十四年视察西北的时候，正是敌人得寸进尺向我们实行各种侵略压迫的时候，我们国家正苦于不能确定一个整个的计划，来对抗敌人的侵略；因为那时候我们的国防准备还没有一点基础，虽然有一点现代的工业，也都集中在沿江沿海一带，随时可以被敌人占领，我觉得要以东南各省为根据，来抵抗敌人的侵略，实在没有持久奋斗的把握。我们要决定国家大计，必须到全国各地，作一番详细的考察，因此我于二十四年春天江西军事告一段落之后，立刻巡视西南各省，到了秋天，接着就再去西北视察，这一次视察的结果，决定了我们抗战的方针，我们觉得以西南西北土地之辽阔，物产之丰富，人民之淳朴，实在可以作我们抗战的根据地。我们有了这个伟大的凭借，来抵抗敌人的侵略，就一定有胜利的把握！"[②]在这里，蒋介石终于将其八年前巡视北方诸省时埋藏在心中的话，公开地宣示给国人。

[①] 周美华编著：《蒋中正总统档案·事略稿本》（28）（1934年9月下至12月），台湾2007年版，第441—442页。
[②] 蒋介石：《视察西北之观感及中央同人今后应有之努力》（1942年9月22日），见秦孝仪主编：《总统蒋公思想言论总集》第19卷，台湾"中国国民党党史委员会"1984年版，第316—317页。

蒋介石的"蜀粤并重"思想

四川,位于中国西南部,"北以岷山山脉与陕、甘二省分界,西和西藏高原毗连,南以金沙江与云南、贵州接壤,东以巴山山脉和湖北、湖南相连"①。其土地面积和人口数量都很可观。在地形上,全省四周皆山脉,中部为平原与丘陵,故号四川盆地,民间传有"四川四川,四面是山,飞机飞不进,炮弹打不穿"的谚语。加之盆地内气候温和,风调雨顺,土地肥沃,雨量充足,因而物产富饶,自古以来就有"天府之国"的美称。

四川的地上资源主要体现在农作物方面,其地盛产稻谷、小麦、甘薯、玉米、高粱、豆类和各种蔬菜、水果;经济作物则有烟草、皮革、药材、桐油、生丝等且皆具备量多、质优的特点。根据四川省政府建设厅所编的《四川省建设统计提要》的记载,在军阀连年混战、四川已是疲惫不堪的1933年,四川仍产稻米734万公担,在全国各省中仅次于广西,占全国总产量的七分之一;甘薯年产量为280余万公担,占全国总产量的五分之一;玉蜀黍年产为110万公担,占全国总产量的六分之一;油菜籽年产26万公担,占全国总产量的二分之一;小麦年产236万公担,占全国总产量的百分之八。地下资源方面,蕴藏有丰富的煤、铁、石油、天然气、食盐、硫黄等,其中煤炭储量有98万公吨,占全国总储量的百分之四;铁矿储量有15,000公吨,铜矿储量有1400余万

---

① 喻智微:《四川何以为复兴民族的根据地》,载《国民公报(重庆)》1940年10月14日。

公吨，锌矿储量有170万公吨，镍矿储量有1400吨。在矿产资源的开发方面，每年可产黄金20,000两，煤120万公吨，铁23,000公吨，锌300吨，铜25吨，铅20吨，盐3700公吨，石灰15万吨。[①]因为有着如此丰富的物产，所以人们生存所必需的衣、食、住、用诸方面，均能自给自足且源源不断而无后顾之忧。而四川人则具有"足智多谋，活泼灵动；情感热烈，革命性强；重创造不重模仿，习于勤劳，自尊心重；有艺术天才，自由思想浓厚；文武并重，富于储蓄心，忍耐力强"[②]的特点。

因为四川的这个地理环境，也因为四川的这种物产环境，使其形成了一种独特的自然条件。这种独特性主要体现在两个方面：一是被群山环抱的内陆盆地，以及盆地内优越的地力、良好的气候条件和丰饶的地藏物产。二是四川的军事战略地位十分重要，天然形胜。陆有"一夫当关，万夫莫开"的剑门之障，水有"乱石穿空，惊涛拍岸"的三峡之险。东扼长江，足为吴楚咽喉，北走秦岭，沟通秦陇肘腋，西南高原环绕，系入滇藏必经之通道。正因为如此，才使得四川很容易具有思想意识上的封闭性、军事战略上的策应性、经济生活上的自给自足性和政治上的封建割据性。所以国学大师梁启超就曾经指出："在中国地理上，具有独立资格的，只有广东和四川。"

经过历史洗练而成的四川的这种地位和作用，我们可从以下几个方面来看。一方面，自古以来夺取中原者，大多依托四川雄厚的经济实力和源源不断的人力补充，才得以夺取天下，成就帝业，如秦惠王、汉高祖是也。在秦朝统一全国的历史进程中，秦惠王采纳了大夫司马错有关"蜀有桀、纣之乱，其国富饶，得其布帛金银，足给军用。水通于楚，有巴之劲卒，浮大舶船以东向楚，楚地可得。得蜀则得楚，楚亡则天下并矣"[③]的建议，于公元前316年先后吞并蜀国、巴国，然后以巴蜀的人力、物力、财力为后盾，东下灭掉楚国，最终实现了全国的统一。可以

[①]《四川经济概况述要》，见《四川省建设统计提要》，四川省政府建设厅1938年版。
[②]《川人气质优劣比较表》，见叶育之编：《四川史地表解》，1941年版。
[③] 刘琳校注：《华阳国志校注》卷3《蜀志》，巴蜀书社1984年版，第191页。

说，四川在秦朝统一全国的历史进程中，发挥了重大作用。对此，明末清初著名学者顾祖禹在其《读史方舆纪要》一书中写道："是故从来有取天下之略者，莫不切切于用蜀。秦欲兼诸侯，则先并蜀，并蜀而秦益强，富厚轻诸侯。晋欲灭吴，则先举蜀，举蜀而王浚楼舡自益州下矣。桓温、刘裕有问中原之志，则先从事于蜀。苻坚有图晋之心，则亦兼梁益矣。宇文泰先取蜀，遂灭梁。隋人席巴蜀之资，为平陈之本。……唐平萧铣，军下信州。后唐庄宗灭梁之后先吞蜀，未可谓非削平南服之雄心也。宋先灭蜀，然后并江南，收交广。"另一方面，每当中原大地动荡不安，中国政治、经济遭到战争破坏时，据地称雄者就很容易利用四川的地理环境和物质条件，凭险据守，占地为王，以成偏安割据之势。这种情况以三国时刘备建蜀国于四川开其先河。自此之后，先后在四川割据称雄、偏居一方一时者，还有李特、王建、孟知祥等人。著名国学大师章太炎在论及这种历史现象时，就曾指出："四川重江复关，自为区域，先后割据者七矣。公孙述、刘备、李特、王建、孟知祥、明玉珍、张献忠皆自外来，而乡土无作者。"[①]再一方面就是每当中国的政治统治中心沦陷时，四川便以其特殊的自然地理环境而成为能坚持长期抵抗外来势力的最后堡垒，这种情况在蒙古南下四川和清军入主中原时，表现得最为明显和突出。

正因为四川在中国历史上有着如此重要的地位，所以四川在历史上就被誉为"王业之基"和"长期抗衡之地"，国人也有四川"以战为守守必固，以守为战战必强"的精辟论述，民间也流传着"天下未乱蜀先乱，天下已治蜀未治"的谚语。

蒋介石于四川抗战基地的策定、国民政府迁都重庆之决策与实施中都起着决定性的作用。1946年4月27日，蒋介石以抗战胜利、还都南京在即，特赴四川省会成都并于成都中央陆军军官学校公宴四川各界人士，在会上，蒋介石做了《告四川同胞书》的讲演。在此讲演中，

[①] 陈世松主编：《四川简史》，四川省社会科学院出版社1986年版，前言第3页。

蒋介石不仅阐明了四川在民国历史上的光荣及其对抗日战争的伟大贡献,而且还特别说明了他与四川的渊源及其对四川重要地位的重视。蒋介石说:

> 本人在民国初年上国父书中,详论中国革命根据地,就始终认定在我们中国各省之中,只有两省可当其选,第一是广东,广东自然是我们国民革命的发祥地,我们在民国十五年北伐以前,必须用一切的力量来求得广东的统一与革命基础的巩固。其次就要算是四川了。因为四川人口众多,物产丰富,都在任何各省之上。而四川同胞的天性,富于民族的情感,一贯的忠于主义,勇于革新。所以我们若能以四川为革命的根据地,就更能使革命早日成功。这是我民初以来未到四川以前始终一贯的理想。[①]

诚如蒋介石所说,他对四川的重视,可以像他本人所说的那样,追溯到民国初年。根据《蒋中正先生年谱长编》第一册的记载:1920年9月22日,蒋介石奉孙中山电召去上海商议去处,蒋介石遂"六时前起床,船到上海。……十时后,经访展堂(胡汉民)、(廖)仲恺,中师(孙中山)即来电招,商议去处,以俄国、四川、广东三处皆须我行,任我自择。暂以去粤,则公益大而个人损失不小;去蜀则是我所愿,惟去俄以同行者非知交,暂不能行。私愿往蜀。而仲恺必主张我往粤,尚不能决也"[②]。1920年底,桂系势力被赶出广州,孙中山重回广州,再组军政府并积极准备出师北伐,以打倒北洋军阀政府。对此,身在浙江奉化原籍的蒋介石,于1921年1月10日拟写了自己对时局看法的《军事意见书》,邮寄给孙中山等人。在此意见书中,蒋介石表明了自己对时局以及军事准备、北伐出师、处置四川等方面的意见和建议,主张:"(一)对于时局之意见,平桂后先解决四川问题,对熊(克武)之用

[①] 关于蒋介石的这种思想,可从他1946年4月27日在还都南京前在成都发表的《告四川同胞书》中得到佐证,见段渝主编:《抗战时期的四川》,巴蜀书社2005年版,第16页。

[②] 吕芳上主编:《蒋中正先生年谱长编》第1册,台湾2015年版,第121页。

舍，当视其能否诚意归附为断。……（二）对于军事准备之意见，四川非导入我势力范围不可。故军事准备，概以'粤蜀相提并论'，四川解决后，粤、蜀二省除警备本省之军队不计外，三年内应各编四师六混成旅。"①1月21日，蒋介石又电呈粤军总司令陈炯明，再次表达了其对四川的重视，电称："以后关于全局战略……以时间论，则对蜀当先对吴（按指吴佩孚）；以地势论，则当先图蜀而后可以统一长江。……若为根本解决中国计，尤当以西北为根据。四川为西北与西南之重心，更不可不急图之。……故此次动员令，对桂对蜀，宜相提并论。"②但因各种原因，蒋介石的这些建议和意见并未得到重视，当然更不要说付诸实施了。

对四川颇为看重，自民初以来即一直坚持"蜀粤并重"的蒋介石，在其1926年7月初握实权（就任国民革命军总司令）之后，仍然十分关心川黔政局。8月5日，蒋介石与李仲公讨论川、滇、黔事。11月15日，蒋介石在日记中写道："现事莫烦于川黔，军事乎？政治乎？其纷乱如此，何日能廓清之也？"12月17日，蒋介石又在日记中记下了"四川情形复杂，代表之多，无以复加，殊令人心烦也"③的言语。当四川军阀刘湘、赖心辉、刘文辉、刘成勋等人于8月13日通电反对吴佩孚，表示愿意出师参加北伐之意后，蒋介石随即以国民革命军总司令的名义，于是年10至12月间，先后委任杨森为国民革命军第20军军长、刘湘为第21军军长、赖心辉为第22军军长、刘存厚为第23军军长、刘文辉为第24军军长、邓锡侯为第28军军长、田颂尧为第29军军长，同时任命刘湘、赖心辉、刘文辉为川康绥抚委员，吕超为四川宣慰使。随后，各军军长纷纷宣誓就职，表面上虽表示"誓遵守先总理之遗嘱，服从全国第一、第二两次代表大会宣言及历次决议案，效忠党国，以求贯彻"④，但实际上仍是"阳奉阴违""我行我素"，四川军阀混战的局面并没有得到改变。

---

① 吕芳上主编：《蒋中正先生年谱长编》第1册，台湾2015年版，第130页。
② 周开庆编著：《民国川事纪要》（下），四川文献研究社1974年版，第271页。
③ 周开庆编著：《民国川事纪要》（下），四川文献研究社1974年版，第335、342、344页。
④ 周开庆编著：《民国川事纪要》（下），四川文献研究社1974年版，第335、342、344页。

1927年南京国民政府成立后，国民党中央再次举起整理川政的大旗。1928年11月17日，国民政府发布命令，以刘文辉为四川省政府主席，刘湘为川康裁编军队委员会委员长，希冀刘文辉、刘湘叔侄能各自负起政治、军事方面的责任。为配合此令的推行，国民政府又于11月18日颁布《整理川政令》。通令首先指出了民国以后四川出现的怪相——"僻处西隅频年内讧，兵多而匪益滋，税重而民益困，政出多门，民生凋敝，秉钧失职，无可讳言"。接着以冠冕堂皇的理由宣称，国民党中央政府"迭据旅外商民、在川人士，或文电呼号，或来京请愿。政府关怀川局，无时或忘"，从而发布整理四川的训令而解救川民的疾苦，通令对整饬四川的军政、民政、财政、教育、民团、司法等提出了具体目标与详细计划。最后"厚望"新一届的四川省政府不仅能对"所令各节，事在必行，不容丝毫敷衍"，而且要"励精图治，急起直追"，以"解川民之倒悬，致川政于上理"。①但该命令并未得到认真执行，新的四川省政府直到1929年3月22日才呈报成立，省外各委员，则以川局复杂、形势恶劣不愿赴川就职。至于军事方面，不独防区制未能打破，军队未能裁削，且各个军阀更是变本加厉，剑拔弩张，相互火并，命令发布之次月即发生大规模的"倒刘之战"（下川东之战）。迫不得已，国民政府于1931年2月27日再颁命令，仍以刘文辉为四川省政府主席兼民政厅厅长，另委刘湘为四川善后督办，并规定"所有四川各军，归该督办全权编遣"②。

国民党中央政府的这些命令，对于"山高皇帝远"的四川军阀来说，无异于一纸空文。他们仍是我行我素，大肆扩军备战，为更大规模的战争做准备。对此，国民党中央虽有不满，但又鞭长莫及，无可奈何。这种情形直到1934年底才开始出现转机。

---

① 周开庆编著：《民国川事纪要》（下），四川文献研究社1974年版，第390页。
② 周开庆编著：《民国川事纪要》（下），四川文献研究社1974年版，第436页。

国人目光聚焦四川

进入民国以后,四川陷于长时期的军阀混战之中,特别是1918年四川"防区制"形成后,各路军阀为了巩固统治、扩充地盘、追逐名利,动辄兵戎相见,发动战争,其混战时间之长、战争次数之多、为害社会之烈,可谓为全国之冠。据不完全统计,"四川自辛亥革命以后,直至1933年刘湘、刘文辉争霸之战结束为止,二十余年中几乎无岁不有战争。……大小战争共有470余次,平均每半月即有一次"[1]。各个军阀既在省内进行相互间的混战,又共同抗击外部特别是中央势力的渗透,以至与中央政府的关系,始终保持着若即若离的状态。

长时期以来,四川的这种混乱、混战与封闭,既让四川人难以跨出三峡,了解外面的世界,也让生活在省外的人,很少来到四川,更少关注四川。这正如美国学者罗伯特A·柯白在其所著的《四川军阀与国民政府》一书中所说的那样:"四川却遭到最大程度的忽视。华东、华南和华北各省的大多数人,不管从总的方面看是多么有见识,但对四川是无动于中(衷)的。在汉口以下,对四川的内部情况实际上没有任何新闻报道。在上海、天津和北京的主要报刊上偶尔也出现一些报道四川的文章,但他们一般都把四川当作异乡外域来描写。"[2]就是在国民政府

---

[1] 吴晋航、邓汉祥、何北衡:《四川军阀的防区制派系和长期混战》,见四川省政协文史资料委员会编:《四川文史资料集粹》第1卷《政治军事编》,四川人民出版社1996年版,第511页。

[2] [美]罗伯特A.柯白:《四川军阀与国民政府》,殷钟崃、李惟健译,四川人民出版社1985年版,第84页。

的一些统计资料上，也总是没有四川的名字。

　　四川的这种情况，到了20世纪30年代初，得到了很大改变。其改变的原因，一是因为在1932年冬至1933年夏，四川发生了自民国以来规模最大的一次军阀混战——"二刘之战"，双方动员的兵力多达数十万，作战时间长达半年之久，作战区域几乎涵盖四川全境；二是在1932年12月，中国工农红军第四方面军主力进驻川北，建立了以通江、南江、巴中为中心的革命根据地，并于1933年2月成立了以袁定福为书记的中共川陕省委、以熊国炳为主席的川陕工农民主政府，根据地面积扩大到川北、陕南的22个县，且有进一步扩大的趋势；三是1934年10月，中央红军因第五次反"围剿"失败被迫进行长征，并于1934年底抵达湘黔边境，有进入四川与红四方面军会师的趋向；四是在1933年至1934年间，日本帝国主义侵华日亟并不断在华北挑起事端，国人普遍关注着未来对外战争爆发后国家根据地之所在，他们在倾其主要注意力于西北的同时，也将其视角转向比西北更加优越的西南特别是四川。因为这些原因特别是中央红军的长征西迁，全国各界的注意力也随着中央红军的移动骤然地由江西转向四川，所谓"以前关心江西'匪祸'猖獗的人们，现在视线都转移到四川来了"[①]是也。

　　当时全国性的一些著名报刊如《大公报》《华北先驱报》《国闻周报》《东方杂志》等等，都以极大的兴趣和篇幅关注着四川的一切，并对发生在四川的所有"新闻"做了显著的报道；一大批仁人志士如卢蔚乾、张禹九、伍朝枢、陆诒、黄炎培等，也不畏道路之艰险和环境之险恶，克服种种困难，辗转前往四川考察；中国科学社、中国各地新闻界、中国工程师学会，以及江浙等地的金融界代表也纷纷组团，于此前后深入四川各地考察其政治、经济、文教和社会情形。他们在打开四川封闭之门的同时，也加深了他们对四川的认识与了解。1933年8月17日至22日在重庆举行的中国科学社第十八次年会，

---

① 黄渠：《川军剿匪之经过》，载《复兴月刊》1935年第3卷第6、7期合刊《四川专号》。

时间虽然只有短短的6天，但却吸引了当时中国科学界最具影响的100余位科学家如王琎、杨允中、胡刚复、秉志、杨绍曾、张洪沅、张凌高、马寿征、柳无忌等人入川。在此之前，国人"向来就不明了四川的内部情形，常常是把四川当作野蛮的社会看待，而且是传说得非常之神秘，于是乎惹来一般想到四川来的人，都不敢到四川来了。认为现在的四川当中，找不出一个好人，找不出一块好的地方，尤其是在驻有军队的地方，更是糟糕得厉害，总认为四川是一个莫有办法的四川了"①。入川之后，他们不仅看到了北碚的发展变化，认为"北碚本为一小村落，自卢作孚经营后，文化发展，市政毕举，实国内一模范村也"②。而且还先后参观考察了四川新都、广汉、广安、彭山、眉山、青神、夹江、峨眉、嘉定（今乐山）、叙府（今宜宾）、泸州等数十个县份，所到之处，均得到了四川地方当局及社会各界的热情接待，也实地感受了四川丰富的物产、壮丽的景观、悠久的历史、灿烂的文化以及四川人民的勤劳。通过一个多月的实地考察，他们了解了入川道路——长江三峡之险："入西陵峡后，重岩叠嶂，波涛汹涌，江流回绕，连峰似龛，船行江上，疑无去路，返顾来径，亦为绝巘所遮，睹景象之变迁，叹造物之莫测。"③饱览了四川风景的美丽，如万县的西山公园，"占地数千亩，面江枕山，气魄伟大，古树参天，奇葩满径，乳花石洞，布局尤精"。认识到了四川物产之丰富和建设之努力，如"内江产蔗糖极富，土法榨糖厂遍地皆是"；新都、广汉"两县物产丰富，建设颇有可观，而宝光寺之古刹，与桂湖之桂树，尤为雄壮幽美。广汉公园及工厂俱布置有方"。④这些科学家们的看法与宣传，必将影响到整个国家与社会对四川的看法。这正如卢作孚在总结中国科学社第十八次年会的意义时所说的那样："今天以后，我们

---

① 卢作孚：《中国科学社来四川开年会以后》（1933年10月），见凌耀伦、熊甫编：《卢作孚文集》（增订本），北京大学出版社2012年版，第202页。
② 《国内科学：中国科学社第十八次年会纪事》，载《科学》1934年第18卷第1期。
③ 《国内科学：中国科学社第十八次年会纪事》，载《科学》1934年第18卷第1期。
④ 《国内科学：中国科学社第十八次年会纪事》，载《科学》1934年第18卷第1期。

有了这样大的一群，中国学术上，教育上，有地位、有声誉的人来替我们把四川近年的真相介绍出去，使外间的人了解我们四川内部的真实情况，不像今天以前外间的人都怀疑四川、提起四川的问题都漠不相关。"①

在入川考察途中，他们既看到了四川好的天时与地利——"在四川，我们看到的山景多半是很雄峻的。山地的种植尤其不错，往往见到由山脚直到山顶，都满种着稻米及其他农产物，只有山顶上极小的地段，才有几棵树子。这种风景，在广东与江浙及其他地方都是见不到的。足见四川的天时好，地利好，人民也很耐劳"。②也看到了四川破败凋敝的社会经济——"苛捐杂税之多，关卡之林立，以及他们偏种鸦片，币制之复杂纷乱，借贷利息之过高，交通之不便，运输之困难，治安之不良，知识之缺乏"③等。但他们相信，四川的天时、地利是上天赋予的，因而是永恒的，而人为造成的混乱、破败，则是暂时的，是可以通过好的政府加以治理进行改变的。

不仅如此，鉴于当时中国所面临的日益严峻的国际国内形势，这些人还自觉不自觉地将四川与整个国家民族的命运联系在一起，并不时将已作为国家未来根据地的西北与四川乃至整个西南进行对比，从而进一步认识到四川在国家民族复兴史上的地位和作用，强调四川统一与建设的重要意义。1932年10月24日，在四川考察实业达半年之久的卢蔚乾，于民生公司举行的朝会上对民生公司员工发表讲演，畅谈其对四川的看法，讲演之最后，卢蔚乾说："中国从前的战争，是由北而南渐的。现在的大侵略，是从东方压迫过来的。日本要想取得原料品于蕴藏极富之满洲，以准备世界第二次大战，故甘冒不韪，以武力占据东三省。所以今日中日问题，乃是世界的问题，不仅是中国的问题。我们预料二次世

---

① 卢作孚：《中国科学社来四川开年会以后》（1933年10月），见凌耀伦、熊甫编：《卢作孚文集》（增订本），北京大学出版社2012年版，第202—203页。
② 伍朝枢：《努力建设》（1933年7月1日），见项锦熙主编：《民生公司演讲集》（上），人民日报出版社2015年版，第48页。
③ 张嘉铸：《四川的经济之危机》（1933年10月），见项锦熙主编：《民生公司演讲集》（上），人民日报出版社2015年版，第80页。

界大战,在五年以外、十年以内是要爆发的。……而且这战火是要在中国沿海打的。……四川界于西北西南之间,天产丰富,人物优秀,地势险要,在在可以有为。"①1933年12月,四川著名经济学家刘航琛在民生公司的朝会中,不仅说明了四川地位的重要,而且第一次提出了建设西部应首先建设四川的构想。他说:

  至于四川的今天,国虽不能救,总算可以立。若我们果能立志努力奋斗至国亡家破而后止,则虽不能救国,至少可以说不会促其速亡。据眼前的四川看来,似乎还有趋于光明的可能。换言之,宜乎可以建造出一堆的事业。这一堆的事业若将来果能建造成功,或者由此国可以不亡。

  ……中国沿海沿江,为危险区域。各险要地方,现在都为外人所据。一旦日本或其他国家要亡你,则,第一步占据上海,第二步即可占据汉口。这样,若是把我们干的事业的中心,放在上海或汉口,简直不异于把建造的事业送给敌人。为免去敌人容易夺去的缘故,那么,选择的地方,决不应当放在滨江沿海,即是决定应当放在中国的西部。……

  所谓西部者,即川、滇、黔、陕、甘、新之谓。陕、甘、新的今天,人不足,财不足,交通不足。滇、黔也是一样。然则目前首宜建造之地,其惟四川乎。

  四川人口占中国五分之一(七千八百余万),财力一项,除广东而外,无可与比。历年的横征暴敛,其总数尤多出于广东。虽然四川能够刮到几十年,人民自不免于痛苦,然即此也可见四川财力之雄厚了。又,交通有长江和其他的河流,比陕、甘、新、滇、黔都方便得多。所以说应在四川。②

  在这里,刘航琛不仅提出了开发西部应先开发四川的设想,而且还说明了必须要先开发四川的理由,这在当时国人皆注意、注重开发西北

---

① 卢蔚乾:《极大的事业,往往由极小数鼓动起来》,载《新世界》1932年第8—9期。
② 刘航琛:《我们干——干甚么?》,载《新世界》1934年第37期。

的1933年，是需要胆量，也是很有见地的。除此之外，刘航琛在此次讲演中，还提出了中国经济中心的转移问题，也是有相当的前瞻性的。他说：

> 上海，现在成了中国的经济中心。一旦上海亡了，中国的经济，也必要随之而亡。所以对于经济中心的地方，也须得另外创造一个。重庆虽是西南三省半的经济中心地方，但远不及全国的经济中心——上海。我们若要做建国工作，不特要择选地方和择选事业，还须得想法转移经济的中心。①

刘航琛关于四川地位重要及其开发西部应先开发四川的设想一经提出，即得到了社会各界的广泛认同与响应。1934年，任四川善后督办的刘湘就认为：

> 四川关系中国太大。近来很多人明白，国家到了艰难的时候，四川都还可以有办法，这是四川对中央的责任。②

胡庶华是我国著名的教育家和冶金专家，也是中国工程师学会的重要成员之一，曾任重庆大学校长、西北联合大学校长，他于1933年7月与郭维屏等人在上海发起成立西北问题研究会，并应当时主政陕西的杨虎城之邀，以同济大学校长、中国工程师学会董事的身份率团赴西北进行考察，事毕后形成西北考察报告。该报告虽然提出了开发西北急需进行的事项，但也提出了西北地区自然条件恶劣、经济落后、人烟稀少等问

胡庶华

---

① 刘航琛：《我们干——干甚么？》，载《新世界》1934年第37期。
② 《刘湘等于民生公司举行的"欧战和约签字第十六周年纪念会"上的讲演词》（1934年11月10日），见项锦熙主编：《民生公司演讲集》（上），人民日报出版社2015年版，第193页。

题。两年之后的1934年5月，胡庶华又以团长的身份率中国工程师学会四川考察团成员25人赴四川考察。考察团分成若干个小组，周历四川全境，分别对四川的公路、铁道、水利、水力、电力、地质、煤矿、盐业、钢铁等18个方面进行详细考察，事后形成考察报告并汇总成《中国工程师学会四川考察团报告》，胡庶华则负责撰写考察团报告的总论。在这篇不足2000字的考察团报告总论中，胡庶华首先叙述了该学会组团赴川考察的原因：

> 四川据长江上游，为西南堂奥，有一百三十余万方里之土地，七千余万之人民，气候温和，雨量充足，地大物博，古称天府。自东北四省沦陷以来，国人鉴于外祸之日烈，急谋民族之复兴，除开发西北而外，又注重康、藏问题。两者皆于四川有唇齿相依之势，国内学术团体，知四川地位之日臻重要，去年中国科学社在川举行年会，今年中国工程师学会又有四川考察团之组织。

其次，胡庶华根据各考察小组的报告，提出了当时四川经济社会存在的问题及发展建设方向。最后，胡庶华根据四川政治、经济、文化、社会、矿藏等方面的优势，得出其结论认为：

> 总之，世界二次大战迟早无可避免，长江下游物产虽丰，而无险可守；西北可以自固，而残破不堪。

为此，他根据"苏俄各项重要工业及国防工业多设于距海甚远、万山丛集之险要地方，虽运道艰难，亦所不计"的成功经验，不仅得出了中国应以苏俄为例，"将来重工业所在，以四川为最适宜之地点"的观点，而且还特别强调四川"且以天时地利两擅优胜之故，可为将来复兴整个中华民族之根据地。愿吾国人毋忘四川，更愿四川不失其为民族生命线之四川也"。[①]1934年11月胡庶华回到湖南大学后，又以其在四川考察时的所闻、所见与所想，在《湖南大学期刊》第2卷第5号上发表

---

① 胡庶华：《中国工程师学会四川考察团报告总论》（1934年10月），见中国工程师学会编：《四川考察团报告》，1936年版，第1—3页。

《四川的工业》一文，再次表达了其四川为"中华民族复兴之最好根据地，中华民族生命之最后支持点"的观点。

考虑到四川在复兴民族中的重要地位，1935年4月，胡庶华辞去湖南大学校长职而应四川省政府主席刘湘之邀，出任重庆大学校长。自此之后，他更坚信自己的观点，在其著述、文章与讲演中，多次表达了"四川在国防上为最后防线，应有充分之物质建设，又以地大物博，有关国防之物资当不十分缺乏"，"现在国际风云日急，第二次世界大战即将爆发，我国处于敌人不断进攻之下，战事之不能幸免，已为尽人皆知之事。既不能束手待毙，让人宰割，则在此民族危机千钧一发之际，应力求自拔之道，而最急切之工作，莫先于国防上之准备。四川天产丰富，煤、铁、电、盐、煤油、水力，无不应有尽有，……定四川为复兴民族的根据地，抗战之主要后方，此人所共知者"等观点。①而同为考察团团员的著名实业家顾毓珍也在对四川进行考察后撰文指出："盖四川政局之平静与否，四川实业之发达与否，非特与川省人民有切身关系，即与外省人民亦有重大影响。不仅是也，我国处此国势凌弱、外患日迫之时，一旦海口封锁，原料断绝，则惟有赖诸国内固有之储藏，以川省物产之丰富，诚为我国可贵之宝库，足供一旦战争时之需要，或谓四川之物产与天险，将为我国之经济中心，并可为我国最后之防线，非虚语也。"②

胡庶华首先提出了四川以"天时地利两擅优胜之故，可为将来复兴整个中华民族之根据地"的观点，这也是我们迄今为止所看到的有关各方最早提出的以"四川为整个民族复兴根据地"的论述。由于该报告印行时曾由四川省政府主席刘湘作序，国民政府军事委员会委员长蒋介石题写封面，并分送国民政府所属有关部会及四川省政府，"一以供当

---

① 《胡庶华论著选编（1934—1939）》，重庆市沙坪坝区地方志办公室2009年编印，第28、29、63页。
② 顾毓珍：《考察四川化学工业之初步报告》，载《四川月报》1934年第5卷第3期。

局之参考，一以引国人之注意"①，其对当时朝野各界之影响，可以预料。刘湘在为该考察报告作的序言中，就有"谓民族复兴根据地，环顾中国，首推四川"②的认识。至于蒋介石受此报告的影响有多大，我们还无直接的材料可知，但仅从蒋介石为该报告题写书名一事来看，就可知蒋介石对此报告是给予充分肯定和高度重视的。1935年3月4日，蒋介石抵达重庆不久，就做了《四川应作复兴民族之根据地》的讲演，其中所表达的"就四川地位而言，不仅是我们革命的一个重要地方，尤其是我们中华民族立国之根据地"的思想，也与胡庶华表达的思想是一脉相承的。

此外，国民党内的一些"有识之士"，也出于各种动机与目的，纷纷撰文，一方面说明红军入川对国民党统治的"危害"——"全川如入共军范围，云南、贵州亦无可避免，因为挟四川以临滇黔，有居高临下之势，同时滇黔现有兵力、政治，皆有可虑。川滇黔三省如为共军所有，则共军随时可以分袭西南或西北各省，全国官军，俱将疲于奔命"。③为此，从巩固国民党的统治及维护既有利益出发，他们频频呼吁国民党中央尽快派大军入川，以"安川剿匪"。另一方面，他们又鉴于日本帝国主义对中国侵略的不可避免，以及当时中国的政治、经济、军事情形，逐渐认识到四川在未来中国对外战争中所处的重要地位及其与整个国家治乱、民族复兴的密切关系。"四川是中国的堪察加"，也就成了九一八事变后数年间许多名人志士的共识。1931年8月，前湖南督军汤芗铭对刘湘的代表刘航琛、四川善后督办公署驻汉办事处处长邱丙乙，以及四川著名实业家胡仲实等人精辟地分析道："我看中国不久一定会受到外患，而外患之来必然是日本，日本人在中国的武力既以关东军作为主力，那么，未来的战争势将由东北打到西南。以地理观点而

---

① 胡庶华：《中国工程师学会四川考察团报告总论》（1934年10月），见中国工程师学会编：《四川考察团报告》，1936年版，第1—3页。
② 刘湘：《中国工程师学会四川考察团报告序》，中国工程师学会编：《四川考察团报告》，1936年版，序第1页。
③ 黄渠：《川军剿匪之经过》，载《复兴月刊》1935年第3卷第6、7期合刊。

言，西南一定后亡。如果这个时期大家能够努力建设，可望做到西南不亡。"他还认为，只有"使后亡的西南，成为不亡的西南。必须这样，中国才有前途"①。无独有偶，与汤芗铭同时代的前四川省省长张澜，1933年曾出川考察江西、浙江、广东、广西等省，并得出了"中国的民族性，以现在说，北方衰朽，长江流域脆薄，而两广却显出坚苦、强干、振作的气象。依我看来，将来黄河流域定亡，长江流域亦亡，救中国的定是西南。四川如能步其后，也可以救中国"②的结论。汤芗铭、张澜等人的这种"西南后亡、西南不亡"论，既得到了刘航琛等人的赞同，也通过他们影响到当时的"四川王"刘湘的认识。所以刘湘在1935年2月10日就任四川省政府主席的讲演词中，就有"况今日之四川，地理环境，政治环境，均随内外形势而大变，一省生命与中华民国整个生命，息息相关，救川即是救国，责任绝无旁贷"③的表白。

在充分认识四川重要地位的基础上，一些论者更直接提出了开发四川及西南比开发西北更为重要、更为急迫的观点。早在1934年，丁文江教授在谈论中国国防的根本问题时，就曾指出："要讲国防，不能不改良交通。单为国防计，应该赶紧把陇海或平绥铁路延长到迪化。但是不但路很远，而且造成功以后，每年一定要赔几千万的养路费。远不如先修川汉路，来开发四川，来利用它的富源，做国防上的准备。"④嗣后，著名学者、科学家任鸿隽发表在《独立评论》上的一篇文章，也持这种观点，他指出："四川天府之区，应该利用来做抵御外侮、复兴中国的根据地。所以整理四川，应该比开发西北尤为重要、急切。"⑤著名实业家卢作孚也有"目前的中国，许多人认为最有希望的要算是西南，要算是四川"的呼声。四川的媒体，也不断刊文，说明四川对国家民族的重要，如1935年5月出版的《四川经济月刊》第1卷第5期中，不

---

① 刘航琛：《戎幕半生》（第18册），载《新闻天地》1967年11月4日。
② 张澜：《广西的建设》（1934年10月），载《新世界》1934年第57期。
③ 周开庆编著：《民国川事纪要》（下），四川文献研究社1974年版，第566页。
④ 丁文江：《关于国防的根本问题》，见杨宗元编：《学者的责任：中国学者在抗日战争中》，中国人民大学出版社2015年版，第164页。
⑤ 转引自黄渠：《川军剿匪之经过》，见《复兴月刊》1935年第3卷第6、7期合刊。

仅有"四川古称天府,至今此种地位未变。惜乎此天府之储藏,一半多消费于无谓之地,一半尚未开发。然所谓军需资源,所谓国民食料,其产额在全国中,仍首屈一指。故四川者,西南之经济中心而中国之最后生命线也。四川不救,中国未必有救;故救中国,自必先救四川;欲开发西北,亦必开发四川"的完整论述,同时还有"国难当前,救四川乃所以救中国";开发建设四川,"岂特四川民众之望,抑实黄帝子孙在洪涛骇浪中之一线生机也"[①]的恳切表白。

国人对上述有关四川地位的论述及对四川时局的关注,必然影响到执政的国民党中央特别是负有国防安全之责、在国民党中央握有实权的国民政府军事委员会委员长蒋介石的决策,加之西北各种条件的不尽如人意,因而有了其1935年借"围剿"中国工农红军的西南之行。

---

① 《对于考察团之最低希望》,载《四川经济月刊》1935年第1卷第5期。

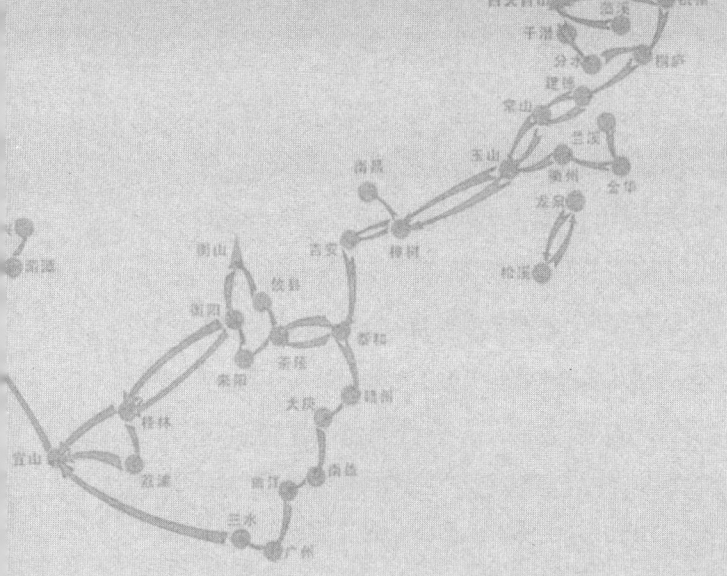

第五章

策定四川　经营蜀地

　　时间到了1935年，国际国内形势发生了巨大变化。一方面，1929年爆发的世界性经济危机，加剧了帝国主义国家对世界市场的争夺，特别是法西斯主义国家，为转移国内矛盾，急速走上了大肆对外扩张侵略的道路。日本帝国主义对华北地区的蚕食鲸吞，使中华民族的民族矛盾进一步加深。另一方面，国民党中央借"追剿"中国工农红军之名，统一了先前未能控制的更为富饶的西南地区，使"向中国内陆发展"的御敌方略，多了一个选择。经过蒋介石约半年之久的"西南之行"的考察，四川最终被确定为未来中华民族复兴的根据地。

西北之劣势与四川之优势

虽然国民党中央和国民政府最初将其选择陪都、迁建行都的着眼点放到了中国的西北和中原地区，并在日后相当长的一段时间内以专门的人力、财力和机构，经营着西北的各项事业和建设西京等工作，也取得了一些成效。但是，国民政府的此种决策，是根据当时国内外的历史情形和政治环境决定的，是国民政府在尚未实现全国统一的历史大背景下而做出的一种迫不得已的选择，因而有其不可避免的局限性。

在当时的历史背景与政治环境下，中国的东北已经被日本占领并建立起了伪满洲国，华北、华东等东部沿海地区最易遭到来自海上敌人的攻击且已有战事发生，不能作为中国战时首都的缘由显而易见并成为国人共识。这正如著名地质学家丁文江1934年发表于《国闻周报》上《关于国防的根本问题》所指出的那样："人人都知道我们的海军是丝毫没有防御的能力的。几千里的海岸线，没有一个新式的炮台。敌人随时随地都可以登陆。凡是沿海的大都会——全国精华所在的地方——没有一个不是敌人的俎上之肉。"[①]而广大的西南诸省，自民国成立以来就一直处于各个大小军阀的混战与割据之中，和国民党中央政府的关系也是表里不一，很不稳定。在偌大的中国版图内，能够作为国民政府战时首都而且又与国民党中央政府有着比较稳固关系的，就只剩下中原和西北地区了。而且西北地区和中原地区又是中华民族的发祥地、中华文

---

① 丁文江：《关于国防的根本问题》，见杨宗元编：《学者的责任：中国学者在抗日战争中》，中国人民大学出版社2015年版，第163页。

化的发源地，西安与洛阳又同为中国古代著名都城，历史上有多个王朝建都。因此，于西安与洛阳分别建立陪都与行都，既有其历史的根据，也考虑了当时的国际国内情形，同时秉承了孙中山先生生前"南京一经国际战争，不是一座持久战的国都，所以要在西北的陕西或甘肃，建立个陆都"的思想，顺应了国人所倡导与呼吁的有关中国对外战争爆发后应采取"拖"与"向中国内陆转移"之策略，也是手握实权的蒋介石自九一八事变爆发以来心中长期盘算的"余决心移首都于西北，集中军队主力于陇海路，以与暴日决一死战"，"此次无论对日和与战，而西北实为政府之第二根据地，万一首都沦落，即当迁于洛阳，将来平时亦以洛阳与西安为陪都也"思想的实现。

但是，将西北地区作为中国的战时首都又是不理想的，这种"不理想"随着时间的延续，显得越来越突出。这主要是因为：

第一，西北地区虽然历史悠久、土地广阔、资源丰富，但却地瘠民贫、人口稀少、粮食缺乏、经济落后、建设困难，缺乏作为战时首都的经济、物质条件。这在当时，既是铁的事实，也得到国人的普遍承认。

1935年，时任甘肃省建设厅厅长的许显时及曾在西北游览、工作过的范朴斋，就以他们自己所见所闻，对比了西南的四川与西北的甘肃的种种差异，其中，许显时认为：

> 我们的东北几省，可以说是没有了，在西南方面，最大的省份只有四川。但看中央将开发西北之意，改来开发西南，也就可见中央之重视四川了。四川土地之肥美，出产之丰富，实为他省所不及。若与甘肃比较，那就相差更远了。例如四川山巅都有青松绿草，甘肃即平地也少青草。甘肃在天气很好的时候，平地也能生出一些青草，这在甘肃的人看见，便非常的欢喜了。因此，兄弟想到，四川气候土地如此的好，人民如此的聪明，是定有办法的。

范朴斋不仅对比了四川与甘肃在天气上的差异，而且还说明了四川与甘肃在土质上的不同。他说：

第五章 策定四川 经营蜀地

四川虽然说是山地，却与其他各省大不相同。四川山巅有水，甘肃则尽是童山，土质红色，与我们四川的灶心土无异，毫无粘性，疏散如沙。又甘肃以地面说，相差二十万方哩，人口仅六百余万，较之四川，相差太远。①

1935年9月26日，天津《大公报》刊载了记者松年的文章，名曰《四川省之经济地位：财力雄厚惟币制紊乱整理地钞事极感困难》。文章虽然主要是对民国以来四川的混乱、落后以及整理困难等"人不和"的事提出批评，但也毫不掩饰其对四川"天时、地利"的厚爱。文章写道：

在农村破产、都市凋敝之今日，一履四川省境，即生别有天地之感，所谓天府之国、锦绣山河，诚当之无愧。记者由华北入川，平日所见者，皆穷山恶水，瘠田薄壤。由夔门而西，则极目所见，山无玩石，树木竞秀，平原高岗，俱有田陇，稻米一穗，有粒百六七十颗，由飞机下瞰，以老鹰岩之高峻，山坡地亩亦相连甚多，潴（浚）池储水于山之高处，通以竹管，地势虽高，亦得灌溉之利，人力之勤，土地之美，吾于此叹观止矣。故入川境最初所得之概念，即四川经济地位之重要，在川三月，旅行内地，更证明以四川经济不但是为促进西南经济建设之原动力，间接足为整个国家之资源。

作者继续写道：

四川古称天府，其成为天府之条件，得于天时地利者独多，故能永久保持其优越性。四川一省，有一百二十一万六千余方里之面积，及五千余万之人口，出产则具有二十余省区之天产，极北之皮毛，极南之荔枝，成都市上，均一聚处也。故川人除棉纱外，不必购求于外省。农田一年四熟，人民勤恳驯顺，虽丁二十余年内乱不息之后，每年犹能负荷九千万

---

① 许显时、范朴斋：《对四川人的迫切希望》（1935年5月21日），见项锦熙主编：《民生公司演讲集》（上），人民日报出版社2015年版，第244—245页。

元之省预算支出。即此一端，足觇其财力雄厚至如何程度矣。盖其他省区支出过千万者，即称富厚，是四川一省之力，抵五六省而有余也。

无独有偶，著名经济学家曾养甫在1935年游历四川后，也在国民党中央发行的《中央周报》上撰文，盛赞四川的伟大与富饶，他说：

（在四川）即不问自飞机向下俯视，或自汽车向上仰看，虽高山之顶，多种作物，此种勤劳刻苦之精神，即为我中华国家民族生命之唯一根基。四川物产之丰富，出于意外，即在水果方面，有粤桂之柚橘，冀鲁之枣梨，非若他省植物，宜南者不宜于北，宜寒者不宜于热，此可谓得天独厚。四川土地之肥沃，不论平原高山，均宜种植五谷，且其地方历久不退，可谓得地独厚，四川人民之聪明干练，……又富有远大之志向，冒险之精神，穷而有志，自能披荆斩棘，与自然奋斗，养成今日四川勤苦聪明之民族。①

许显时、范朴斋、松年、曾养甫的讲演与文章，在经济上将西北、与四川进行了一个对比，两者虽不说有天壤之别，但的确有很大的差异。这些赞扬四川的文章，通过当时在全国颇具影响的《大公报》《中央周刊》等报刊的传播，必将引起国人对四川新的认识，进而形成一股力量，影响到国民政府的最高决策。

第二，西北地区紧邻华北，而华北又是日本帝国主义虎视眈眈且侵略势力强大的地区，一望无际的华北平原不仅容易受到日本帝国主义强大武力的威胁，而且还有陇海铁路与西北地区相接，一旦华北失守，西北地区同样容易遭到日军的侵犯，其在国防上并不具备多大优势。

早在1932年11月国民党中常会决定迁都洛阳的国民政府于12月1日迁回南京之际，天津《大公报》就刊文认为：国民党中常会决定国民政府迁回南京，是"自为认定已不至受暴力胁迫"，但"目前事实，日本

---

① 曾养甫：《四川同胞今后之责任——在民生公司演讲》，载《中央周刊》1935年第371期。

问题绝未缓和。盖不独正以重兵攻击海拉尔等处苏炳文之孤军,且其兵侵热河威胁华北之计划,仍绝未放弃"。①而作为长时期带兵打仗的蒋介石,对日本侵略华北及由此带来的华北、西北地区的不利,也有清楚的认识。这正如蒋介石1934年7月在庐山军官训练团对受训将领指出的那样:

> 日本现在强占了我们东四省,第二步一定就要进占我们河北、绥远、察哈尔,甚至山东、山西这些地方,就是他最近不占领,迟早总是不免的。因为他的国策,是满蒙政策,他们必须占领蒙古之后,才可以进攻西伯利亚的侧面,以制伏俄国。……所以各位将领要时时刻刻注意到,日本随时会来进占我们河北、绥远、察哈尔,甚至山东、山西这些地方。②

事实上,七七事变爆发后,日本帝国主义为实现在短期内灭亡中国的战略,迅速组织华北会战,希望通过此次会战,以从根本解决华北问题,并图谋调整日华关系。侵华日军不仅迅速占领北平、天津两大城市,而且还利用平绥、平汉、津浦路全力推进,于1937年8月占领张家口,9月占领大同、保定,10月占领石家庄、归绥、包头,11月初占领太原。战争开始后的短短四个月时间,日本即占领华北大部,让紧邻华北的西北地区面临唇亡齿寒的危险,西北地区在国防安全上的劣势,也彻底暴露出来。只是国民政府调重兵于山西组织多次会战,才阻击了日军过潼关而进入陕西,从而保证了西北地区的安全。

第三,西北地区与强大的社会主义国家——苏联接壤,这对于当时仍坚持反苏反共的国民政府来说,缺乏作为首都的政治基础。

中苏两国于1932年7月开始接触谈判,同年12月12日宣布恢复两国邦交关系,但因苏联否认中国在蒙古的主权,继续保持对新疆的渗透,以及支持中国共产党的革命斗争,等,使得中苏两国间的矛盾并未消

---

① 《政府正式迁回南京》,载《大公报(天津)》1932年11月18日。
② 蒋介石:《抵御外侮与复兴民族》(1934年7月13日),见《总统蒋公思想言论总集》卷12,台湾"中国国民党党史委员会"1984年版,第329—330页。

失，国民党政府在政治上仍然坚持反苏反共。且作为西北地区后院的新疆，此时仍在国民党中央的权力范围之外，统治新疆的盛世才，更是反复无常，这对于国民政府来说，无疑也是一块心病，使西北地区缺乏作为战时首都的政治环境。加之1935年年底中央红军长征到达陕北，并迅速扩大陕北苏区与红军，建立起以延安为中心的中国共产党新的革命中心，使得西北的政治局势与环境更为复杂多样。而中国工农红军在早期发展过程中所展现出来的"星星之火，可以燎原"的特性，让国民党吃够了苦头，相信也会让国民党中央长记性，这对以蒋介石为首的国民党中央考虑未来"国都"的选址来说，也不得不有所顾忌。

上述种种原因，必然会导致国民党中央政府对西北形势的再认识，也必然会影响到国民党中央对未来对外战争爆发后国都迁往何处的再思考、再权衡。用作为国民党中央负主要军事与国防责任的军事委员会委员长蒋介石的话说，就是：

> 对外作战，首先要有后方根据地。如果没有像四川那样地大物博人力众庶的区域作基础，那我们对抗暴日，只能如"一·二八"时候将中枢退至洛阳为止，而政府所在地，仍不能算作安全。①

因此，要下定对日抗战的最后决心，就必须寻觅一个比洛阳、西安更为安全且地大物博、人力众庶的地区，来作为战时国家与政府的根据地。为达此目的，蒋介石在1934年巡视了中原、西北诸省后，又于1935年初，打着"追剿"中国工农红军之名，率其主要幕僚开始了其长达半年之久的西南之行。在经过对中原、西北，以及西南等中国西部内陆广大地区10余个省份进行巡视、考察、分析和研究，对各地地形、气候、物产、交通、人文等方面的综合考察之后，蒋介石于1935年10月做出了将未来国家对外战争时期的最后根据地定在西南四川的重要决定，从而完成了未来对外战争爆发后国家都城从西北向西南的转换。

---

① 蒋介石：《国府迁渝与抗战前途》（1937年11月19日），见秦孝仪：《总统蒋公思想言论总集》卷14，台湾"中国国民党党史委员会"1984年版，第652页。

国民党中央势力进入四川

四川既然在中国历史上有着重要的地位，在国民党中央握有实权的蒋介石对之又是心仪已久，志在必得；加之日本帝国主义对中国侵略由蚕食改为鲸吞，步步紧逼；而先前国民政府选定的西北对日抗战根据地，又有着其天生的种种不足与缺憾，所以在"巡视"与"考察"中国北方10省之后，以蒋介石为首的国民党中央，又将其注意力放在了西南地区。先前一向夔门紧锁、闭关自守的四川，在1932—1934年间又恰恰发生了一系列自身不能解决的重大事件，被迫向国民党中央求援。历史的机缘巧合，是众多偶然事件综合的结果，为国民党中央势力于1934年底进入四川打开了一道方便之门。

1932年10月，原活动于鄂豫皖的中国工农红军第四方面军主力，西撤至川陕边境，于1933年初建立了以川北、陕南为中心的川陕革命根据地，并不断发展壮大；与此同时，四川又爆发了自民国以来最大的军阀混战——"二刘之战"。川陕革命根据地的建立和发展，引起了国民党中央的极大不安和四川军阀的极度恐惧："西有突破嘉陵江、南有截断长江交通之企图"，"尤以政治或经济中心之成都、重庆与万县三处为甚"。而1932年9月爆发的民国以来四川军阀混战史上最大规模的刘湘与刘文辉叔侄之间的"二刘之战"，又引起了旅居川外的一大批四川同人与团体的高度关注并吸引着国人的注意力。但此时蒋介石的主要力量，仍放在围剿江西的中央红军方面。在对于四川方面，蒋介石以国民政府的名义，通过多种途径制止川战而不成；又在舆论与财力上，支持四川各个军阀对川陕革命根据地进行围剿。为此，他先后任命国民革命军第29军军长田颂尧、第21军军长刘湘为川陕边区剿匪督办、四川剿匪总司令，令其统率所属，全力围剿红四方面军。但无论是田颂尧的"三路进攻"，或是刘湘的"六路进攻"，均以失败而告终。兵疲力乏财困，走投无路的刘湘，不得不于1934年11月13日乘轮东下，赴南京向蒋介石请示和乞援，要求："（一）请中央派大员入川，统筹'剿匪'大计，川省各军在蒋委员长指挥之下，限期剿灭'赤匪'。（二）川省庶政极（亟）待整理，如何打破防区恶习，组织强有力之省府，渐纳川政于正轨，此盖有待于中央力量之统驭。"[1]企图借用国民党中央的力量，一方面帮他"剿灭"中国共产党及其领导下的人民武装，另一方面也帮他统一四川，巩固统治。

对蒋介石及国民党中央来说，封闭已久的"四川王"刘湘此次走出四川，主动向国民党中央乞援，正是国民党中央插手川政、统一西南诸省于国民党中央的绝好机会。因此，当刘湘1934年11月20日抵达南京时，除蒋介石外，所有各院部会的负责人，都到下关码头迎接。蒋介石对之也表现得极为亲近，先后5次会见刘湘并与之商谈四川军政的各项问题。国民政府主席林森、行政院院长汪精卫、军政部部长何应钦、财政部部长孔祥熙等国民党党政军要员，也多次与刘湘会晤，并分别就四川军事、政治、财政等问题进行讨论。双方在各有所图、互相利用的前提下，迫于川陕革命根据地的不断扩大、原在江西的中国共产党领导的中央红军撤退后即将入川，举国的中国共产党力量有可能全部聚集于四川这一严酷现实，在全国舆论的"督促"和"压力"下，在四川各地绅耆及旅外川人的"呼吁""请求"下，双方不得不互相让步并迅速就国民党中央军入川协剿红军、改组四川省政府、补助四川财政、整理四川金融等问题达成协议：蒋介石帮助刘湘统一四川军政并保证他在四川的

---

[1] 谢本书、冯祖贻主编：《西南军阀史》（三），贵州人民出版社1994年版，第309页。

霸主地位，将红军赶出四川；刘湘则同意打开自民国以来一直关闭未启的四川门户，允许蒋介石的中央军及国民政府军事委员会委员长南昌行营参谋团率别动队入川，以统筹、指挥、督促"剿匪"事宜。

在南京与国民党中央的谈判结束后，刘湘又相继往上海、杭州、苏州游览，饱览了上海的繁华与苏杭的美景，1934年12月13日，刘湘离开南京，经武汉、宜昌，于12月19日回到重庆。还在刘湘回川途中，国民党中央就打着"剿匪"之名，马不停蹄地为国民党中央势力入川开始了一系列的部署。12月17日，国民党中央决定派军入川，一方面派山炮一营到重庆，由刘湘指挥；另一方面派第一师胡宗南部接替原驻地部队防守昭化、广元；最后四十七师、五十四师、四十四师及独立第四旅合为一路，由上官云相指挥。四十四师及独立第四旅，经竹山、竹溪集中平利、安康、岚皋待命；四十七师、五十四师由洵阳前进，经紫阳联合向万源推进。12月18日，国民政府行政院又举行院务会议，决议改组四川省政府，以刘湘、甘绩镛等7人为四川省政府委员，刘湘兼任主席，甘绩镛兼任民政厅厅长，刘航琛兼任财政厅厅长，郭文钦兼任建设厅厅长，杨全宇兼任教育厅厅长，邓汉祥兼任秘书长。12月19日，蒋介石致电成都，任命贺国光、杨吉晖为军事委员会委员长行营驻川参谋团正、副主任，并令其克日组团，迅速入川。21日，也即刘湘自南京返抵重庆后的第三天，国民政府明令改组四川省政府，将原四川省政府委员兼主席刘文辉等人免职，任命刘湘为四川省政府委员兼主席，并授以统一四川军事、政治、经济的特权。

1934年12月24日，参谋团正式成立，并由后出任重庆市长、四川省政府秘书长的贺国光、杨吉晖亲自率领，于12月29日从南昌乘船，昼夜兼程地向四川奔来。1935年1月12日，参谋团一行数百人抵达重庆，与此同时，由康泽率领的别动队2000余人也同时随参谋团抵达，国民党中央军数万人也正行进在由汉口西上四川的途中。从此，国民党中央势力开始进驻重庆并逐渐渗透到四川的各个部门、各个地方；四川也因此结束了其自民国以来的半独立、半割据状态，开始正式被纳入国民党中央的直接控制和管辖之下。

参谋团的全称是国民政府军事委员会委员长行营参谋团，其内部设有主任、副主任及秘书、第一处、第二处、政治训练处、总务处、高级参谋、督察专员、副官、电务员等。成立初期，主任、副主任由贺国光、杨吉晖担任，其他负责人为第一处（负责军事）处长王又庸、副处长李维纶，第二处（负责政治）处长刘倚仁、副处长萧霖，政务处处长康泽，总务处长柏良。根据1934年12月22日国民政府

贺国光

军事委员会颁布的《国民政府军事委员会委员长行营参谋团组织大纲》的规定，参谋团"为对四川剿匪各军作战上运筹、指导、督察之特设机关"，其主要任务是代表国民政府军事委员会委员长蒋介石"发布命令"，其具体工作则为："（一）运筹剿匪作战计划。（二）指导剿匪各军军事行动。（三）维系各军间之密切联络。（四）督察各军对于剿匪之勤惰，审拟奖惩，呈请委员长核夺施行。（五）考核各军之械弹分配与消耗情形，及剿匪经费之支用，暨考查经理、卫生改良事宜。（六）搜集诸种情报，适时向委员长呈报。（七）督促并指导剿匪攸关政治设施。"而作为参谋团最高长官——主任贺国光的职责则是："主持团务，处理剿匪作战一切事宜，并协助四川剿匪军总司令之行使职权。当委员长未在行营时，关于作战命令，应由主任拟定，四川剿匪军总司令代行。"[①]除此之外，该组织大纲还对参谋团其他人员的职责做了详细规定。

由此可见，参谋团是代表蒋介石发号施令，指挥监督四川军政、民政、财政的全权机关，是国民党中央势力渗入四川乃至整个西南的第一

---

① 参见《国民政府军事委员会委员长行营参谋团组织大纲》（1934年12月22日），中国第二历史档案馆藏档案，全宗号1，目录号2，案卷号1045。

第五章 策定四川 经营蜀地

步,重庆也因此成为国民党中央控制四川及西南其他各省的指挥中心和前沿阵地。在参谋团抵达重庆后的第二天(1月13日),该团发言人即对外发表谈话称:"本团对四川各军过去之功过,一律不论,今后一视同仁,与人以自新之路。本团同仁与川军各方面全属友谊关系,然公事公办,只知秉中央之命而行。为咨询各军状况及便于军事上联络计,决令各军各派一高级参谋到行营办公。"①将其凌驾于四川各军的权力暴露无遗。

参谋团于1935年10月底解放。根据该团主任贺国光1935年10月28日在该团举行的最后一次总理纪念周上的讲话,该团的主要任务是"秉承委员长的意旨,仰体委员长的精神,负军事、政治监督指导之责"。在其存在的十个月里,除制定守则以规范其内部人员的言行举止,整饬纲纪以达到"杀一儆百"的目的外,在军事方面主要是协调、指挥国民党中央部队和川、滇、黔地方部队的行动,企图将中国共产党领导的中国工农红军"剿灭";在政治方面则包括打破防区制,设置行政专员,裁减各省地方部队,整理保甲团队,力图削弱川、滇、黔三省的地方势力,将之纳入国民党中央的统治之下;在经济方面则主要采取了废除苛捐杂税,稳定金融,整理财政,修建公路,建设工业等措施,希望以此改变民国以来四川因军阀混战所造成的残破,以及云南、贵州的落后局面。为达此目的,贺国光率领的参谋团对四川政治、军队进行了初步整理,康泽的别动队则对四川基层政权进行全面渗透与控制。而考察其最终结果,在"督剿"中国工农红军方面,以失败告终;但在统一四川以及整个西南为国民党中央方面,却获得了相当的成功。

因此,参谋团与别动队的入川,既是国民党中央势力开始进入四川的标志,也为国民党中央进一步控制四川创造了条件。

---

① 《参谋团到川之行动》,载《国闻周报》1935年第12卷第4期。

"一箭三雕"西南行

还在1934年巡视北方途中,蒋介石即对西南事务特别是解决四川的问题有所考虑,他于10月29日的日记中写道:"先收西南,放任中央乎?先理中央,放任西南乎?应力加研究。"11月11日,已回到汉口并乘军舰东下的蒋介石,在舰上考虑四川事务,决定:"应组织参谋团入川,使川之军民分治,并收管财政归中央。"13日,已到南昌的蒋介石在日记中记道:"本日研究政治全部,及粤桂川湘黔晋察绥蒙之设计与方针,尚未能深思入微,故难决策也。"11月23日,蒋介石首次提出了"经营四川"的设想。他在日记中写道:"如经营四川,应注重驻地,以对倭、俄与两广,皆能顾到为要,汉中或天水,得其地乎?"到了1934年的12月20日,蒋介石在计划来年(1935年)的工作方针时,再次表达了"经营西南"之意,他在日记中写道:"建设东南,巩固西北,维持华北,经营西南,运用英美,制御倭俄。"[①]这表明,蒋介石在巡视西北时,虽"极思经营西北,以为复兴之基也",但考虑到西北的自然地理环境——"此处又无经济,又无人民,必难立足"[②],在巡视结束后,开始有了"经营四川"的念头,也有了再到西南的川、滇、黔走一遍的设想。在"处理川事与入川时间,应须审慎""尤勿使川生疑贰"等思想的指导下,蒋介石以"追剿"西撤的中国工农红军为借

---

① 《蒋中正总统五记——困勉记》(上册),台湾2011年版,第431、432、433页。
② 此话为蒋介石1934年12月31日针对西撤的中国工农红军而说,但西北客观的自然环境,不仅对共产党如此,对国民党亦是如此。

第五章 策定四川 经营蜀地

口,继西北之行后,再次开始了其西南之行。

1935年2月21日,蒋介石自南昌抵达汉口,3月1日,国民政府军事委员会武昌行营成立,张学良为主任,钱大钧为参谋长,杨永泰为秘书长。3月2日上午,蒋介石在武昌召见孔祥熙、宋子文后,于十时赶赴武昌王家墩机场,在"格量机""康行机"的拱卫下,乘"福特机"飞往重庆,同行的有侍卫长何云,秘书汪日章、毛庆祥,侍从室第一处主任晏道刚,以及政训处主任康泽等。下午三时,蒋介石一行抵达重庆,开始了其长达半年之久的西南之行。蒋介石此次西南之行的主要动机与目的,固然在"追剿"中国工农红军,但在此表面、公开目的之背后,还隐藏着两个更为重要暂不可示人的目的:其一是统一四川及西南诸省于国民党中央势力的直接控制之下,其二是为即将到来的中日战争寻觅、策定一个中华民族与国民政府立国的最后根据地。可以说,蒋介石的此次西南之行,打着其"一箭三雕"的如意算盘,这正如蒋介石1934年12月29日在日记中所表达的那样:"以剿匪为掩护抗日之计,亲剿川黔残匪,且我军既入黔,不患不能制桂,又可避免内战,经营西南根据地,未始非策也,当再熟筹之!"①这是他心中的盘算。进入四川抵达重庆后,蒋介石又在一次讲演中,对他此行的目的再次做了说明,他说:"兄弟这次入川,除督剿'残匪'以外,首以解除四川同胞之痛苦为惟一目的。第一步入手的办法,就是要使四川除'剿匪'军事以外,再不见其他的战乱。此后战乱不生,消极方面便可以免除民众的痛苦和牺牲,积极方面便可以从事建设,增进民众的福利。所以兄弟一方面要以全力协助省政府刘主席建设四川,解除四川同胞的痛苦;一方面要使全川军队,本亲爱精诚的精神,促进团结,共同一致为国家民族尽到军人保国卫民的天职。从此之后,使四川同胞转祸得福,为国家确立复兴之坚固基础。这是兄弟入川唯一的方针,亦即今日四川唯一之急务。"②

---

① 《蒋中正总统五记——困勉记》(上册),台湾2011年版,第435页。
② 蒋介石:《四川应作复兴民族之根据地》(1935年3月4日在重庆出席四川党务办事处扩大纪念周训词),《参谋团大事记》,国民政府军事委员会委员长行营1937年版印,第889—890页。

基于上述三个目的，蒋介石一方面频频奔波于四川、贵州、云南三省，指挥、部署国民党中央军及云、贵、川三省的地方部队，加强对中国工农红军的围追堵截；另一方面又不断与云、贵、川三省的党政要员会谈，召开会议，发表演讲，并以"剿匪"不力为借口，撤销一些地方军阀的职务，如四川的田颂尧、贵州的王家烈。1935年5月，国民政府改组贵州省政府，任命安徽人吴忠信为贵州省政府主席，从而使贵州省受制于国民党中央。与此同时，1935年又是华北多事之秋的一年，日本帝国主义对华北侵略的步步紧逼，不仅让蒋介石十分头痛，颇费心神，但也迫使他不得不于一团乱麻中理清头绪，在公开"追剿"中国工农红军这一目的下将其更为深层次的两个目的加以隐藏。虽是隐藏，但又不得不详加考虑，特别是面对日本帝国主义在华北所制造的一系列事端，远在西南的蒋介石，既时时加以关注，又无时不在考虑对策。5月6日，蒋介石在日记中写道："对倭政策，应定大小明密二种方法，而以东北问题为枢纽。"5月13日，蒋介石又在日记中记称："国防政策，外交政策，无论表里精粗，亲疏远近，皆应以倭为中心也。"[①]像这样的对日方略思考，蒋介石在其长达半年之久西南之行中，还有多次记载。只可惜当时国家未能统一，国力不济，国防不周，国家不能公开与日决裂，蒋介石的这些谋略也只能深埋心底。这正如蒋介石1935年4月26日校订完庐山训练精神讲话后在日记中所记载的那样："惜不能全照所讲者印布，而以抵御外侮，复兴民族，与中日战争之始末两篇，尤不便付印，甚望国人能以心传心，使此两篇之精神，得以贯彻，始有利于将来抗战耳。"[②]

在此复杂多变、危险丛生的历史背景下，加之西北之行所得出的对西北未来国家根据地的结论不甚满意，所以蒋介石一到重庆，就表现出与他中原、西北之行截然不同的态度与兴趣。1935年3月2日蒋介石抵达重庆后，即分别致电各方重要将领，告以其"入川""飞重庆"的消

[①] 《蒋中正总统五记——困勉记》（上册），台湾2011年版，第450页。
[②] 《蒋中正总统五记——困勉记》（上册），台湾2011年版，第448页。

第五章 策定四川 经营蜀地

息,要求各将领,"以后电报,直致重庆可也"。3月4日,即抵达重庆后的第三天,蒋介石在出席四川省党务特派员办事处举行的扩大纪念周上,做了他到重庆后的首次公开讲演,其讲演的题目就是《四川应作复兴民族之根据地》。在讲演中,蒋介石以大量的篇幅阐明了四川地位的重要及其在历史上的作用,以及四川各界应尽的责任和努力。他开篇就说:

> 就四川地位而言,不仅是我们革命的一个重要地方,尤其是我们中华民族立国的根据地。无论从哪方面讲,条件都很完备。人口之众多,土地之广大,物产之丰富,文化之普及,可说为各省之冠,所以自古即称"天府之国",处处得天独厚。我们既然有了这种优越的凭藉,如果各界同志,大家能够本着"亲爱精诚"的精神,共同一致的努力向上,不仅可以使四川建设成功为新的模范省,更可以四川为新的基础来建设新中国!

在此讲话中,蒋介石还引用历史上流传下来的民谚,明四川地位的重要及其与整个国家民族治乱的关系。他说:

> 中国自古还有一句话说:"天下未乱蜀先乱,天下已治蜀未治。"……这句话并不是随便说的,其中确含有很大的意义。我提出这句话,也并不是要来责备四川同胞,乃是说明四川对于国家治乱的关系与四川同胞的责任之重要。我们无论从历史的事实来证明,或从四川在全国中所处的地位来看,四川的治乱,确可以影响全国的安危。所以要统一国家,完成革命,必须四川同胞先来负起这个责任。如果四川同胞不能负起革命责任来尽力于革命事业,我们整个革命事业,更没有完成之一日!因此四川同胞对于革命的成败与国家民族兴亡存灭的责任重大![1]

---

[1] 蒋介石:《四川应作复兴民族之根据地》(1935年3月4日在重庆出席四川党务办事处扩大纪念周训词),见《参谋团大事记》,国民政府军事委员会委员长行营1937年版,第886—888页。

在这里，蒋介石阐明、强调了四川对国家、对民族的重要性，并公开、明确地表明了他自己对四川的高度重视和殷切希望。这当中，并不排除有为其督剿中国工农红军、统一四川及西南诸省于国民党中央势力之下做舆论鼓动和心理导向的意图，是为他西南之行的另外两个目的服务的。但是，也不排除蒋介石的更深层次目的——将未来对外战争爆发之际国家民族复兴的根据地转向西南四川。因为蒋介石在重庆这个讲话中的用词及其对一个长时期遭受战乱、整个社会经济破败不堪省份的倍加赞扬，在他1934年的中原、西北之行的众多言词中，是根本没有的。

1935年3月24日，蒋介石一行离开重庆飞贵阳。这以后，他借着"剿匪"之名，于5月10日自贵阳飞昆明，5月21日自昆明飞重庆，5月26日自重庆飞赴成都，并开办峨嵋军官训练团，自兼团长，对川军营以上的军官进行调训。8月中旬，曾因事短暂地回到南京，处理完事情后，又马不停蹄地于8月23日飞赴成都，直到10月7日才离开成都飞赴西安，经洛阳、太原，于10月14日回到首都南京。在此长达半年多的时间里，蒋介石马不停蹄地来回穿梭于重庆、贵阳、昆明和成都各地，在不同的场合，针对不同的对象，为了不同的动机和目的，做了多次不同主旨的讲演和训示。在这些讲演和训示中，蒋介石既有其"剿匪反共"的部署、训令和煽惑，也有其倡导新生活运动、国民经济建设运动的宣传和鼓动，还有其统一四川、统一西南的各种指令和打算。当然，这当中也不时夹杂着一些诸如"四川夙称天府，果能急起直追，其成功必尤为宏速"[①]"惟有以我们新的四川人才可以造成新的四川，建立新的中国"[②]贵州最容易建设，也是最应该迅速建设成为民族复兴的一个基础。再找不到比贵州还好的地方了！我们现在既到了这个地方，就应当尽量发挥大家的聪明才力，为国民革命树立一个有力的中心，为民族复兴奠定一个确实的基础。"我们云南全省的同

[①] 参见《蒋介石在重庆总理扩大纪念周上的训话》（1935年3月11日），载《四川经济月刊》第3卷第2期。

[②] 参见《蒋介石在重庆总理逝世十周年会上的训话》（1935年3月12日），载《四川经济月刊》第3卷第2期。

胞，对于我们的国家和民族，负有一种特殊的责任，居于非常重要的地位，无论就天时、地利、人和各方面看来，云南种种条件都具备，可以作为复兴民族一个最重要的基础"[①]等等对四川、云南、贵州三省表示重视、希望和勉励的词句。但蒋介石的所有这些表白和词句，都还是零星的、片面的和不系统的，其主要目的仍是为统一西南诸省于国民党中央服务的。

1935年5月，蒋介石由昆明飞低重庆

[①] 蒋介石：《建设新云南与复兴民族》（1935年5月13日出席云南省党部扩大纪念周训话），《新生活运动要义》，中国国民党"执行委员训练委员会"1940年编，第148页。

四川抗战基地的策定

按照蒋介石的观点，中国要下定对日作战的最后决心，必须首先寻觅到作为立国之基的最后根据地。这正如蒋介石自己所说的那样："必肃清基地，方能对倭。"①有感于日本帝国主义对华侵略的步步紧逼以及日益严重的民族危机，中国对日抗战的最后根据地究竟应选在什么地方呢？随着蒋介石在西南诸省逗留时间的延续，也随着他对西南各地地形、气候、物产、资源、民风民俗，以及人民意愿的进一步了解和认识，还随着中国共产党及其领导下的中国工农红军的撤离四川，更随着国民党中央势力对西南各省的深入渗透及其对西南各省政治、经济、军事控制的加强和巩固，蒋介石对西南三省特别是对四川的认识提到了一个新的高度，以四川为中华民族对日抗战根据地的思想，也于此过程中逐渐形成且越来越坚定，并在他离开四川之前完全确立了下来。

蒋介石在西南巡视之际，正是日本帝国主义加紧侵略华北不断制造事端之时，肇始于1935年4月的华北五省自治运动，其目的之一就是要建立统一的华北自治政权，使国民党中央政府统治下的河北、察哈尔、绥远、山东、山西等华北五省脱离中国而置于日本的控制之下。为达此目的，日本帝国主义采取种种手段，迫使国民党华北当局先后与之签订《秦土协定》与《何梅协定》，使华北地区的民族危机进一步加深。远在西南地区的蒋介石，既感到"倭寇蛮横，非理可喻"，又认为

---

① 《蒋中正总统五记——困勉记》（上册），台湾2011年版，第461页。

"未到最后关头,当忍耐之",加之"国人自侮,一味苟且畏避,不能稍负责任,动以辞职相要,令人增忧,加重痛苦"的现实,使蒋介石感到万般无奈。在此"内忧外患相逼而来"的情形下,蒋介石一方面感到"脑筋疼痛如刺,疲倦亦甚",另一方面则寄希望于上天,希望"如上天有灵,其将使此恶贯满盈之倭寇,不致久存于世乎!"①希望只是希望,并不等于现实,面对日益险恶的华北局势,蒋介石自认为"寇患至此,国既不国,人亦非人,不再决战,复待何时?","对倭已无敷衍迁就之余地矣"。于是更加深入、全面、详细地考虑对日方略,并于1935年7月上、中旬确立了他的对日作战方略。7月9日,蒋介石于日记中写道:"如对倭作战,以长江以南与平汉线以西地区为主要线,以洛阳、襄樊、荆宜、常德为最后之线,而以川黔陕三省为核心,甘滇二省为后方,作持久之计,未有不胜者也。"7月11日,蒋介石又于日记中记称:"强国之国防,重边疆,取攻势;弱国之国防,重核心,取守势。"7月15日,蒋介石在成都与黄绍竑谈对日方略,称:"倭寇对我准备作战,全在华北,而不在华中,更料其必不能急速占我川滇,此其弱点也;我今惟和缓时间,以作准备;但彼亦必将另换一种利诱手段,我更当慎重,勿躁急。"8月1日,蒋介石在研究立国要旨与对日方略时,又写道:"先定根据基础,次为设计,再次为建设,一俟基础建设完成,则倭亦必不和而服矣。此时根据之基础既得,应即力图巩固,巩固之道,唯在收拾人心,培养民力而已。"②

到1935年10月上旬,亦即蒋介石结束其长达半年之久的西南之行,即将返回首都南京之前,将其初到四川时所持有的有关"就四川地位而言,不仅是我们革命的一个重要地方,尤其是我们中华民族立国的根据地"的思想,做了进一步的阐扬与发挥。笔者个人认为,蒋介石以"四川为中华民族对日抗战最后根据地"的思想,遂于此完全确定下来,这可从他的两篇讲话中得到证明。10月6日上午,蒋介石在成都出席四川

---

① 《蒋中正总统五记——困勉记》(上册),台湾2011年版,第452、453、454页。
② 《蒋中正总统五记——困勉记》(上册),台湾2011年版,第458、459、461页。

省党部扩大纪念周并做了题为《建设新四川的根本要道》的讲演。在这次讲演中，蒋介石不仅对四川的山川地势、物产，以及人文特征等均赞誉有加，而且再次强调了四川地位的重要及其与国家治乱、民族兴衰的密切关系，并第一次明确、公开地提出了四川是中国首屈一指的省份，"天然是复兴民族最好的根据地"的思想。蒋介石在讲演中称：

> 我自入川以来，直到昨天为止，留心体察四川的情形，总觉得我们中国其他任何一省，都比不上我们四川。你们看，四川的土地广大而又肥美，所产的东西，不仅种类繁多，几乎无所不备，而且量多质美，更为别省所不及。就讲树木吧，到处长得蓬蓬勃勃，繁茂异常；……
>
> 在文化方面，我可以说四川的文化，也是特别的根基深厚。即现在四川一般人民，无论他是城市里的，或是乡下的，无论他是挑担子的、牧牛羊的，或是做其他苦力的，都是吐词文雅，常识丰富，……在另一方面，四川的田野农作很整齐，各种石工木工都特别精致而坚实，人民在劳作技巧上所表现的能力，也是在各省之上的。……四川因为有如此伟大优良的自然环境，与悠久浓厚的文化基础，实在是我们中国首屈一指的省分（份）。从前我们在行政区划上有所谓首府或首县，一个国家也应当有首省。四川在天时地利人文方面，实在不愧为我们中国的首省，天然是复兴民族最好的根据地。

在讲话中，蒋介石还全面论述了四川在整个国家中的地位，他自问自答地说道：

> 大家要晓得，我们四川在整个国家中的地位是怎么样呢？我们晓得，长江是中国的躯干，而四川居长江之上游，又是全国的中部，所以古人论中国形势，以四川为首，荆襄为胸，吴越为尾；我们一个人，如果头脑不健全不安定，整个身体都受到坏的影响，甚至耳目昏迷，手足失措，最后到

死亡为止；国家也正是如此，倘若四川不能安定不能建设起来，整个国家也就没有富强复兴的希望，所以四川的治乱即中国兴亡之关键。今后四川决不可乱，一乱国家就要亡。

最后，蒋介石希望所有与会者：

> 当此剥极而复的时期，我们特别要痛定思痛，把握住现在这个图治策安的时期，认识川人对于国家民族所负的重大责任，大家惕励奋发，互相劝勉，和衷共济，除旧布新。……藉凭我们得天独厚的根基，一定很容易建设好新的四川，成为中国真正的首省，与健全的头脑，藉作民族复兴的基础，以完成我们大家的责任！①

在此，蒋介石不仅将四川视为"中国的首省，天然是复兴民族最好的根据地"，而且还将四川的治乱视为国家兴亡的关键，并将之提到四川"一乱国家就要亡"的高度，充分体现了其对四川的重视与肯定。随后，蒋介石在成都所做的题为《四川治乱为国家兴亡的关键》的另一次讲演，则更加清楚、完全、明白、肯定地表达了他定四川为中华民族对日抗战最后根据地的思想。他说：

> 我们四川据长江上游，山川险固，民物富庶，自古论中国形势，都以四川为首，荆襄为胸，吴越为尾。现在我们就中国政治经济文化各方面来讲，中国的精华——国家生命的根基是在长江流域。长江流域不能统一安定，无论是华北或华南都不能统一安定。我们四川既居长江上游，又是本部各省之中拥有最广的土地，最多的人口，最大的富源与最好的形势之所在，所以四川的治乱，不但影响长江流域的治乱，而且可以定整个国家的治乱。……我们要真正订大计划，亦要待统一，至少要长江流域能够统一。如果长江的首部——四川不能统一安定，那么头脑动乱，全身必不能安定，新的国家无论如何建设不起

---

① 《蒋委员长训话：建设新四川之根本要道》，载《政训半月刊》1935年第4、5合期。

来！所以今后治乱国家的兴亡，根本还是要看我们四川如何。国家如果由治而兴，四川一定是功首！国家如果再乱而亡，四川难免为罪魁！所以现在要救亡复兴，当以稳定四川统一长江以巩固国本为第一要着！①

在这里，蒋介石既说明了四川在对外战争中所处的重要地位，也精辟地分析了中日战争爆发后中国可能出现的种种不利情况，甚至连华北出现伪政府，长江中下游出乱子等都有所预料。但是，因为寻觅到了四川这个中国抗日的最好根据地，所以蒋介石又明白无误且充满自信地宣告：在对日战争发生后，无论中国的华东、华北和长江下游出现什么乱子，产生何种困难，但只要川、滇、黔三省存在，国家就一定不会亡，一定可以复兴，甚至：

其实不必说川滇黔三省存在，就是只剩了我们四川一省，天下事也还是大有可为！只要我们能努力自强，有四川一省，一定可以复兴民族！

正因为如此，所以蒋介石自信满满地告诫人们：

我们不怕敌人凶狠，不怕国难严重，只怕自己精神不团结，工作不实在，力量不集中；不怕我们的地方小，只要剩了我们四川一省，就可以复兴中国！②

至此，经过近一年的苦苦寻觅，蒋介石终于找到了中国对日战争发生后，比洛阳、西安更为优越的抗日大后方——四川、云南、贵州和最后立国的根据地——四川。正因为找到了这样的大后方和根据地，所以国民党中央的对日政策开始发生了较为明显的转变——由先前一味地妥协退让转为较为强硬。离开四川回到南京不久，国民党第五次全国代表大会于1935年11月12—23日在南京召开，蒋介石在其所做的外交报告

---

① 《总裁讲演四川治乱为国家兴亡的关键》，见叶育之编：《四川史地表解》，1941年版。此篇文稿的时间，原文标明是1935年10月8日，但多种史料表明，蒋介石已于10月7日离开成都飞赴西安，于10月8日在成都发表讲话已不可能。但文稿中所阐明的内容，与蒋介石的思想又是相符合的，故仍于此引用，希望得到学界的帮助，能将此问题弄清楚。

② 《总裁讲演四川治乱为国家兴亡的关键》，见叶育之编：《四川史地表解》，1941年版。

中，虽然仍对日妥协抱有一定幻想，但也第一次公开地提出了"和平有和平之限度，牺牲有牺牲之决心"，若到了和平绝望的时期和牺牲的最后关头，必将"抱定最后牺牲之决心，而为和平最大之努力，其达奠定国家复兴民族之目的"。①在此次大会的宣言中，也有"秉持总理'人定胜天'与'操之自我则存，操之在人则亡'之二大遗训，以最大之忍耐与决心，保障我国家生存与民族复兴之生路，在和平未至完全绝望之时，决不放弃和平，如国家已至非牺牲不可之时，自必决然牺牲，抱定最后牺牲之决心，对和平为最大之努力"②的决议。与此同时，国民党政府对日抗战的各项准备工作，从此也逐渐提上议事日程，用蒋介石自己的话说，就是：

> 到了（民国）二十四年进入四川，这才找到了真正可以持久抗战的后方。所以从那时起，就致力于实行抗战的准备。③

关于蒋介石策定四川抗战基地的初衷与经过，十一年之后的1946年4月27日，蒋介石在成都发表的《告别四川同胞》的讲演里，做了更为具体、详细的说明。他说：

> 本人在民国初年上国父书中，详论中国革命根据地，就始终认定在我们中国各省之中，只有两省可当其选。第一是广东，广东自然是我们国民革命的发祥地，我们在民国十五年北伐以前，必须用一切的力量来求得广东的统一与革命基础的巩固。其次就要算是四川了。因为四川人口众多，物产丰富，都在任何各省之上。而四川同胞的天性，富于民族的情感，一贯的忠于主义，勇于革新，以为我们若能以四川为革命的根据地，就更能使革命早日成功。这是我民初以来未

---

① 《请大会授权政府在不违背另文陈述之方针下，应有进退伸缩之全权，以应此非常时期外交之需要案》（1935年11月19日第五次全国代表大会通过），见荣孟源主编：《中国国民党历次代表大会及中央全会资料》（下），光明日报出版社1985年版，第321页。
② 《第五次全国代表大会宣言》（1935年11月23日），见荣孟源主编：《中国国民党历次代表大会及中央全会资料》（下），光明日报出版社1985年版，第302页。
③ 蒋介石：《国府迁渝与抗战前途》（1937年11月19日），见《总统蒋公思想言论总集》卷14，台湾"中国国民党党史委员会"1984年版，第652页。

到四川以前始终一贯的理想。后来本人民国二十四年初到四川的时候，目击四川当时的情形，同来的人员皆觉得距离我们的理想太远，大失所望。但我以为如果四川不能统一，则抗战就无基础。认为我们如要抗战，非先统一四川不可。因此我就对一般失望的同志们说：民国十五年以前，粤、桂、滇、湘、赣、陕各军在广东，其割据分裂无法无天的情形，岂不是比今日四川的内容更复杂吗？当时广东的政治社会烟毒赌匪的恶习，比之今日的四川岂非过之无不及吗？……但是本人认定，我们中国在对外抗战的形势上，四川地位的重要实远过于广东。因为广东僻处海隅，而我国海空防御力量薄弱，敌人的陆海空军随时可以到达，中央若再以广东为抗战的根据地，则随时可能被敌人消灭。而四川则远处西陲，形势天成，估计当时敌人的实力决不能深入到四川省来。至于当时四川政治社会的情形虽不如吾人的理想，然本人认为四川在过去革命史上既有这种光荣的表现，则目前畸形的现象，未尝不可以加速的改变，因此本人仍认四川为抗战惟一的根据地。当时还有一种最难得的现象，就是自中正入川以后，四川的同胞普遍的有二句口号：就是"拥护中央，统一四川"。其对中央爱护之诚与要求四川统一之切，实为各省所罕见。至今回想这二句口号所发生的功效之大，不只是为安定四川最大的因素，而且是□来成为抗战胜利惟一的基础。这是四川同胞对国家无上的贡献，亦是本人始终感念而不能或忘的。①

四川抗战基地的策定，是国民政府对日抗战重要决策中的重要一环，也是国民党中央对日外交政策发生变化的一个重要转折点，更是抗战全面爆发后国民政府迁都重庆的历史前提。它无论是对中国抗战方针

---

① 《告别四川同胞——蒋主席莅蓉时训词》（1946年4月27日），载重庆《中央日报》1946年5月1日。

政策的确定，还是对中国西部历史进程的影响，或是对重庆抗战时期作为中国政治、经济、军事、文化、外交、社会统治与活动中心的形成，都产生了巨大而深远的影响，在中国抗战史、西部开发史，以及重庆地方历史上，都值得重重地记下一笔。

蒋介石的第二次西南之行

为了检验、督促自己1935年离川时所制订的目标任务，同时继续指挥追剿散存于西南各地的中共武装部队，1936年4月，蒋介石改变先前拟飞山西巡视的计划，以到成都出席中央军校成都分校开学典礼为由，再次赴川、滇、黔三省巡视。与前次入川所不同的是，蒋介石此次入川，除武汉至宜昌是乘坐的飞机外，无论是从南京到武汉，或是宜昌到重庆，均是乘坐的轮船（南京到武汉段系军舰，宜昌到重庆段系轮船），亲身感受了长江下游之浩瀚和长江上游之险峻。除此之外，在巡视中，还参观各地的风景名胜、市容市貌以及各类工事，整个行程比第一次显得更加从容悠闲。这对其抗战全面爆发后决定迁都重庆，也不无影响。

1936年4月8日晚八时，蒋介石偕侍从室主任钱大钧等于南京乘军舰西上，9日晚到江西九江，10日抵达湖北武汉，并反复思考"川滇黔陕甘之布置与整顿""决定滇黔川湘之处理办法及委定负责人选""四川善后处理方法"等事宜，12日下午自汉口乘飞机到宜昌，13日早上八时离宜昌，乘民生公司商轮——"民主轮"溯江西上，于下午六时抵巫山，停泊于巫山县城上游五六里的河边。此时正是这一带的春季，到处是青山绿水，花团锦簇，再加上风和日丽，长江两岸绝佳的美景，让蒋介石感到无比的惬意。当时负责蒋介石西行的民生公司的"民主"轮职员冉庆之在给该公司总经理卢作孚的报告中写道："是日（指4月13日——作者注）风和日丽，峡中风景极佳。委座于入西陵峡后，即到驾驶台赏玩，并时以望远镜远视，经海船长（即'民主'轮船长——作者注）一一指点，极为欣悦，往往站立二三小时，尚无倦容。"①蒋介石本人也在日记中记载称："三峡风景，前人已多记载，余不必赘。然以余心之所感，可一语以概之，曰'江山庄严，心神战慄'而已。凡入巫峡，临此壮观，而不起中华自豪自强之念者，非黄帝子孙也。而大禹之功在万世，尤足资余楷模。余今在此三峡形胜中，校阅十五年三四两月之事略，实有所感而不能自置者也。"②

4月14日下午六时，蒋介石一行抵达万县，遂登岸视察万县新建的陈家坝机场，并游览万县公园，视察县署，于晚九时返回船上。蒋介石于是日的日记中写道："夔门之雄险绝伦，亦难怪川人之自大也。"在此期间，蒋介石还召集"民主轮"的主要负责人座谈，就川江水道问题、管制引水人员问题，以及发展四川产业问题，征求船员们的意见。16日下午四时许，"民主轮"抵达重庆，蒋介石登岸后巡视重庆市街，感觉"秩序已较前进步矣"。随后入住重庆行营。次日飞抵成都并思考应该注意的各项问题："一、川中各军饷项，预备直接发给。二、清理四川财政。三、决定进剿计划。四、计划交通。五、计划征工。六、调查贪污。七、增加大学经费。"4月20日上午，蒋介石先出席中央军校成都分校的总理纪念周，随后又赴四川省党部，出席该部举行的扩大纪念周，并于会上发表了题为《四川人民的光明之路》的讲演。讲演首先肯定了一年来四川在各方面所取得的成绩和发生的变化，他说：

> 在过去一年当中，无论是社会、政治、军事，尤其是教育方面，比较都有秩序、有条理，能够渐上正轨，得到极好进步。各位同志在本地，或许不觉得你们自己进步之大，但外面来的人士，尤其是兄弟，从去春到川，此次隔了半年，重到四川，将前的情形比较起来，格外看得明白。……现在

---

① 参见《冉庆之为报告蒋介石搭乘"民主轮"入川经过情形给总经理卢作孚的报告》（1936年4月17日），重庆市档案馆馆藏档案，全宗号0328，目录号1，卷号55。
② 《蒋中正总统档案·事略稿本》（36）（1936年3月至5月）（上），台湾2008年版，第333—334页。

四川各方面，都有很大的进步，得到相当的效果，即如社会的秩序，军队的纪律，一般教师和学生的精神、体魄，都比以前有很大的进步，这是兄弟所最快慰的一点。

接着再次强调了四川在复兴民族的重要作用和地位。蒋介石说：

> 大概各位都已经知道，四川这个地方，天然是我们复兴民族的唯一根据地。四川同胞重大的责任，就是在此，四川同胞将来永远的光荣，也就是在此。我们的民族如此衰弱，国家如此危险，今后果能由我们四川领导起来，使得国家能整个的统一团结，使我们民族能够很快转危为安，转弱为强，将来四川人的功绩、光荣，何等伟大。这种挽救国家、复兴民族的责任，本是全国四万万同胞都要负担，不过以四川一切之得天独厚，尤其是以四川人之勤俭聪明、有魄力、有精神，所以特别要为国家民族多负责，才不负天地父母和国家政府希望之殷，亦不愧为现代的国民。

既然四川地位如此重要，四川人的责任如此重大，那么又应该从哪些方面努力呢？蒋介石在讲演中又采取自问自答的方式，予以明确说明，他说：

> 我们要怎样才可以负起救亡复兴的责任，达到最后成功的目的，造成永久光荣的历史呢？最要紧的，就是要有一个共同的目标，然后大家向此目标共同努力，才能团结精神，集中力量，达到成功的目的。[1]

4月22日，蒋介石一行由成都飞昆明，并于次日上午出席云南省党部及各界民众的欢迎大会并讲话，称："兄弟此次来滇，对于云南各界同胞有一点贡献，就是希望我们云南同胞，要大家起来，建设一个真正工业化的云南，来作复兴民族一个最重要的基础。"[2]

---

[1]《蒋中正总统档案·事略稿本》（36）（1936年3月至5月）（上），台湾2008年版，第410—415页。
[2]《蒋中正总统档案·事略稿本》（36）（1936年3月至5月）（上），台湾2008年版，第453页。

4月25日下午，蒋介石从昆明飞抵贵阳，在次日登黔灵山游览时，称："将来对外战争时，黔中亦一深固之根据地也。"27日晚，蒋介石结束其第二次西南之行，乘飞机自贵阳飞抵湖南长沙，然后经江西回到南京。

　　蒋介石1936年的第二次西南之行，其动机与目的，与其第一次西南之行并无区别，只是在1936年西南之行的基础上，增加了一份督促、检查的责任。

重庆行营的设立

　　四川在中国历史上的重要地位，到1935年日本帝国主义加紧对中国实施侵略之际又得以显现出来。随着1935年10月四川抗战基地的确定，四川在国人的心目中已成为中国的"堪察加"。但要将一个长时期受军阀统治、政治腐败不堪、经济极度落后的省份建设成为未来复兴中华民族的根据地，并不是一件容易的事。蒋介石为之确立了"改革四川的政治，整顿四川的军队，转移四川的风气，开发四川的交通，统一四川的币制"的方针，并成立代行其权力的国民政府军事委员会委员长重庆行营负责此方针的贯彻执行。

　　通过1934年西北之行及1935年西南之行的对比考察，蒋介石进一步认识到了西南，尤其是四川在中国历史特别是未来国家在对外战争中所处的重要地位，明确了以四川为中华民族对日抗战根据地的思想。为了建设四川这个中国对日抗战的大后方，中华民族复兴的根据地，蒋介石内心虽然对"天府之国"的四川因长时期的军阀混战所造成的破败不堪表示愤怒，对四川军阀的见利忘义、拥兵自重表示不满，多次于日记中做了"近见川军之状态与精神，益觉危险，决不能清除匪患，忧心忡忡不知所怀！""入川来，所见到处污秽残破，人民又愚昧而懒怠。呜呼！如此，何以立国于世界？忧甚！""川政不良，川事失望，令人忧虑矣！"[1]的记载，对四川当时的现状做了多次的批评。同时也针对四

---

[1]《蒋中正总统五记——困勉记》（上册），台湾2011年版，第451—452页。

川的政治、经济、军事、文化等做了多次指示,如3月4日在重庆指示"要改进政治,治理军事,发达经济,或建设其他各种事业"①;3月18日在《建设新四川之当前要务》中,又强调"禁绝鸦片,取消防区,实行征工与推行新运,实为建设新四川之当前四大要务"②;6月24日于成都的讲演中,再次"提出'诚''朴''拙''严'四字忠告各位,以为振拨人心,转移风气,行政治军,建川救国之基本要道"③。在7、8月份已基本控制四川和确定以四川为将来对日抗战根据地的思想后,蒋介石一改其入川之初衷"对川只督其开发公路,协助其整顿军警,而不干涉其政治,可乎?""对四川,决定不干预其民政"④,开始考虑如何进一步建设、开发与统治四川的问题。他于7月22日的日记中写道:"对四川,必待公路完成,方能进行建设。"8月1日,又在日记中记载:"对四川断然处置,须在公路完成之后。"8月2日,蒋介石又于日记中写下了"对四川,先立于指导与协助地位"。9月10日,蒋介石研究川局,决定"其要点应于人、地、时、力、势五者,分别研究之"。9月14日,研究川局之处理方针与最后办法……概括起来,就是要"改革四川的政治,整顿四川的军队,转移四川的风气,开发四川的交通,统一四川的币制"⑤,并希冀"四川各界同胞尤其是党、政、军、学各界领袖,格外要认识自己所负的责任,共同努力来完成我们革命的事业"⑥。

1935年10月,蒋介石离川返京,其长达半年之久的西南之行的三个目的——"督剿红军"、统一四川与西南于国民党中央、寻觅对日抗战

---

① 蒋介石:《四川应作复兴民族之根据地》(1935年3月4日在重庆出席四川党务办事处扩大纪念周训词),见《参谋团大事记》,国民政府军事委员会委员长行营1937年版,第890—891页。
② 蒋介石:《建设新四川之当前要务》(1935年3月18日在重庆出席参谋团扩大纪念周训词),见《参谋团大事记》,国民政府军事委员会委员长行营1937年版,第904页。
③ 《蒋委员长在川演词汇志》(1935年6月24日在成都第四次扩大纪念周训词),载《四川经济月刊》第4卷第1期。
④ 《蒋中正总统五记——困勉记》(上册),台湾2011年版,第442页。
⑤ 《告别四川同胞——蒋主席莅蓉时训词》(1946年4月27日),载《中央日报(重庆)》1946年5月1日。
⑥ 蒋介石:《四川应作复兴民族之根据地》(1935年3月4日在重庆出席四川党务办事处扩大纪念周训词),见《参谋团大事记》,国民政府军事委员会委员长行营1937年版,第888页。

的根据地，除"督剿红军"一项未能实现外，其他两项均已达到预期目的。四川及西南诸省之统一于国民党中央，使国民党中央对四川及西南诸省的控制与经营有了可能；而四川抗战基地的策定，则使国民党中央全力改造、建设四川及西南诸省成为必要。特别是在华北多事、日本帝国主义侵略中国势在必行的历史背景下，进一步加强对四川的控制与经营，使之真正成为中国抗击日本侵略的大后方，复兴民族的根据地，就显得更加迫切和意义非凡。为此，停在蒋介石还停留西南期间，他就开始谋划西南大后方的建设，1935年5月28日，蒋介石致电孔祥熙，内称：

> 日本在华北似有箭在弦上之势，最近必有举动，彼之目的在扰乱我经济之发展与妨碍我军事之成功。此时我方军事与政治重心全在四川，请兄对于四川经济有关之各种问题，从速解决，并早定川中金融之根本方策，不致发生根本之动摇。如能多解现银入川，以备万一更好。务请急办为盼。[1]

6月3日，蒋介石又致电在南京的国民政府交通部部长朱家骅、在南昌的航空委员会主任陈庆云，指示将"德国翁克斯飞机制造厂厂址决在重庆附近建筑，勿再变更为要"[2]。6月25日，蒋介石致电在南京的国民政府军政部兵工署署长俞大维，要求"凡各兵工厂尚未装成之机器，应暂停止，尽量设法改运于川黔两厂，并须秘密陆续运输，不露形迹。望速派妥员来川黔筹备整理"[3]。8月1日，蒋介石又指示国民政府行政院秘书长翁文灏，要求其将"四川重工业之建设程序与其负责筹备人员，从速由资源会指定派来"[4]。所有这些，应看作是蒋介石谋划西南大后方和四川抗战基地建设的开始。

---

[1] 秦孝仪主编：《中华民国重要史料初编——对日抗战时期》绪编（3），台湾"中国国民党党史委员会"1981年版，第335页。
[2] 秦孝仪主编：《中华民国重要史料初编——对日抗战时期》绪编（3），台湾"中国国民党党史委员会"1981年版，第336页。
[3] 秦孝仪主编：《中华民国重要史料初编——对日抗战时期》绪编（3），台湾"中国国民党党史委员会"1981年版，第338页。
[4] 秦孝仪主编：《中华民国重要史料初编——对日抗战时期》绪编（3），台湾"中国国民党党史委员会"1981年版，第339页。

在离开四川返回南京之前，蒋介石及国民党中央为加强对四川及西南诸省的控制，同时也为更有力地建设四川抗战基地和西南大后方，认为先前的国民政府军事委员会委员长行营参谋团，已不能适应西南诸省特别是四川新形势的需要，而必须将其扩充为一个级别更高、职权范围更大、更广的机构。在此背景下，国民党中央决定以原参谋团为基础，辅之以国民政府军事委员会委员长武昌行营的部分人员，成立国民政府军事委员会委员长重庆行营。此议最早起源于1935年9月，蒋介石"决定西北部署，又决定撤销武汉行营①，设立重庆行营"。10月3日，"国民政府特派顾祝同为军事委员会委员长重庆行营主任。并任命杨永泰为秘书长，贺国光为参谋长，定于十一月一日正式成立"②。11月1日，国民政府军事委员会委员长重庆行营正式在重庆原镇守使署成立，行营主任顾祝同等于是日晨由成都赶到重庆，开始正式办公。重庆行营的组成人员如下：主任顾祝同，参谋长贺国光，秘书长杨永泰；第一厅（主管军事）厅长贺国光兼、副厅长邹文华，第二厅（主管政治）厅长陈振先、副厅长文群，办公厅厅长韩德勤、副厅长卢旭；经理处处长熊仲韬、副处长佘念善，军法处处长陈恩普、副处长余钟秀，交通处处长周永年，运输处处长林湘、副处长邓星翼，政训处处长贺衷寒、副处长袁守谦，军械处处长徐培根、副处长李英豪，卫生处处长卢致德，财政监理处处长关吉玉，副处长刘航琛、周纲仁，公路监理处处长胡嘉诏，兵工建委会主办委员陈振先，禁烟总会常委程潜、文群、甘乃光，主任秘书李基鸿。其组织不仅较10月20日结束的国民政府军事委员会委员长武昌行营为大，而且同一天成立的西北"剿匪"总部所属陕、甘、宁、青诸省的军政，也在其指挥控制之下，所谓"四川、云南、贵州、陕西、甘肃、宁夏、青海各省军政，均受其指挥"③，诚不虚也。

重庆行营的主要职责是代表国民党中央，特别是国民政府军事委员

---

① 《蒋中正总统五记——困勉记》（上册），台湾2011年版，第468页。
② 周开庆编著：《民国川事纪要》（下），四川文献研究社1974年版，第603页。
③ 中华民国史事纪要编辑委员会编：《中华民国史事纪要（初稿）》（1935年11月至12月），台湾"中华民国史料研究中心"1984年版，第15—16页。

会委员长蒋介石发布命令，"督剿"红军，安抚川政，控制西南各省的政治、军事、经济、文化、教育、建设等一切事宜，将之纳入国民党中央的统治之下。重庆行营存在三年有余，直到1938年12月底国民政府军事委员会迁重庆后，才于1939年2月底结束。在此三年多的时间里，重庆行营的首要任务，就是执行蒋介石1935年10月离川前所确立的"改革四川的政治，整顿四川的军队，转移四川的风气，开发四川的交通，统一四川的币制"等五大目标。为达此目的，重庆行营成立后，秉承蒋介石的既定方针，在国民党中央的指导下，继续参谋团的未竟"事业"，全力以赴地进行着上述诸方面的工作，到其宣告结束时，也基本上达成了上述目的，特别是在四川抗战基地的建设与国民政府迁都重庆方面，做出了重大贡献。故时任重庆行营主任的张群，在重庆行营结束时对记者发表谈话称："重庆行营，成立三年有余，对于西南军事政治经济交通之进展，均有相当贡献，使今日之西南，成为抗战建国复兴之根据地。"[1]

---

[1] 周开庆编著：《民国川事纪要》（上），四川文献研究社1972年版，第65页。

改革川政，整顿蜀军

民国以来，四川政治一直处在军人的控制之下，所谓"军人干政"是也。在此期间，"川中各军独成风气，拥兵自雄，防区骈立，俨同割据，对中央则视法令如弁毛，对袍泽则干戈相寻如敌国，对地方则视人民如鱼肉，国省税收，悉被囊括，甚且一岁田赋多至十余征，百里之内，勒索关卡，多至数十重，人民憔悴呻吟于此军威暴力之下，根本无政治设施之可言，其紊乱苛扰之情况，为任何一省所未有"。[①]当时四川的军人，主要分为以刘湘为首的速成系，以邓锡侯、田颂尧、刘文辉为首的保定系和以李其相、罗泽洲为首的杂色系。各个军阀以其力量的大小与火并混战的结果，来划分"防区制"的范围，往往一县之内，为不同的两军所分防；即使是在同一军的防区之内，也被划分为若干区域，为所部的某师某旅之防区。在各个军阀控制的防区内，最高的军事长官也是最高的行政首长，他们有权任命其防区内的县长、局长和校长，所谓"防区以内，一切行政司法莫不操诸该区军事长官之手，各不相谋，纷乱至极，已往之省政府，固属徒拥虚名，号令等于具文，即各县政府，亦仅同军部之经理分处，随时为之收税派捐以应军需，至民政教育建设诸端，皆非所过问"[②]，的确为当时四川政治的真实写照。而

[①] 《军事委员会委员长行营政治工作报告》（1935年11月），见秦孝仪主编：《中华民国重要史料初编——对日抗战时期》绪编（3），台湾"中国国民党党史委员会"1981年版，第340页。

[②] 《军事委员会委员长行营政治工作报告》（1935年11月），见秦孝仪主编：《中华民国重要史料初编——对日抗战时期》绪编（3），台湾"中国国民党党史委员会"1981年版，第341页。

各路军阀为了巩固统治,扩大防区,更是连年混战,此争彼夺,循环不已。可以说,"防区"既是各路军阀赖以为生的基础,又是引发各路军阀不断混战的根源。所以要改革四川的政治,其首要任务就是要打破自民国以来盛行于川各路军阀拥兵自重的"防区制",建立统一的、能听命于国民党中央的省政府及听命于省政府的各级地方政府。

在此众多的军阀中,刘湘以重庆为根据地,不断发展壮大,并于1933年的"二刘之战"中打败刘文辉,获得了"四川王"的地位,曾任四川省政府主席兼保安司令、第七战区司令长官,同时与国民党中央取得联系并达成协议。1934年12月21日,国民政府明令改组四川省政府,免去刘文辉的四川省政府主席及所属各厅厅长职务,任命刘湘为四川省政府主席并重组省政府班子。在国民党中央的支持下,1935年2月10日,刘湘在重庆就任四川省

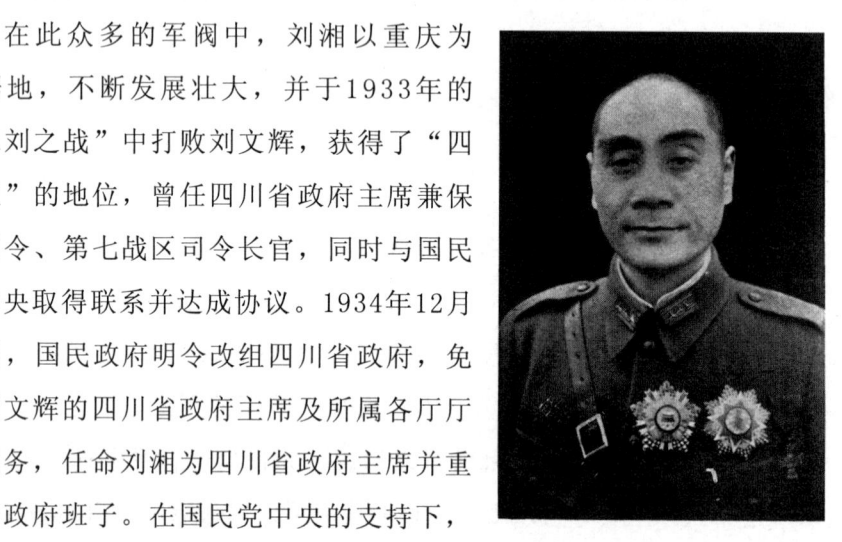

刘湘

政府主席,此举标志"以奉行中央法令为准绳"的新一届四川省政府成立。在就职仪式上,刘湘阐明了新一届省政府的施政方针:"于民政则整肃官箴,严惩贪污,心敕雷霆,转移仕途风气。于财政则节流制用,培养税源,务使经济自给,入超减少。于建设则改良土货,发展交通,务期因民所利,费减效宏。于教育则得归实用,勤习劳作,务期生产教育,合流同化。于军事则改良素质,精强贞固,务期冗滥汰除,日趋紧缩。"[①]并以建立统一、有力的省政府相勉。为了给自己撑腰,也为了给其他军阀做出榜样,刘湘于就任省政府主席职的同一天,还以国民革命军第21军军长的身份,训令所属成区各县县长,"将往昔代管之一切政务,完全归还四川省府",并要求"此后一切政治之设施,统由四

---

① 周开庆编著:《民国川事纪要》(下),四川文献研究社1974年版,第568页。

川省政府秉承中央之法令，切实执行"。①因为刘湘当时所占的区域最广，势力最大，所以刘湘一带头，其他四川军阀如邓锡侯、田颂尧、罗泽洲、杨森等，也不得不顺大势所趋，纷纷发表通电，表示愿意"将戍区民、财、政务奉还省府，并令饬成区各县县长，将所有民、财、教、建各政，一律秉承府令，切实执行"，同时立即撤销各自先前设立的政务委员会，"用明权限，而符统一"。②

对于四川军阀的此项举动，蒋介石给予了充分肯定与支持，他于1935年2月20日致电四川省政府主席刘湘及邓锡侯、田颂尧、杨森等人，对各路军阀愿意打破"防区制"，交还政权之举，表示"殊堪嘉慰"，同时希望四川省政府"与各军将领妥商接收各戍区办法，尅日移交具报，无稍瞻顾"③。2月27日，刘湘又致电川中各军，除严禁私制票币外，还决定自3月份起，各军军费一律改由四川善后督办公署统筹核发，各军不得再行就地派捐筹饷，各县县长、征收局长等，也均由省政府派员接充办理，各军不得再行把持委派。3月1日，四川善后督办公署正式核定各军军费，总计为467万元。④至此，流毒于四川二十余年的"防区制"，终于宣告结束，这为民国以来长时期混乱不堪的四川政治走上正轨，打下了一个良好的基础。蒋介石在1935年3月18日于重庆出席参谋团举行的总理扩大纪念周的讲演中，也将打破"防区制"视为"建设新四川之当前要务"之一，他说："吾人欲刷新川政，必首先取消最恶劣、最落伍之'防区制'，使全省事权统一于省府。……现在省府有命令，自本月起，全军饷糈，均由省府发给；全省赋税，一概由省府统一征收。各处军人，如果在三月一日以后，再擅自征敛各地方田赋，即为违抗政令、剥削民众之反革命！其违法征收之钱粮，自应由省府照数自其应领之军费中扣除。我党政军各界同志以及全省民众，更须创成一种绝大的舆论力量，加以制裁。庶几防区之恶制，从此可以彻底

---

① 周开庆编著：《民国川事纪要》（下），四川文献研究社1974年版，第569页。
② 周开庆编著：《民国川事纪要》（下），四川文献研究社1974年版，第570页。
③ 周开庆编著：《民国川事纪要》（下），四川文献研究社1974年版，第570页。
④ 周开庆编著：《民国川事纪要》（下），四川文献研究社1974年版，第572页。

取消，而川局前途，始有一线之光明。"①

随后，又鉴于四川土地广阔，人口众多，蒋介石指示参谋团主任贺国光，在四川推行先前于鄂、豫、皖等省实行的"行政督察专员制度"。经贺国光与刘湘的协商，决定将全川的148个县，加上3屯1局，共划为18个行政督察区。设区方案呈报蒋介石后，蒋介石批示道"（二）专员任用，由行营直接委派，（三）专员公署经费，准照闽省成例，于设立之始，每月每区由本行营补助二千元，按九折发给，以三个月为限，嗣后其经费之全部，应编入该省二十四年度预算，完全由省府开支"②，从而在人事上、经费上将行政督察专员的委派，控制在国民党中央手中。1935年5月2日，蒋介石核准发表了首批13名行政督察专员名单，到同年6月，18个行政督察专员全部配齐。在此18个行政督察专员中，有蒋介石从鄂、豫、皖等外省调任的专员6人（其中2人由参谋团现职官员调任），刘湘嫡系3人，余则由四川其他派系代表担任。由此一来，过去毫无头绪的四川政治，就形成了省政府—行政督察区专员公署—县政府—区署—保甲的金字塔格局，其政令也得以贯彻执行。与此同时，国民党中央还在四川推行保甲制度、整理地方保安团队、规定各县裁局改科、县地方分区设署、训练县政人员等措施，促使四川政治朝着国民党中央所希望的方向发展，并渐入正轨。

通过这些措施，国民党中央不仅打破了四川自民国以来盛行的"防区制"，而且实现了四川政令的统一。对此，重庆行营参谋长贺国光在1936年4月的一次谈话中，给予了积极的评价，他说："从前川省各军所驻之地，称为防区，防区以内，各自为政，省府号令不行。所以取消防区，统一省政，遂为行营参谋团入川后之第一项工作。此项工作完成，川省乃有统一的省府出现。一切政令，乃能推行无阻。"③

---

① 蒋介石：《建设新四川之当前要务》（1935年3月18日在重庆出席参谋团扩大纪念周训词），见《参谋团大事记》，国民政府军事委员会委员长行营1937年版，第902—903页。
② 《蒋委员长核准设立行政督察专员并指示各要点电》，载《四川省政府公报》1935年第4期，第45页。
③ 《在行营指导下川黔康三省庶政渐上轨道》，载《大公报（上海）》1936年4月16日。

第五章　策定四川　经营蜀地

民国以来，四川即处于各个军阀的控制之下，各个军阀为了保持实力、巩固统治，或为了扩充势力、称霸四川，不时发生混战。经过二十余年大大小小四百余次的混战，到1932年底"二刘之战"爆发前，四川各个军阀的基本情况是：第20军，军长杨森，拥有防区4县，军队10,000余人；第21军，军长刘湘，拥有防区30余县，军队70,000余人；第24军，军长刘文辉，拥有防区60余县（西康防地尚不在内），军队100,000余人；第28军，军长邓锡侯，拥有防区20余县，军队40,000余人；第29军，军长田颂尧，拥有防区20余县，军队50,000余人；川陕边防军，军长刘存厚，拥有防区4县，军队10,000余人；四川边防军，军长李其相、罗泽洲，拥有防区3县，军队10,000左右。①庞大的军队，不仅是各个军阀拥兵自重、拒绝中央政令入川的资本，也让四川的财政经济不堪重负，给整个四川的社会经济发展，以及广大人民的生产生活，带来巨大的负面影响。如当时四川全年的财政收入约6600万，支出则高达9000万，此中的行政费支出，仅1100余万，其余主要就是军费支出了。②这些军阀，深谙"有兵就有权，兵多则权大"的道理，或割据称雄，拥兵自重，亦敌亦友，时而误会翻脸，即以兵戎相见，一旦误会消失，则又把酒言欢；或纵横捭阖，翻云覆雨，钩心斗角，尔虞我诈；或贪得无厌，巧取豪夺，横征暴敛。天府之国的四川，也就因为军阀的长时期混战，呈现出"白骨露于野，千里无鸡鸣"的悲惨景象。

因此，整顿四川军队，既有关四川政局，又关联四川财政，还与广大人民的生产生活密切相关，更与国民党中央能否真正控制四川密切相连。也正因为整顿四川军队有着如此重大的作用与意义，所以无论参谋团时期，或是重庆行营时期，都将整顿四川军队作为自己的一项首要工作。而整顿川军，其主要目的就是通过整顿，实现川军的国家化，也就是将川军的指挥权控制在国民党中央手中。而要实现川军国家化，又必

---

① 参见黄渠：《川军剿匪之经过》，载《复兴月刊》1935年第3卷第6、7期合刊《四川专号》。

② 参见《四川裁军与整理金融》，载《国闻周报》1935年第12卷28期。

须对庞杂、众多的川中各军进行整编与裁减。

　　作为靠军队起家又靠军队维持、巩固统治的蒋介石，既深知军队的重要，当然也知晓不是自己控制的军队的危害。为此，蒋介石不仅将国民党中央军的指挥权牢牢控制在自己手中，而且通过种种手段，对各个地方军队不时进行整编，使之能实现"国家化"，从而便于自己的控制和使用。对于数量庞大、为害甚烈的川军，国民党中央对之进行整编，既势在必行，也十分必要，同时还会得到四川人民和社会各界的支持。为此，蒋介石于1935年6月5日在成都召集川军将领，做了题为《"剿匪"与整军之要道》的讲演，讲演首先说明了整理军队的重要，他说："现在我们剿不了土匪，并不是土匪怎样厉害，完全是因为我们自己的军队不健全。我们今后如不赶快想一个办法来整理军队，我敢断言：不仅土匪不能彻底剿灭，而且四川的政府以及地方上一切事业，都无从着手改良。建设新四川，将成为一句空口号，四川七千万人民的痛苦，必定无法挽救。"接着，蒋介石谈了他对整理四川军队的看法：

　　　　讲到整理四川的军队，第一件根本的事情，就是先要裁兵。我看以现在四川兵额之多，部队之杂，至少要裁在半数以下，然后才可以谈到整理。

　　蒋介石认为："兵不在多而在精。"这是古今中外无数事实可以证明的，因此他主张"我们今后整理军队，绝对应重质不重量，绝对不必求单位多，而应求每一单位的内容充实，力量足够"。在此次讲演中，蒋介石还将中央军与川军的待遇进行对比，既以此说明整军的重要，又以此瓦解、动摇川军的斗志和信心。他说："你们的军队，一切训练、精神、纪律且不讲，只就经济一项而论，现在因为兵多饷绌，一般士兵不仅月饷全无，而且有许多兵士求一饱而不可得。"而同他们一样的中央军，"每个士兵每月都可得到七块钱的饷，彼此相形见绌，试问大家有什么办法可以安你们一般的兵心"。最后，蒋介石表示，出现这样的情况，并不能怪国民党中央，"不能说中央对四川的军队歧视。因为四川的军队，当初既不是奉准中央的命令而编练的，也没有经过中央的点验核准"，但如果四川的军队"经过中央的点验和承认，当然每个月可以照中央军队一样的发饷"。因此，他希望四川军队的各级将领，能够首先觉悟起来，自动实行裁减，只有这样，问题"才可以得到解决"①。离川前夕，蒋介石在其1935年10月6日所做的《建设新四川的根本要道》的讲演中，再次谈到了裁军的重要，他说："军队的好坏，对于社会直接影响很大。""我觉得军队太多，不仅军队本身没有办法改良，一切政治，教育，以及整个社会，无论如何没有方法可以彻底整理或改善。""所以为充实与改良军队本身起见，固然要裁减军队；若再就多兵妨碍一切建设事业这一点论，尤非裁减不可；因为现在军队太多，无论城市乡间，到处都有军队，不仅军费军需，使地方财政困难，民众不堪负担，一切建设事业，无肆举办；而且因为军队多，设备不周，教育不良，风纪不振，直接间接连累到整个社会一切都不能安定和进步。"②

根据蒋介石的指示和国民党中央的固有部署，国民政府军事委员会委员长行营参谋团于1935年6月开始着手川军的整顿，初步计划是"核实名额，裁汰老弱"，同时对于"空额兵员、骈枝机关部队，亦酌裁并，以合定制"。预计经过此番整顿，可"平均缩减员额三分之一"③，即将原有的350个团减为200个团左右，并要求川军各部在7月15日前完成。从7月16日起，不管是否完成，一律照原军费减发三分之一，也就是说将原来每月所支出的军费420万元减为276万元；除此之外，还将四川善后督办公署直属各机关部队的各种费用，从每月78万余元减为52万余元。仅此一项，每年即可节省经费2000余万元。为了检验裁军的效果，8月10日，国民政府军事委员会委员长行营参谋团组织了9个点验委员会，每个组6—10人不等，分赴四川各地点验川军各部，并规定"十日到达，十五日左右开始点验。各部人枪，务求名实相符"，

---

① 周开庆编著：《民国川事纪要》（下），四川文献研究社1974年版，第588页。
② 《蒋委员长训话：建设新四川之根本要道》，载《政训半月刊》1935年第4、5合期。
③ 周开庆编著：《民国川事纪要》（下），四川文献研究社1974年版，第591页。

经过此次点验之后，今后每月即按照点额发饷，也以此作为今后整编川军的根据。此次整军，系川军的第一次大规模整编，由刘湘主持办理，整编后的军队番号改用全国整理陆军后的番号，军官由国民政府任免。

到10月20日，第一期整编基本完成，整编后的军队计有：陆军第20军，军长杨森，下辖3师15团；陆军第21军，军长唐式遵，下辖3师16团又12独立营；陆军第23军，军长潘文华，下辖2师14团又6独立营；陆军第24军，军长刘文辉，下辖3师15团又1直属旅、1特务大队；陆军第41军，军长孙震，下辖3师18团又1特务团；陆军第44军，军长王缵绪，下辖3师16团又11独立营；陆军第45军，军长邓锡侯，下辖5师24团；陆军第104师，师长李家钰，下辖10团以及四川善后督办公署直属部队，下辖3师又5旅1警备司令部。[①]此次整编，系川军历史上第一次接受中央政府的整编，其力度还是相当大的，仅编余的中下级军官，就多达6000余人（其中下级官佐约5000人，中级官佐约1000人），整编后的各军军费，亦较整编前的420万元大大减少。虽然如此，但此次整编仍有诸多不尽如人意之处，不仅整编后的川军内部矛盾重重，就是国民党中央，也因为此次整编没有达到其先前预期的减少川军三分之一或五分之二的目的，不甚满意。

1935年11月1日，国民政府军事委员会委员长重庆行营正式成立，其管理权限、面积，均较先前的参谋团增大，对四川及整个西南的统治，也较先前增强。在此基础上，重庆行营进一步加强了对川军的控制与整编。11月8日，重庆行营内设机构——经理委员会成立，熊仲韬、唐华兼任正副主任委员，专门办理驻川各军的军需、整理、建设、人事、教育等事，从而控制了川军的军费与人事。1936年1月31日，国民政府军事委员会令第20军杨森部直接归委员长重庆行营指挥，从而让第一支川军"中央化""国家化"。与此同时，国民党中央还采取授军衔的方式，既使川军各将领多年来奋斗所取得的诸多荣誉得到国民党中

---

① 周开庆编著：《民国川事纪要》（下），四川文献研究社1974年版，第604—605页。

央的承认，又将川军将领军衔的晋升授予权收归国民党中央。在此过程中，国民党中央采取分化政策，凡投靠国民党中央与蒋介石的将领，均得以加官晋爵，委以重任，而对于那些不甚听话的将领，则多方加以打压，以促其醒悟转变，为国民党中央所用。

四川军队的整编，既是国民党中央控制四川的重要一环，也是国民党中央得以控制四川的标志，故蒋介石称之为"此乃入川以来，重要之处理也"。他在1935年10月1日的日记中写道："九月最大之成绩，峨嵋军官团训练完毕，川中各军处置安定，四川地方钞币纠纷解决。是川省之军事与财政，同时统一矣。"[1]这种军事上的整编，不仅为1937年"川康军队"的再次大规模整编提供了经验，奠定了基础同时亦成为长期内战的川康军队实现国家化、抗战全面爆发后能大规模地开赴前线参加对日作战的前提条件，还为抗战全面爆发后国民政府顺利迁都重庆创造了条件。

---

[1] 《蒋中正总统五记——困勉记》（上册），台湾2011年版，第470页。

移蜀风，改蜀道

四川的盆地地形以及适宜的气候、丰富的物产，在铸就四川"天府之国"美誉和四川人"足智多谋，活泼灵动"等优点的同时，也给四川人留下了"安土重乡，浅浮而不实；缺乏殖民心或冒险性，无时间观念，无团结力；猜疑心强烈，守旧，喜听谣言"[①]等缺点。1935年随蒋介石入川的陈布雷，通过他与众多川人的接触，也得出了"觉川人之颖慧活泼实胜于他省，而沉着质朴之士殊不多觏。模仿性甚强，亦颇思向上；然多疑善变，凡事不能从根本致力，即军人官吏，亦均文胜于质，志大而气狭"[②]的结论。

面对四川社会的这种状况与四川人的这些特点，蒋介石十分重视四川社会风气的改良与转变，在四川期间，他除频频介绍、推行于南昌发起的新生活运动外，还多次提出改良风气的重要，他在1935年3月4日于重庆所作的《四川应作复兴民族之根据地》的讲演中指出："我们要改良社会，挽救国家，必先改良人民的风习，使人民具备现代国民之修养"。蒋介石认为：

> 建设事业，可以大别之为物质的和精神的两种。普通一般人只注重物质的建设，忽略了精神的建设，所以一般人民习于腐败颓唐，放僻邪侈的恶风气，人心陷溺日深，社会

[①] 叶育之编：《四川史地表解》，1941年版。
[②] 《陈布雷回忆录》，见章伯锋统编：《内忧外患中的蒋家王朝》，四川人民出版社1999年版，第73页。

国家一切事业，因此不能建设起来，所以革命经过了二十四年，还不能成功。今后我们要使革命完成，使国家民族能够复兴，第一步即须注重精神的建设。换言之，就是人民心理的建设。我们能够使社会上已往一切颓风恶习扫除净尽，将人民新的心理、新的风气建设起来，我们革命，才有坚稳健全的基础，国家民族，才有复兴的把握。①

在3月11日于重庆总理扩大纪念周上的讲话中，蒋介石又指出：

现在中国人一般之通病，与一切事业不能推进的原因，即在乎因循苟且，敷衍塞责，为善不力，行义不勇。欲矫此时弊，完成革命建国的大业，必须我党政军各界同志，本"见义勇为""实事求是"之精神，依"迅速"与"确实"两大原则来努力奋斗。②

在3月18日所做讲演中，蒋介石将其在南昌发起的新生活运动搬到四川，并视新生活运动的推行，为当前建设新四川的四大要务之一，称："凡社会国家之建设，首在国民精神之健全，又在乎体质之强健。欲求体质之强健，必须人民有卫生之常识，清洁之习惯，与公共之道德"③。在8月4日出席峨嵋军训团第一期开学典礼暨总理纪念周做《峨嵋军训团之意义及其使命》的讲演中，蒋介石称，创办峨嵋军官训练团的意义，就是"要将过去一切恶劣的思想、行动，腐败风气、习惯，一概铲除，从此脱胎换骨，做一个崭新的现代军人，来增进一切新的道德、学问，开展一切新的革命事业"！蒋介石要求所有受训军官，"从今天开学这一天起，完全彻底变过了一个人——从前是旧军人，从今天以后，要做新军人"！因为"旧军人就是自私自利、骄奢淫逸的军人，

---

① 蒋介石：《四川应作复兴民族之根据地》（1935年3月4日在重庆出席四川党务办事处扩大纪念周训词），见《参谋团大事记》，国民政府军事委员会委员长行营1937年版，第890—891页。

② 《蒋委员长在川演词汇志》（1935年3月11日于重庆总理扩大纪念周上的讲话），载《四川经济月刊》第3卷第2期。

③ 蒋介石：《建设新四川当前之四大要务》（1935年3月18日在重庆党政军学各界扩大纪念周演讲），载《中央周报》，1935年第355期。

互相争夺、祸国殃民的军人，就是对国家民族罪孽深重的军人"，而新军人则是"公而忘私、国而忘家的军人，真正能够保国卫民的军人，牺牲一切来为国家争人格，为民族争光荣的军人，就是真能挽救危亡、抵御外侮、复兴民族、完成革命的军人"。①

转移风气既然如此重要，那么又如何转移呢？蒋介石主要推行了他的新生活运动和"四维八德"。1935年3月12日，恰逢孙中山逝世十周年纪念，蒋介石于重庆各界举行的总理逝世十周年纪念大会上讲话，认为"三民主义"的基础，"就是我们中华民族五千年以来之固有道德，即总理所讲的'忠孝、仁爱、信义、和平'八德。我们要实现主义，完成革命，复兴民族，首先就要恢复这个八德。……所以从今以后，必须由我们各人自己做起，再使父教其子，兄勉其弟，师长训其生徒，上官诫其部属，共同一致恢复'忠孝、仁爱、信义、和平'八德。凡不忠不孝、不信不义者，即不齿于乡里，被弃于国人，不配做中华民国的国民，更不配做总理的信徒"。②1935年6月2日下午，蒋介石在成都邀集各界绅耆40余人举行谈话，再次提出了转移风气的重要和具体办法。他说：

> 盖今日四川之问题，非兵之不多，非饷之不足，而实为人心之陷溺，风气之颓败。此而不能振拔转移，则任何努力，终尠成效；一切事业，将无希望。反之，若人心振作，风气一新，则激荡鼓舞，必成莫可或御之势，而使人人有不期然亦不得不向善者，于是一切军事、政治、社会、经济各方面之问题，皆可迎刃而解。

在此次讲话中，蒋介石还提出了"拙、诚、公、劳、俭、严"六个目标来转移四川的风气，并对之一一进行了解释。

"拙，就物而言，四川得天独厚，实为最富，绝不可谓穷。就人而

---

① 秦孝仪主编：《中华民国重要史料初编——对日抗战时期》绪编（3），台湾"中国国民党党史委员会"1981年版，第155页。
② 《蒋委员长在川演词汇志》（1935年3月12日于重庆总理逝世10周年纪念会上的讲话），载《四川经济月刊》第3卷第2期。

言，中正以为川民之智，甲于全国。第以聪明过度，转致弊病丛生，演成今日有利则争相攘夺，惟恐落后；有难则争相规避，惟知取巧，欲讨便宜，而结果人人皆失败、皆吃亏之现状。聪明自误，良可浩叹。故今日欲振拔人心、转移风气，首当劝民以拙，天下真事业皆由诚实努力、艰苦奋斗而来，既不能取巧而成，亦决无便宜可讨。且天下事物变化万端，末世人心巧诈百出，吾人惟有以拙制巧，以实破虚，然后能有的成就。转移风气，救川救国之道，此其首要。

"诚，立身立国由来，以开诚心为第一要道。今日人心浮伪，相习于机械，变诈已极。川省历年纷乱，积弊尤深，钩心斗争，成为风气。自今以往，吾人应除此病根，力矫时弊，以道义为宗旨，以忠诚相号召。……我政府当局与社会领袖果能共矢忠诚，为民倡导，未有不能于最短期间，使人心振奋、风气一新者。

"公，自古惟能开诚心，布公道，公而忘私，国而忘家者，始可以成功立业，有为于天下国家。今日人心陷溺，在于自私。私心既存，诈伪乃作，而争夺以起，于是四维不张，祸乱无已。四川之往事，盖中此私心之毒深矣。今后吾人欲振拔人心、转移风气、拨乱反正、救省救国，必以大公无私为全省同胞劝。

"劳，凡欲移风易俗，贵能以身作则。而鼓舞群伦，尤在乎以身先之、劳之，忍人之所不能忍，为人之所不欲为。人或避免畏难，而借图苟安；我必履险任艰，以自苦为乐。必如此精勤刻苦，舍身为国，克己爱人，然后可以感人之心，使咸以畏难苟安为羞，攘利忘义为耻。而自觉自奋，随我而来，共进于善。

"俭，'国家之败，由于官邪'，匪盗之多，多由于贪邪所引起。故廉洁之政治，实为彻底剿匪之要件与一切建设之前提。至欲求政治之廉洁，贪污之绝迹，在政府必严申法纪、整饬官规，在社会则提倡俭约，以矫正奢侈之恶习，铲除放僻之心理，而养成节俭廉正之美德。

"严，四川历年纷乱，不治已久。今而后如何澄清吏治，整饬官规，除贪暴而惩刁顽，亟应以至公之心，行严明之政。政府当局与社会领袖,应共同以整饬纪纲、明罚守法为更始之首务,则弭乱于无形,除弊以兴利者大矣。"

在解释说明了上述"六字"对转移风气的重要性之后,蒋介石希望能以此"作为今后军事、政治与社会上之准则,共同努力,以作新机,……一致推进,庶几人心振作,风气转移,建设四川与复兴中国,胥有赖矣"。[①]

蒋介石所提倡的"转移四川的风气",经他自己1935、1936年在四川的多次宣讲、督导,也经国民政府军事委员会委员长重庆行营的贯彻执行,在某些方面得到了一定的改变,也取得了一定的成效,其中最为重要的成效,就是四川各界形成了"拥护中央,统一四川"的共识,这为抗战全面爆发前四川的统一与安定,抗战全面爆发后四川军队的迅速出川抗战,以及国民政府的顺利迁都重庆,都是有积极作用和意义的,故有论者指出,四川风气的转移,"是抗战发生以后四川能够负荷起抗日根据地的精神基础"。[②]

交通是国家的命脉,交通之于国家,犹如血管之如人体,通则行动自如,阻则麻木不灵,无论平时、战时,皆是如此。素有"蜀道难,难于上青天"的说法,这种状况到了20世纪30年代初期,仍未得到根本改变,1935年3月,蒋介石虽是乘飞机到的重庆,但也得出了"不到夔门、巫峡,不知川路之险也"[③]的感慨。直到1935年,四川的交通状况,才如吴鼎昌1935年6月18日在重庆对民生公司职员讲演时所说的那样:"四川现在的交通,飞机,可算通了。轮船,有民生公司,也很能与外省相通。内部的马路汽车,都有,不过只限于川内。很少有马路与旁的省份相通,这是以后值得努力改良的。再,四川在交通上唯一的缺

[①] 《欲弭祸乱必先正人心——在成都口辕邀集四川省会各绅耆讲话》,载《中央周报》1935年第366期。
[②] 周开庆:《四川与对日抗战》,台湾商务印书馆1971年版,第27页。
[③] 《蒋中正总统档案·事略稿本》(30)(1935年3月至4月),台湾2008年11月版,第20页。

第五章 策定四川 经营蜀地

陷,是没铁路,因此,经济上所感觉的妨碍很大。"①就是已有的省内公路,其建筑也相当简陋,桥梁隧道很不完备,往往二三百里的距离,费时四五天还不能到达,有的公路甚至等于废路。交通的落后,不仅阻碍了四川经济文化的发展,而且是造成四川军阀割据、政治紊乱的重要因素。

面对四川交通的这种落后状况,国民党中央认为:"开发交通,自为该省当前首要之图,治本办法,自以建筑铁路为上。然欲求短期成功,适应急切需要,计惟有赶速修筑公路。……乃决定一面将旧有公路,分别整理,加铺路面,修缮桥梁,俾臻完善外,一面并规定接通各邻省之新路线,分期修筑,并由行营设立公路监理处,负责指挥督促。"②对于四川的交通建设,如修筑四川的公路,蒋介石也十分重视,时常加以督促。他在入川之初,即十分关心四川的道路建设,在1935年3月2日所预定的11项计划中,即有3项与筑路有关,如"运开山机来川""川黔公路与奖金""电芸樵筑路经费";在3日、4日的注意事项中,又有"四川交通公路之规划""对川方针,只督其开发公路,协助其整顿军警,不干涉政治"的记载;5日的预定计划中,又有"督促修路"的记载。③

蒋介石之所以如此重视四川以及整个西南的交通建设,也是与他西南之行的三个目的密切相关的:首先,固然是为了其"追剿"中国工农红军时,运输、调配军队的方便与灵敏;其次,也是为了发展各地经济、控制西南诸省于国民党中央。当然,这当中也有为即将到来的抗日战争做准备的打算。所以当1934年10月江西中央红军因第五次反"围剿"失败、被迫长征之际,蒋介石即迫不及待地于1934年10月8日分电

---

① 吴鼎昌、翁文灏:《四川的经济与地质》(1935年6月18日),见《新世界》,1935年,第73期。
② 《军事委员会委员长行营政治工作报告》(1935年11月),见秦孝仪主编:《中华民国重要史料初编——对日抗战时期》绪编(3),台湾"中国国民党党史委员会"1981年版,第345—346页。
③ 《蒋中正总统档案·事略稿本》(30)(1935年3月至4月),台湾2008年版,第19、28、30、52页。

川、黔、鄂、陕、湘五省当局，限半年内完成川黔、川鄂、湘黔、鄂陕、川陕五省联合公路，同时由干线进而谋省与省之间的交通。在未到四川之前的1935年2月5日，蒋介石又致电在贵阳的薛岳，指示"贵州目前最重要工作，为赶筑黔川与黔湘两公路，对黔须筑至洪江或晃县，对川须至重庆或綦江。该两路应同时征工兴筑，由兄负责主持督促黔省府赶办，限本年九月以前完成。中央军之在黔境者，应亲自兴筑，竭力倡导，其桥梁涵洞等经费，准由中央发给，军队筑路赏金亦照江西例发给。希即预算呈报，并派定两路修筑负责专员，克日兴工"。①到了重庆后，蒋介石又于1935年3月29日致电南昌，"令迅速选调技术精良之工程师及技士多人，克日入川，规划川、黔、陕、鄂等线路政"。②6月16日，蒋介石又致电在上海的宋子文，在先前要求筹款修筑西安至汉中公路的基础上，指示宋子文"自汉中至宁羌一段公路，亦应同时并筑，务请设法与西汉路同时完成。又成都至宁羌段公路，弟已力促如期完成。如此路告成，则西北与西南交通即可打成一片，且可设法直通海口与滇越铁道矣"。在川黔路已建成通车的情况下，蒋介石又分别致电云南省主席龙云、贵州省主席吴忠信等，要求两省协力，迅速完成滇黔路的修筑。所有这些，均体现了蒋介石对修筑西南各省公路、开发交通的重视。这在当时，虽引起了部分四川人士的不满，被认为"修筑这些崇山峻岭的公路，无异建筑万里长城，不知要牺牲多少人力物力"。③但在国民党中央的统筹与支持下，国民政府军事委员会委员长行营参谋团及重庆行营"指定专款，设处负责，厉行督修"④，基本完成了这些公路的建设。而勤劳、智慧的四川人民，则用自己的双手和简单的工具，在不到两年的时间内，提前完成了四川通往外省的四条伟大、艰巨的公路工程，这主要有：

---

① 秦孝仪主编：《中华民国重要史料初编——对日抗战时期》绪编（3），台湾"中国国民党党史委员会"1981年版，第328—329页。
② 周开庆编著：《民国川事纪要》（下），台湾四川文献研究社1974年版，第577页。
③《告别四川同胞——蒋主席莅蓉时训词》（1946年4月27日），载1946年5月1日《中央日报（重庆）》。
④《在行营指导下川黔康三省庶政渐上轨道》，载《大公报（上海）》1936年4月16日。

川黔公路：连接四川省会成都与贵州省会贵阳的国道，全长979公里。其中由成都至重庆段（即成渝公路），长约450公里，于1924年开始建筑，至1932年建成通车。但原来工程基础太差，此次修筑，是在原有基础上加以整理。贵阳至松坎段，全长339公里，也于1926年开始建筑，到1935年时基本完成。而连接重庆与松坎段，则由重庆长江南岸之海棠溪起，经江津、綦江至贵州省的松坎，该路全长190公里，于1935年2月8日奉蒋介石之电令建筑，同月28日在重庆南岸的海棠溪举行开工典礼。最初本拟以兵工为主，民工为辅，但因国民党当局的兵员紧张，遂改为民工为主，兵工为辅。奉令之后，四川各相关县份即开始征募民工，至3月份即已征集齐全，巴县为25,000名，江津为25,000名，綦江为7000名。经过近四个月的艰辛劳作，在花费90余万元的经费之后，到6月初基本建成，并于6月15日举行正式的川黔公路通车典礼。[1]此路贯通后，由重庆起，南可经贵阳直达两广，东可经贵阳转湘赣直达南京、上海。抗战爆发后，东部沿海地区从陆路西迁重庆的人员、物资，大多循此路到达重庆。

川陕公路：由四川成都至陕西宝鸡，全长820公里。在四川境内者，自成都经新都、广汉、德阳、罗江、绵阳、梓潼、剑阁、昭化、广元，全长共413公里。其中成都至绵阳一段，开工于1927年，完成于1931年。此次修筑，也是在原有基础上加以整理。绵阳至广元，再与陕西公路衔接一段，长273公里，于1935年7月由四川公路局负责建筑，建筑经费则从四川善后公债中专门拨付120万元。四川公路局奉令后，在线路所经过及其附近各相关县份，募集民工15万人以上，于1935年9月16日正式开工。征集的民工夜以继日，肩挑背扛，于两个月内完成了该路的修筑，11月底正式竣工通车。其建路速度之快，开当时筑路之新纪元。到1937年5月，川陕公路全线通车，从而将西南西北连接在一起，对战时的兵源调动、物资运输，发挥了重大的作用。

---

[1] 周开庆编著：《民国川事纪要》（下），四川文献研究社1974年版，第590页。

川湘公路：该路系由四川重庆至湖南长沙，全长约1300公里。其在四川境内者，起点为川黔公路的綦江县，经南川、白马、彭水、黔江、酉阳、秀山，至川湘交界的茶洞镇，全长约698公里。1935年11月，綦江段首先开工，到1936年1月，始全面动工。因该路所经之地，大多为山地，故工程量巨大，经征集各相关县份民工数十万人，耗费500余万元之后，该路四川境内段于1936年10月完成，到1937年1月，川湘路全线通车。总计全路工程数量，土方约1000万公方，石方260万公方，桥梁208座，洞沟3469道，堡坎17万公方，渡船8处，工程经费预算559万元。①其工程之艰巨，由此可见。唯以时间过于仓促，致坡度、弯道、桥梁、涵洞及石基部分之路基，多未按规定完成，行车亦颇感危险。为此，重庆行营又呈准蒋介石，拨款予以彻底整理，使"鸟道变成康庄，悬岩易为平坦"，成为连接四川至华北地区的重要陆路干线，从四川成都到湖南长沙，乘车七日可达。此路在抗战中期宜昌等重要城市被日军占领、长江航运受阻后，于国防上发挥了巨大作用。

川滇公路：川滇公路分为川滇东路、川滇中路、川滇西路三线。其中川滇东路由成渝路上的隆昌南下，经泸县、叙永（即今宜宾），到贵州毕节，再转西南经威宁进入云南省，经宣威、霑益，接滇黔路而达昆明，全长975公里，因工程艰巨，直到1939年始告通车。川滇中路由四川成都起至云南昆明止，中经新津、彭山、眉山、夹江、乐山、犍为至宜宾，再由宜宾渡江到云南的盐津，在盐津转南，经大关、昭通、鲁甸、东川、寻甸、嵩明而达昆明，全线长约960公里。其中成都至乐山段（即成嘉线），长约160公里，于抗战爆发前即已建成通车；宜宾至昆明段，则于抗战时期建成通车。川滇西路系由四川乐山至西康西昌，经会理至云南之大姚、祥云，以接滇缅公路，全线长约1113公里。其中乐山至西昌一段为525公里，称为乐西路，于抗战中期的1941年建成通车；西昌至祥云一段为548公里，亦于同年建成通车。

---

① 《四川公路局为川湘公路举行通车典礼告民众书》，载《四川公路月刊》，1937年第13期。

四条公路的建设及成功，使"蜀道难，难于上青天"的四川，除先前发达的水道航运和部分航空线以外，也开始有了联系外省的国道，从而构成了水、陆、空三位一体的立体交通体系，这为国民党中央加强对西南诸省的控制和抗战爆发后沿海地区工厂、机构、人员的内迁，以及大后方兵员、物资为前线的补给，提供了可靠的保障；同时对改变四川以及西南各省的封闭状态，促进抗战大后方各省的人员与物资流通，发展各省经济文化，改变风俗习惯，均起到了积极、重要的作用。

统一币制，健全经济

任何国家，有统一的币制，始有稳定的经济发展，由此可见统一的币制对经济发展与社会稳定的重要，故我国古代第一个封建王朝——秦朝建立后，秦始皇所采取的巩固统治的措施之一，就是"统一币制"。四川夙称"天府之国"，土地肥沃，气候适宜，物产富饶，人民勤劳，财富本当充足，人民也宜富裕，但由于长时期的军阀混战，各路军阀为了维护自己的统治，并实现其称霸四川的野心，对人民征收高额的田赋和各种苛捐杂税，有的一年甚至三征四征，个别的甚至多达六征。[①]由此可见各个军阀之贪得无厌。在实在没有办法征到钱粮的条件下，各个军阀又各自建造铸币厂，私自铸造货币，作为其大肆敛财的工具。据1931年的统计，四川省内的造币厂不下40处，流通于市的各种钱币，则有70种以上。由此在四川出现了一个颇为有趣的现象，"就是把世界上数千年的货币变化，他都兼而有之。在川边，以货易货；在乡间，用硬币；在靠近大城市的都镇，用纸币；在文明最开化的重庆，就全仗信用了——即通俗所谓'过账银子'"[②]。有史料指出："川省币制之混杂，为世界各国闻所未闻；计现行川洋，重庆铸造者成都不通用，成都铸造者重庆不通用。辅币则有云南铸造之五角币，在市面上折扣通行；又有双毫银币，在川南数县流通。铜元则每枚当二百文，重庆以下通行者每枚值百文。至于纸币，

---

①② 张禹九演讲，曾庆奇笔记：《四川经济之危机》（1933年10月），载《新世界》1933年第34期。

第五章　策定四川　经营蜀地

则以信用不坚，流通之范围更狭，又有无息存单，形似礼券，间可使用于买卖，性质亦类似钞票。"[1]但各个军阀并不满足于此，又纷纷设立银行，大肆发行钞票，其准备金尚不足15%，而一旦战事失败，其所发钞票即形同废纸，从而使市场挤兑、银行钱庄倒闭的现象时有发生，其对社会之危害，既深且大。因此，统一四川币制，也成了国民党中央控制、经营四川的重要举措之一。

蒋介石抵达重庆之初，即十分重视对四川财政的整理。1935年3月3日，也即蒋介石抵达重庆的第二天，其预定的七件事情中第五件即为"川省财政"；其所注意的七件事情中第一件就是"四川财政与中央关系"[2]。3月7日，蒋介石又致电财政部部长孔祥熙，称："四川财政与金融方案，必须派得力而负责人员前来，俾乘中在川期间，得以解决一切。此时整理川中金融，应以统一币制与统制汇兑为唯一要件。财政犹在其次。对于整理川省金融与财政之公债，只要其币制与汇兑能照中央方案，则不妨由中央正式承认其发行。何如？"[3]5月28日，蒋介石又致电孔祥熙，请从速解决与四川经济相关的各项问题，电称："日本在华北似有箭在弦上之势，最近必有举动。彼之目的在扰乱我经济之发展与妨碍我军事之成功。此时我方军事与政治重心全在四川，请兄对于四川经济有关之各种问题，从速解决，并早定川中金融之根本方策，不致发生根本之动摇，如能多解现银入川，以备万一更好。务请其办为盼。"[4]6月2日，蒋介石再次致电孔祥熙，对整理四川财政事宜（发行四川善后公债7000万元）予以指示，并将之与"救川救国"联系在一起，要求孔祥熙高度重视，认真办理，切勿将此事"作普通事一律看待"。所有这些，均体现了蒋介石对整理四川财政的重视。在蒋介石的

---

[1] 张培均：《四川政权之系统及行政现状》，载《复兴月刊》1935年，第3卷第6、7期合刊《四川专号》。
[2] 《蒋中正总统档案·事略稿本》（30）（1935年3月至4月），台湾2008年版，第28页。
[3] 《蒋中正总统档案·事略稿本》（30）（1935年3月至4月），台湾2008年版，第64—65页。
[4] 秦孝仪主编：《中华民国重要史料初编——对日抗战时期》绪编（3），台湾"中国国民党党史委员会"1981年版，第335页。

主持与督促下，四川财政的整理与四川币制的统一工作，齐头并进、快马加鞭地进行。他的一些具体措施如下。

第一是成立整理机构。1935年7月13日，系四川省政府由重庆迁成都办公的第一天，为整理四川财政，四川省政府成立了以刘湘为主任委员，邵明叔、康心如、杨粲三、关吉玉、刘航琛等20余人为委员的财政整理委员会，并规定其主要职责为："（一）关于省税、县税之调查设计事项。（二）关于省税、县税之征收机关及征收方法之整理改善事项。（三）关于省库收支概算及其报销之审核事项。（四）关于省库、县库收支账目之公布事项。（五）关于省政府或财政主管机关交付讨论事项。（六）关于本会会员建议讨论事项。"[①]两天之后的7月15日，为整理四川财政及监理预算执行事宜，蒋介石电令成立军事委员会委员长行营驻川财政监理处，委派财政部四川财政特派员关吉玉兼任处长，四川省政府财政厅厅长刘航琛兼任副处长；同时指定中央银行重庆分行为"联合金库"，规定在行营驻川财政监理处存在期间，"所有四川省各项国税之就地留用部分及各项省税，统由各该管征收机关扫数解交中央渝行附设之联合金库，分别国地各款列收。每月应支国省各费，由本处仍照核定预算统筹支拨"，并"按月将收支款目，造册呈报本行营，并分报财政部查核"。[②]从以上两个相继成立的财政整理机构看，军事委员会委员长行营驻川财政监理处的权力，显然比四川省政府财政整理委员会大得多。以蒋介石为首的国民党中央，通过设立财政部四川特派员公署（1935年1月18日在重庆成立）、军事委员会委员长行营驻川财政监理处，将四川的各种国税、省税收入及财政预决算的支配大权牢牢控制在国民党中央手中，从而在经济上扼制了四川各路军阀及各级政府的命脉。

第二是在重庆、成都等重要城市设立中央银行分行，为统一四川币

---

① 周开庆编著：《民国川事纪要》（下），四川文献研究社1974年版，第593页。
② 中华民国史事纪要编辑委员会编：《中华民国史事纪要（初稿）》（1935年7至8月），台湾2008年版，第102页。

制提供资金上的支持。随着蒋介石入川及其整理四川财政、统一四川币制之迫切，国民党中央金融机构亦先后在四川各地设立分支机构。1935年3月5日，中央银行重庆分行正式成立；5月21日，中国农民银行重庆分行筹备处成立；6月1日，蒋介石致电财政部部长孔祥熙，令其速在成都、万县设立中央银行分行，并限6月底以前完成；8月16日，中央银行成都分行成立。随后，四川其他各重要城市也相继成立中央银行的分支机构。中央银行四川各分支机构的设立，让源源不断的中央资金进入四川，为整理四川财政、统一四川币制提供了经费上的保障。

第三是发行公债，清理旧债。军阀混战时期的四川财政，因未成立合法预算，各个军阀遂滥支无度，从而导致财政的大量积亏，为清欠积亏，又动辄发行地方公债，进而形成费用愈增、发行愈多的恶性循环。为支持整理四川财政与四川币制的统一，同时也解决军费、行政费，以及各种建设费不足的问题，1935年2月，四川省政府发行整理金融债券12,000万元，以7400余万元作为收换过去发行的所有旧有公债之用，余下的4600余万元，则拨为地方银行的准备金。无奈欠账太多，虽经此次整理，但债券的信用仍极薄弱，地方金融仍是周转不灵，四川的金融形势，仍是岌岌不可终日。为此，蒋介石乃商请国民党中央，以四川每月的盐税收入为基金，决定发行四川善后公债基金7000万元，其中的4000万元，以平均六折的标准，作为收回先前四川省政府发行且散于民间的旧有公债7400余万元。1935年6月30日，国民政府公布《四川善后公债条例》11条，规定该公债"定额为国币7000万元"，其主要用途为"督促四川剿匪，办理善后建设事业及整理债务"[①]，于1935年7月1日按票面十足发行。10天之后的7月12日，国民政府立法院又通过了财政部部长孔祥熙提出的由中央银行发行《民国二十四年整理四川金融库券》3000万元之提案，并由国民政府于7月26日正式公布《民国二十四年整理四川金融库券条例》，规定该库券"定额为国币3000万元"，其主要

---

① 中华民国史事纪要编辑委员会编：《中华民国史事纪要（初稿）》（1935年1至6月），台湾2008年11月版，第674页。

用途表面上为"整理四川金融，便利'剿匪'进行"[①]，但实际上则是"专充收回川省地钞之用"。统一四川币制的经费既然有了着落，接下来的便是具体的实施了。

第四是统一货币。在各方面的准备工作就绪之后，蒋介石以国民政府军事委员会委员长的身份，于1935年9月10日正式发布《整理四川币制，以中央钞票为本位，八折收回当地钞票》的布告，同时电令四川省政府、四川善后督办公署、各区行政督察专员公署等军政机关，以及四川各地中央银行一体遵照。布告首先说明了四川币制的混乱及其危害，称："四川地方银行钞票，自发行以来，汇兑掉换，价格时有涨落，骤高骤低，悬殊甚巨，市面金融，极形紊乱，工商百业，以及公私收付咸受影响，动滋纠纷。……设非酌定地钞固定之比价，将其全数立即收销，一律掉换中央本钞行使，则金融纷扰，不特社会永无安定之日，且恐全川财物价格及贸易进出，日在反复折合计算之中，元气将亏耗垂尽，实无法以善其后。"随后公布了收销地钞及收换杂币的办法，规定："（一）自九月十五日起，所有四川省内一切公私交易，均以代表国币之中央本钞为本位，地钞即停止行使。（二）凡持有地钞之军民人等，准以地钞十元，掉换中央本钞八元，无论额面大小，均照此推算。自九月二十日起，随时向中央银行重庆分行、成都分行、万县办事处、暨中央银行所委托之其他银行钱庄，分别就地掉换。限于十一月二十日掉换完毕，逾期不换者作废，所有以中央本钞换回之地钞，悉由中央渝行截角公开销毁。（三）在九月十五日以后，二十日以前，其持有地钞而尚未能换得中央本钞以为交收者，准以地钞十元，申合中央本钞八元计算。（四）在十一月二十日以前，各县僻远地方，国有各税之征收，凡持有地钞而未能换得中央本钞以为缴纳者，准以地钞十元申合中央本钞八元计算，由税收机关向第二条指定各处换为中央本钞再行解库。（五）依第三第四两条所定地钞申合中央本钞之计算标准，如有低价抑

[①] 中华民国史事纪要编辑委员会编：《中华民国史事纪要（初稿）》（1935年7至8月），台湾2008年11月版，第147页。

勒者，一经查明，概依军法从严惩办。（六）四川市面所有之银币，其成色重量，与银本位币条例规定相合者，得以一元兑换中央本钞一元行使；其余杂币，概照财政部所颁收兑杂色银料简则，各依其所含纯银实数，换给中央本钞。"①9月15日，收销地钞办法开始在四川各地实行。因四川地钞发行量本身不大（大约3000万元），又主要流通于重庆、成都等大城市，故在收销过程中，虽有波折，但总的说来还算顺利。1935年11月3日，国民政府实行法币政策，规定以中央、中国、交通三银行发行之钞票为法币。随后，四川各地又遵照国民党中央的规定，将手中的货币一律兑换成法币。至此，自民初以来困扰四川多年的币制混乱问题终于得以解决，并将四川币制纳入全国统一的币制之中。

上述国民党中央对四川的经营，早在蒋介石到重庆之初，即有这方面的谋划与打算②，并在日后的实践中逐渐明确细化。国民党中央对四川的这些经营，仍是与"追剿"中国工农红军、统一四川乃至西南，为即将到来的抗日战争寻找并建设最后根据地这三个目的分不开的。而四川的统一与纳入国民党中央控制之下，的确为抗战爆发后国民政府迁都重庆奠定了基础，创造了条件，其在国民政府西迁重庆的决策过程中，具有重要作用和影响。

---

① 中华民国史事纪要编辑委员会编：《中华民国史事纪要（初稿）》（1935年9至10月），台湾2008年11月版，第496—497页。
② 关于蒋介石此方面的记录，见《蒋中正总统档案·事略稿本》（30）（1935年3月至4月）的相关记载，台湾2008年版。

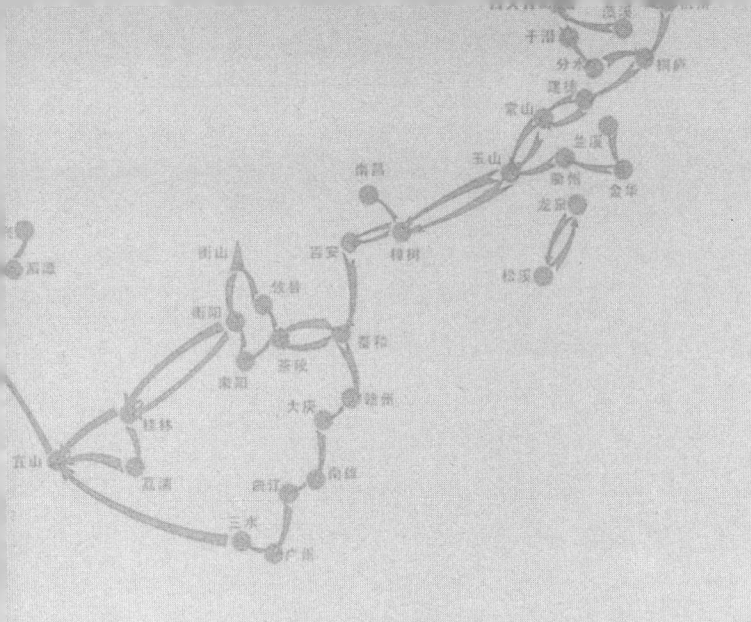

第六章
定都重庆始末

1937年，中国人民开始了反击日本帝国主义侵略的全面抗战。虽然八·一三事变的地点仍在与首都南京为邻的上海且其规模比1932年的淞沪会战更大、更残酷、更惨烈，但由于这是国民政府有计划地引敌南下战略的实现而非日军主动为之，所以国民政府并未像"一·二八"事变那样骤然宣布迁都，而是组织了数十万军队于上海与日军展开决战。但后迫于上海抗战的不利，首都南京危在旦夕，国民政府才按照先前预定的方略，于11月中旬决定迁都重庆。

"异地办公"的谋划

　　1932年5月,中日两国签订《淞沪停战协定》,上海的战事宣告结束,国民党中央也认为首都南京所遭受的暴力胁迫暂时得以解除,故已迁都洛阳的国民政府及所属各院部会纷纷迁返南京,至12月底基本迁返完竣。虽然如此,但俗话说得好"一朝遭蛇咬,十年怕井绳"。况且日本并未放弃其侵略中国的企图与野心,这条毒蛇只是暂时地蜷缩成一团,一旦有机可乘,即会再次吐出毒信子伤人,故当时即有报纸评价称:《淞沪停战协定》的签订,虽换取了表面、暂时的和平,"然事实上则日阀态度顽强如昨,全局形势,紧急依然"。[①]对此,执政的国民党中央,当然也是有所认识的。因此,国民政府从洛阳迁回南京后,对于首都南京在对外战争中的安全问题,一直有所考虑,对于迁都也是有所谋划的。如前所述,蒋介石于1934—1935年的西北、西南之行,就明显带有寻觅对日抗战根据地的意图。

　　随着华北局势的日益紧张,1936年,南京国民政府在制订有关总动员的计划时,就有于非常时期将政府迁往株洲的方案。[②]卢沟桥事变爆发后,随着战事的进一步升级和扩大,国民政府在开始做与日本长期周旋的打算和准备的同时,也开始将作为国家指挥中枢的中央政府及所属各部会的安全列于重要地位。从7月11日起,在重庆主持完"川康整军会议"后匆匆回到南京的国民政府军政部部长何应钦,就遵照蒋

[①] 《政府正式迁回南京》,载《大公报(天津)》1932年11月18日。
[②] 王世杰:《王世杰日记》第1册,台湾"近代史研究所"1990年版,第80页。

介石"准备全部动员,整个抗战之意旨,邀请在京各军事长官及参训军各主管负责人员,每日下午九时至十二时,举行会报。分别将一切军事准备,均由平时状态转移为战时状态,并详细研讨作战上之方针与策略"①的指示,于每天召集有关部门,举行专门的会报会,总共举行了33次,专门讨论卢沟桥事变后国民政府在军事上应对事变的方针、策略。会报除讨论卢沟桥事变后中国对日方略,详研中国军队对日作战方针并呈报蒋介石核定外,还多次涉及战事扩大后首都南京的安全与国民党中央政府的迁移问题。其最早的一次就在蒋介石发表著名"庐山谈话"的同一天(7月17日)。是日晚上9时,举行卢沟桥事变第七次会报,国民政府军事委员会办公厅副主任刘光在做情况汇报时,首先提出了"各部院会拟另觅小房屋,为机密办公处"的建议,并由会议决议"可照办"。②在7月19日举行的第九次会报中,主持会议的何应钦又指示与会者,要求各机关将"重要文件另易地保存"③。在7月27日的第十七次会报中,国民政府军事委员会军政部总务厅厅长项雄霄又转达了蒋介石关于南京国民政府"各院部会实施动员演习及准备迁地办公,限三日具报"的手令,以及国民政府行政院奉此命令后于7月27日召集所属各部会举行会议时所会商的结果,其中有关"迁地办公"一事,决定:"(一)第一步各机关办公地点疏开,即假定敌机轰炸或敌舰开炮时,各机关在城内或城外准备民房,秘密办公,并先登记负责人及电话号数等,以资连络。(二)万不得已时,则迁移他处办公(如衡阳),凡须永久保存之重要文件,先行迁地保管。至各机关之实行迁移,则须候命实施。"除此之外,此次会报还讨论了蒋介石关于"军政部所属之兵工厂仓库之疏散"的手令,并由何应钦指定:"(一)炸药危险物等,尽量搬迁疏散,机器暂不动。(二)速派员乘飞机赴重庆,接收火

---

① 《何应钦关于中央军事准备报告稿》(1937年8月7日于国防会议),见中国第二历史档案馆编:《抗日战争正面战场》(上),凤凰出版社2005年版,第336页。
② 《卢沟桥事件第七次会报》,见中国第二历史档案馆编:《抗日战争正面战场》(上),凤凰出版社2005年版,第246页。
③ 《卢沟桥事件第九次会报》,见中国第二历史档案馆编:《抗日战争正面战场》(上),凤凰出版社2005年版,第250页。

药厂，以便整理制造。（三）其他仓库及交通器材等之疏散，由总务厅督率速办。"①与此同时，国民政府军事委员会还对东部沿海地区各重要都市之居民、政府机关职员眷属，以及沿海地区工矿企业的迁移疏散问题，有所决定指示，要求在不使人民感到恐慌的条件下，可先将老弱妇孺迁往他处；政府机关职员之眷属，尤宜先期秘密离京，以保证政府职员安心工作。但并没有迁都他处的打算和准备，时任国民政府教育部部长的王世杰，在1937年7月31日的日记中，就有"去岁中央曾拟有总动员时政府机关迁往株洲之方案。今则战端甚迫，南京有立被敌空军大规模轰炸之可能，但尚未详计此事"。②

随着平、津等华北重要城市的相继沦陷及华东局势的日益紧张，国民党当局也越来越重视战争对首都南京的威胁、影响及应取的对策，并开始将先前作为权宜之计的"迁地办公"提高到一个新的战略性决策的高度——考虑战时政府所在地究竟应在何处为宜？在8月4日举行的卢沟桥事变第二十五次会报中，主持会议的军政部部长何应钦就明确谕示与会者，对战时政府所在地应加以特别慎重、周全地考虑，他为此专门指示"战时政府所在地，应加研究（是否以武汉为宜）"。同时对沿海地区特别是上海工厂的内迁事宜也有所指示："上海工厂迁移内地，是否以移武汉为宜，先加研究，再呈委座核示。"③8月6日，国民政府有关部门又有"大战爆发后，如首都遭受敌人空军之激烈袭击，则迁往衡阳衡山"④的考虑。

与此同时，国民党中央党部在卢沟桥事变后，为应对非常时期的工作起见，除决定由各常务委员及各部部长组织联合办公厅，随时会商、指导有关工作外，对其文书档案的保藏，也有移至安全地带的打算。1937年8月5日举行的国民党中央常务委员会议第四十九次会议，在"关

---

① 《卢沟桥事件第十七次会报》，见中国第二历史档案馆编：《抗日战争正面战场》（上），凤凰出版社2005年版，第264—265页。
② 王世杰：《王世杰日记》第1册，台湾"近代史研究所"1990年版，第80页。
③ 《卢沟桥事件第二十五次会报》，见中国第二历史档案馆编：《抗日战争正面战场》（上），凤凰出版社2005年版，第275页。
④ 王世杰：《王世杰日记》第1册，台湾"近代史研究所"1990年版，第84页。

于文卷册籍之保藏"上，就决定各部、处、会对于情况进行斟酌，妥善筹划安全办法或转移到安全地带。8月13日，日军侵略上海，淞沪会战爆发，首都南京受到直接威胁，且从当时的形势看，此次威胁远远大于1932年的"一·二八"事变，所以第二天（8月14日），国民政府发表自卫抗战声明，声明揭露了自1931年九一八事变以来日本帝国主义对中国的种种侵略，揭示了卢沟桥事变及上海八一三事变发生的原因及经过，表明了国民政府忍辱负重、委曲求全的心路历程，最后郑重声明：

> 中国之领土主权，已横受日本之侵略，《国联盟约》《九国公约》《非战公约》已为日本所破坏无余。此等条约，其最大目的，在维持正义与和平。中国以责任所在，自应尽其能力，以维护其领土主权，及维护上述各种条约之尊严。中国决不放弃领土之任何部分，遇有侵略，惟有实行天赋之自卫权以应之。①

至此，中日两国间的全面战争正式爆发。虽然如此，但国民党中央并没有仿效1932年上海"一·二八"事变爆发后立即决定、宣布迁都之先例，而是为了稳定人心与前方士气，由当时负责全国国防的最高决策机关——国防最高会议做出了首都不必迁移的决定。既然不准备迁都，但又要保证首都的安全与政府各部门正常地行使其职能，所以蒋介石采取了另一种权宜之计——"改时间办公"。他于8月16日电令行政院秘书长魏道明并令其转知各部会长官，以南京突袭频仍，"各机关办公时间，应改为夜间十时至十二时，或早晨二时至六时"。②

上述事实表明：在卢沟桥事变爆发以后，国民党中央特别是主持国防大计的国民政府军事委员会及国防最高会议，根据既定思想，在尚未明了日本侵华战争是局部还是全面，中国抗日作战在采用持久战还是歼灭战的情况下，在日本帝国主义之侵华战火尚未波及华东、威胁首都南

---

① 《国民政府自卫抗战声明书》（1937年8月14日），见张篷舟主编：《近五十年中国与日本》第2卷，四川人民出版社1985年版，第294页。
② 《蒋中正总统档案·事略稿本》（40补编）（1937年7月至12月），台湾2015年12月版，第338页。

京安全之际，虽对首都南京的安全问题有所考虑，并开始做迁地办公、以策安全的打算和准备，但此种打算和准备，在当时的条件下是暂时的和不彻底的，是国民政府当局为了应对非常事变而不得不采取的一种权宜之计，是与当时的战争尚局限于华北一隅而华东等地相对"平静"的战争大背景相联系的，也体现了国民党中央政府在"和"与"战"这一重大问题上的矛盾心理。这正如1937年8月14日国民政府在自卫抗战声明书中所表达的一样："中国政府于卢沟桥事件发生后，犹以诚意与日本协商，冀图事件之和平解决。"[①]蒋介石也于7月8日在日记中写道："倭寇在卢沟桥挑衅矣，彼将乘我准备未完之时，使我屈服乎？或故与宋哲元为难，使华北独立乎？……倭已挑战，决心应战，此其时乎！"[②]因此，国民政府在卢沟桥事变爆发后所做的有关"迁地办公"的打算，还不能和"一·二八"事变之后国民政府毅然宣布迁都洛阳办公的那种战略性决策相提并论。

上述事实同样表明：虽然蒋介石早在1935年确定四川为中国对日抗战最后根据地时，就意识到战时政府首脑机关要迁往内地；七七事变后又考虑到战争对首都的威胁，做了迁地办公及迁首都于安全地区的打算，但是，在战争爆发初期，国民党当局并未意识到战争的全面性、长期性和残酷性，因而在是否迁移首都方面，表现出来的是犹豫不决、举棋不定。而一下子要将首都远迁于数千里之外的西南内陆地区，更是当时政府未曾也不敢考虑的事。因为一个国家的首都，是全国的神经中枢和精神支柱，也是一个国家屹立于世的象征，它既需要绝对地安全，也需要相对地稳定。即使在迫不得已的情况下进行迁移，但何时迁移，迁移到什么地方，都是一件非同寻常、影响全局的大事，必须综合考虑各方面的因素并做出慎重的决定，于适当的时机宣布与实施。唯其如此，更显现出国民政府远迁重庆的非凡之举和意义重大。

---

① 《国民政府自卫抗战声明书》（1937年8月14日），见张篷舟主编：《近五十年中国与日本》第2卷，四川人民出版社1985年版，第292页。
② 中华民国史事纪要编辑委员会编：《中华民国史事纪要（初稿）》（1937年7至12月），台湾2008年版，第67页。

迁都重庆的决策与经过

从现有史料看，蒋介石无疑是抗战时期国民政府迁都重庆最为重要的谋划者与决策者，在当时国民党中央、国民政府的所有高官要员中，于此事件中发挥的作用与影响，未有其右者。那么，蒋介石在1937年8月14日国防最高会议做出"外侮虽告急迫，政府仍应在首都，不必迁移"的决定后，又是在什么时候开始有此方面的考虑呢？

淞沪会战爆发后，中日两国不断增兵上海，且除陆军、海军之外，空军也加入到战斗之中。空军的加入，使战争变成了没有前后方之分的立体战争。首都南京也开始受到日本飞机的轰炸，8月15日，多架日机2次轰炸南京，8月16日5次轰炸南京。此后，日机不分昼夜，多次轰炸南京，使首都南京民众的生命财产遭受巨大威胁和损失，工作、学习与生活秩序也受到极大影响，国民政府不得不将先前正常的白天办公改为夜间办公，并对房屋等建筑物进行伪装涂色，以防日机的轰炸。与此同时，前方战事也不断传来坏消息：8月27日，华北的张家口、房山被日军占领；在上海坚持抗战的中国军队，也开始丧失其先前的主动性和优势，逐渐陷于被动地位；8月28日，作为淞沪会战战略要地的罗店失守；9月1日，另一重要阵地——吴淞被日军攻陷。面对前方战场所处的不利形势，蒋介石表面虽仍坚持抗战，但内心对此不利形势也有着清晰的认识，他在8月28日的日记中写道："近日战局渐转劣势，人心动摇矣!……此次战事本无侥胜之理,冀能持久耳。"①在此历史背景下,蒋介石秉承国人在应对日本侵略时所倡导的"向内地发展"的理念,实施其1935年底确立的对付日本侵略、保全国土所必须依靠的"合理、切实、和谐、一致的政略与战略"——退却。在持久抗战与向内地退却的思想指导下,有关国民政府迁都重庆一事,开始在蒋介石脑海中盘旋、清晰并最终形成国民党中央的决定而付诸实施。

根据现在掌握的史料,蒋介石迁国民政府于重庆的想法,萌芽于1937年8月底上海战事转为被动之际。在罗店失陷后的第二天(8月29日),蒋介石就在日记中写道:"沪战不利须迁都,如迁都,则国府应迁重庆,大本营迁洛阳,行政院迁衡阳如何?"②这表明,蒋介石此时虽有迁都的打算,但并没有一个完整的计划和下定最后的决心,他将首都的功能一分为三:作为国家象征的国民政府远迁重庆,直接负国防军事之责的大本营(当时有设立军事大本营之议,但并未成立,这里的大本营系指负军事指挥之责的军事委员会)迁洛阳,负内政外交实际责任且与军事行动有关的行政院则迁衡阳。为支持自己的这一设想,蒋介石不断研究对日的政略、战略,称:"敌之战略,其弱点,乃以支战场为主战场,其战争全在消极,且立于被动地位;故我之战略,应尽其全力,贯注一点,使彼愈进愈穷,进退维谷,不难旷日持久,以达我持久抗战之目的。""我之政略,应在大处远处着想,在小处着手,使敌之弱点缺点,逐渐暴露,以促进各国之干涉。"③

到了9月下旬,随着前方战局的进一步紧张,特别是临近首都的上海局势的吃紧,以及日机对南京的频繁轰炸,使得首都南京所受的威胁更趋严重,部分大学开始做外迁的准备,个别的外国驻华大使馆也开始转移到军舰上办公,人心受此影响开始惶惶不安。9月25日,保定、沧州陷落;同一天,94架日机5次轰炸南京,使全城整天均处于警报之

---

① 《蒋中正总统档案·事略稿本》(40补编)(1937年7月至12月),台湾2015年12月版,第393页。
② 《蒋中正总统五记——困勉记》(下册),台湾2011年版,第574页。
③ 《蒋中正总统五记——困勉记》(下册),台湾2011年版,第575页。

中，工作无法进行，生活也因电厂水厂被炸而大受影响。蒋介石在当天的日记中写到："敌寇以为反复轰炸可以逼我迁都或屈服，其实惟有增强我抵抗之决心而已。"①从此可以看出：蒋介石虽知晓日机的频繁轰炸，有逼国民政府迁都或屈服的企图，但他既没有打算屈服，也还没有下迁都的决心。

随着战事的深入，情况越来越不利于中国，到了10月下旬，上海战事已出现失败的征兆，华北的形势也不乐观。如果上海失守，距离上海仅三百余公里的首都南京，就直接处于日军的威胁之下，且当时的日军也的确有占领上海后即进攻南京，以迫使国民政府投降，迅速灭亡中国的野心和企图。在此形势下，迁移政府与国都之举，也就势在必行且迫在眉睫。11月11日，长达三个月的淞沪会战，以中国军队的失败宣告结束，上海守军奉令撤退。上海一沦陷，与上海近在咫尺且又有长江水运、京沪铁路、公路相通的首都南京，立刻暴露在日军多兵种的威胁之下，南京的形势更加危险。11月12日，为孙中山先生的诞辰纪念日，国民党中央党部与国民政府的高级职员，于早上七时在国民党中央党部举行了一个简单的纪念仪式，蒋介石于出席仪式后，即前往国民政府主席林森处，会商有关国民政府迁都的问题。在此过程中，时任国防最高会议主席的汪精卫，曾将国防最高会议常会对时局的有关意见函告蒋介石，其中涉及迁都的问题有："（一）应否迁都？何时迁都？均请主席定之。（二）如需迁都，以武汉或广州为宜；四川偏僻，似不适用。（三）如需迁都，须两周前决定，以免临时慌乱。"②对于汪精卫的这个建议，蒋介石并没有接受。他与国民政府主席林森商量的结果，是将首都一次性地远迁数千里之外的四川重庆。到了11月13日，蒋介石得知嘉善等地告急的消息，沿长江各口亦有日军登陆的迹象，于是考虑曰："抗倭之最后地区与基本线，乃在粤汉、平汉两路以西；而抗倭之最大

---

① 《蒋中正总统档案·事略稿本》（40补编）（1937年7月至12月），台湾2015年版，第550页。

② 《蒋中正总统档案·事略稿本》（40补编）（1937年7月至12月），台湾2015年版，第747页。

困难，乃在最后五分钟；此时应决心迁都于重庆，以实施长期抵抗之计，且可不受敌军威胁，以打破敌人迫订城下之盟之妄念。"①至此，"迁都重庆之议"乃定。蒋介石也开始整理公文，并设法收回其先前存于浙江奉化老家的日记。②到了11月14日，蒋介石已开始处理部署有关迁都重庆的相关事宜，并草拟了其准备发表的迁都理由：一是为长期抵抗之计，二是免受敌威胁而订城下之盟。

虽然蒋介石此时已下定决心迁都重庆，但这种决定在当时属于高度的国家机密，只有蒋介石、林森等少数人知道，就连当时的行政院副院长孔祥熙、军政部部长何应钦等高官也不知道。因此才有了1937年11月13日上午，徐永昌往见孔祥熙，以战事紧张，劝孔祥熙应"早作迁都准备"时，孔不能发表任何意见；到了当天下午，国民政府军事委员会有关负责人何应钦、白崇禧、徐永昌等人会面商讨应对时局的办法时，也只是"议定将南京非作战机关一一向上流移走，以备长期抗战"③；时任教育部部长的王世杰，所得到也只是"军事方面人员颇有议及政府之迁移者"的讯息。

11月15日，此时已代行国民党中央政治委员会职权的国家最高决策机关——国防最高会议第三十一次常务委员会议讨论通过了《非常时期中央党政军机构调整及人员疏散办法》。办法除决定国民党中央、国民政府的有关调整办法外，还对首都各院部会的疏散，做了明文规定：

（一）五院院长、或副院长及其秘书长，与国民政府合署办公。

（二）五院所属各部会，按其性质，分左列四项办法：

甲、与国民政府有密切关系者，例如内政部、司法行政部、最高法院、铨叙部、审计部等，应在国民政府所在地。

乙、与国民政府及军事委员会均有密切关系者，例如外交部、财政部等，应分一部分在国民政府所在地，一部分在

---

① 《蒋中正总统五记——困勉记》（下册），台湾2011年版，第585页。
② 《蒋中正总统档案——事略稿本》（40补编）（1937年7月至12月），台湾2015年版，第750页。
③ 徐永昌：《徐永昌日记》第4册，台湾"近代史研究所"1991年版，第175页。

军事委员会所在地。

丙、与军事委员会有密切关系者，例如军政部，应在军事委员会所在地。

丁、其他各部会，可与国民政府及军事委员会不在同一地点办公者，得疏散在后方适宜地点。

（三）国府其他直属机关

除军事机关如参谋本部、训练总监部，仍隶属于军事委员会外，依照前条第二项甲乙丙丁四款办理。

会议最后决定国民党中央党政军的迁移原则是：

（一）中央党部及国民政府——重庆。

（二）军事委员会——由委员长临时指定。

（三）所有前第二条第二项丁款各机关，在粤汉路长沙以南或川黔各地。①

此次会议不仅将国民政府迁都重庆之议的知晓面从先前的蒋介石、林森两人扩大到立法院院长孙科、司法院院长居正、考试院院长戴传贤、监察院院长于右任、军政部部长何应钦、外交部部长王宠惠、财政部部长孔祥熙、国民党中央执行委员会经济委员会主任委员宋子文、国民党中央党部秘书长叶楚伧（以上均为国防最高会议常务委员），以及该会秘书长张群等10余人，而且成了国民党中央的集体决议，并走上法律程序。在国防最高会议做出"国民政府及中央党部迁重庆"决议后的第二天（11月16日）下午八时，范围更大、参会人员更多的国防最高会议第五次会议在南京国民政府铁道部举行，出席此次会议的有冯玉祥、覃振、邹鲁、吴敬恒、钮永建、魏道明、汪精卫、张群、蒋介石、叶楚伧、张厉生、邵力子、张继、于右任、张嘉璈、孙科、蒋作宾、王宠惠、孔祥熙、吴鼎昌、戴传贤、何应钦、陈绍宽、丁惟汾、王世杰、唐生智、林森、俞飞鹏、居正、徐永昌、李宗仁、白崇禧等32人，列席的

---

① 参见《非常时期中央党政军机构调整及人员疏散办法》，台湾馆藏档案：001-012070-0003。

有钱大钧、董显光、翁文灏3人，以及该会议秘书长张群，秘书主任曾仲鸣。

南京国民政府铁道部大楼，在其地下室做出了迁都重庆的决定

会议由蒋介石亲自主席，狄膺记录。会议首先一致推举四川省政府主席刘湘为该会委员，接着听取了国民政府外交部部长王宠惠关于最近一段时间外交工作的报告，内有《德使、英代办均来问国民政府办公地点迁移否？》的报告。蒋介石在听取了王宠惠的报告后，插话说："关于第三点，使馆随迁，交通上格外予以便利，待遇亦宜较好。"随后，国民政府军事委员会副参谋总长白崇禧报告了南北战场的战况及今后的对敌方略。随后，会议又分别听取了孔祥熙关于财政的报告及汪精卫关于《非常时期中央党政军机构调整人员疏散办法》的报告。接着，蒋介石以会议主席的身份，做了《国府迁渝与抗战前途》的讲话，他说：

> 国民政府迁移重庆办公，今晚敬将意义报告。上海兵退，山西太原被占，我处于失败形势，但此种失败形势，是早知道的，并非意外。我仍居主动地位，将来胜利亦居主动地位。自九一八以至长城战役，我常计虑如何与日本抵抗，使国家转危

为安,思之甚久,方案难定。自前年军队剿匪到了四川,我决定一抵抗日本之初步计划,盖有了四川作抗日后方,始作抗日准备。此番战争,自上海打起,我不想在上海、在南京、在武汉以南可与日本打仗。我力虽不如日本,但两年以来,大家共同一致之准备及同心一德之统一,把握比前加多,能再待一年、二年、三年,自然更好。敌人不容我待,故力虽不及,亦抵抗之。……国府迁渝以后,政府同仁、党部同志,大家努力革新,有新的气象、新的观感,不能认作南宋苟安局面,团结一致,持久抗战,转败为胜,转危为安,国家复兴之基础,于是焉立。

最后,国民政府主席林森致辞称:"我不愿离开南京,不愿先有举动,现既众意议决国民政府迁移是为战略关系且只可迁移一次,故本人今晚乘军舰上驶。"并表示"自战事开始以至于结束以前,所有党政一切均交给大元帅,一切取决于大元帅。故无甚不方便。迁移重庆办公宣言草就电知,当即下令"。此次会议讨论的唯一事项,就是国民政府移驻重庆办公事宜,最后决议:"现为长期抵抗日本侵略起见,中央党部、国民政府迁移至重庆办公"。[①]

国防最高会议关于迁都重庆的决定,密发到各相关的院会后,各院会遂遵照此决定,纷纷开会决定自己及所属的迁移办法,11月16日,国民党中央党部也根据国防最高会议常务委员会关于"中央党部、国民政府迁移重庆办公"的决议,召集了中国国民党中央执行委员会常务委员会第五十九次会议,会议决定:

(一)留电报科二人,庶务科三人在京。(二)自愿停薪留职者听,并发给生活费一个月。(三)西移者编定名单,以原数五分之一为度。(四)案卷单据等一律打包带走,其旧印刷品等焚毁之。(五)派出人员仍听现服务机关指挥服务。

[①] 参见《国防最高会议第五次会议纪录》(1937年11月16日),台湾"中国国民党党史馆"馆藏档案:00·9/1。

（六）统计处停止工作，财务委员会留二人在秘书处继续办理收款未了事项，其余人员发一个月生活费，停薪留职。（七）广播电台自行决定。（八）治疗室取消。（九）驻宣城办事处结束，该处案卷指定五人负保管运送责任，原属人员各还原属；抚恤委员会留五分之一，与保管案卷人员同行止，非保卷之秘书处人员停薪留职，发生活费一个月。①

同一天，国民政府行政院举行第三百三十八次会议，决议：

（一）应留必需办公人员，得到达预定地点后再行指定。（二）回籍或分往各省市工作者，一律照现支薪额，发给三个月薪俸，由十一月份起支（已停薪者不再发）。（三）各机关文卷，不能全搬，是否应酌留人员，或交地方机关，至必要时，得便宜处置。②

11月18日，国民党最高当局又决定："于林主席抵川或抵宜昌时，发表迁徙政府于重庆之文告。……政府机关最高人员须于文告公〔发〕表后，始得离京。"③11月19日，国防最高会议第三十二次常务委员会议议定并通过了《国民政府移驻重庆办公宣言》，并"先期请得国民政府主席俞允，于主席启节赴川行程中，择日发表"④。11月20日，由南京西迁重庆的国民政府主席林森一行抵达华中重镇武汉，国民党中央遂遵照先前的决议，于是日正

林森

① 《第五十九次会议》（1937年11月16日），见台湾"中国国民党秘书处"编印：《中国国民党第五届中央执行委员会常务委员会会议纪录汇编》（上），第177页。
② 参见《国立中央研究院为奉令迁移办公呈国民政府文》（1937年12月9日），台湾馆藏档案：001-077555-001133。
③ 王世杰：《王世杰日记》第1册，台湾"近代史研究所"1990年版，第142页。
④ 参见《国防最高会议为补送〈国民政府移驻重庆办公宣言〉致国民政府函》（1937年11月29日），台湾"中国国民党党史馆"馆藏档案：政治006/59。

式、公开地以国民政府主席林森的名义,向全国及全世界发表了《国民政府移驻重庆办公宣言》[①],宣言全文如下:

  自卢沟桥事变发生以来,平津沦陷,战事蔓延,国民政府鉴于暴日无止境之侵略,爰决定抗战自卫,全国民众,敌忾同仇,全体将士忠勇奋发,被侵各省均有极急剧之战斗,极壮烈之牺牲。而淞沪一隅,抗战亘于三月。各地将士,闻义赴难,朝命夕至,其在前线以血肉之躯,筑成壕堑,有死无退。暴日倾其海陆空军之力,连环攻击,阵地虽化灰烬,军心仍如金石,临阵之勇,死事之烈,实足昭示民族独立之精神,而奠定中华复兴之基础,迩者,暴日更肆贪黩,分兵西进,逼我首都,察其用意,无非欲挟其暴力要我为城下之盟。殊不知我国自决定抗战自卫之日,即已深知此为最后关头,为国家生命计,为民族人格计,为国际信义与世界和平计,皆已无屈服之余地,凡有血气无不具宁为玉碎,不为瓦全之决心。国民政府兹为适应战况,统筹全局,长期抗战起见,本日移驻重庆。此后将以最广大之规模,从事更持久之战斗,以中华人民之众,土地之广,人人本必死之决心,以其热血与土地凝结为一,任何暴力,不能使之分离,外得国际之同情,内有民众之团结,继续抵抗,必能达到维护国家民族生存独立之目的。特此宣告,惟共勉之。

       中华民国二十六年十一月二十日 主席 林森

  宣言发表的同一天,为了让全国各省市地方官员明了此宣言的重要意义,担负起继续抗战的责任,蒋介石又以国民政府行政院院长的身份,分别通电各省市政府及党部,称:

  国民政府为适应战略,统筹全局起见,业于本日率同中央各机关移驻重庆,并经发表宣言,昭示全国,谅已周悉。……所望我军政长官、各地党部、咸各策励部属,训勉

---

① 《国民政府移驻重庆办公宣言》,见中国第二历史档案馆编:《中华民国史档案资料汇编》第5辑第2编《政治》(一),江苏古籍出版社,1997年版,第28页。

民众，共喻国府宣言之意义，抱定破釜沉舟之决心，确立信念，再接再厉，建壕堑于亿万众血肉之上，树堡垒于全民族心志之中，遵有计划、有步骤之策略，作更坚决、更勇敢之奋斗，务达驱逐敌寇，巩固我国家民族生存独立之目的。①

第二天（11月21日），蒋介石又以国民政府军事委员会委员长的身份，通电全国各将领，对国民政府迁都重庆及其意义做了与20日通电各省市地方官员大同小异的说明与指示，通电称：

国民政府移驻重庆，我前方军事不但绝无牵动，必更坚决奋斗，就整个抗战大计言，实为进一步展开战略之起点。我前线将士自兹一心杀敌，更无顾虑，遵有计划、有步骤之策略，作更坚决、更勇敢之奋斗。中正必与我全体将士共安危，同生死，以尽我革命军人之天职，而策光荣之胜利。②

至此，蒋介石将其心中长时期谋划的对日抗战后迁都重庆的思想，由秘密转为公开，由个人意愿转为政府决策，并公之于众，让举国知晓，让世人明白，这是抗日战争史上的一个重大决定，无论对当时或后世，都产生了巨大的作用和影响。

南京与重庆，虽同处长江流域，但隔山隔水，距离遥远，加之当时内迁的机构、人员、物资众多，用于内迁的交通及交通工具又十分有限，加之受战事的纷扰，故国府迁徙的过程十分艰难。时任国民政府行政院参事的陈克文，于1937年11月15日的日记中所写的"交通工具已极缺乏，待迁移之人员及文件又多，一旦迁都之令发出，不知要纷乱到何种地步。以前准备迁湘，兹已改为重庆。蜀道难，如何前往邪？"③基本上反映了当时在首都南京需要内迁者的心态。大体上说，当时迁都重庆者，主要通过水、陆、空三条道路前往，其中，作为内迁运输主体

---

① 《蒋中正总统档案·事略稿本》（40补编）（1937年7月至12月），台湾2015年12版，第778—779页。
② 中华民国史事纪要编辑委员会编：《中华民国史事纪要（初稿）》（1937年7至12月），台湾2008年版，第672页。
③ 陈克文：《陈克文日记（1937—1952）》，陈方正编辑、校订，社会科学文献出版社2014年版，第134—135页。

的水路，从南京出发，以长江干流为主，乘船逆长江而上，经九江、武汉、沙市、宜昌、万县到达重庆；陆路则先由南京乘船到武汉，然后乘东经粤汉铁路或公路到长沙，再经桂林、贵阳到重庆；空中主要运输一些重要且有紧急事情需要处理的高级官员，其飞行路线为南京、武汉、宜昌、重庆。

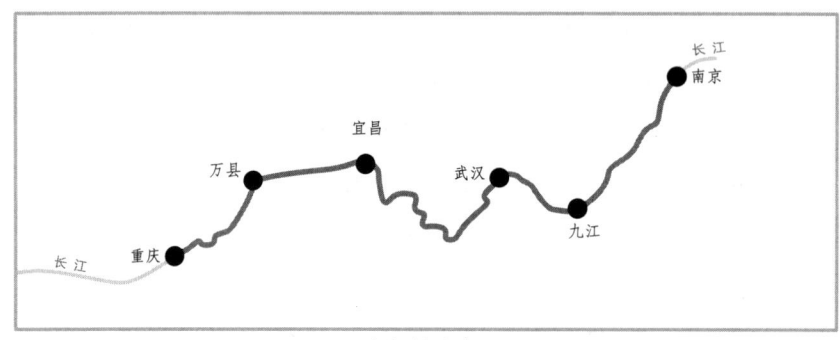

水路（长江）

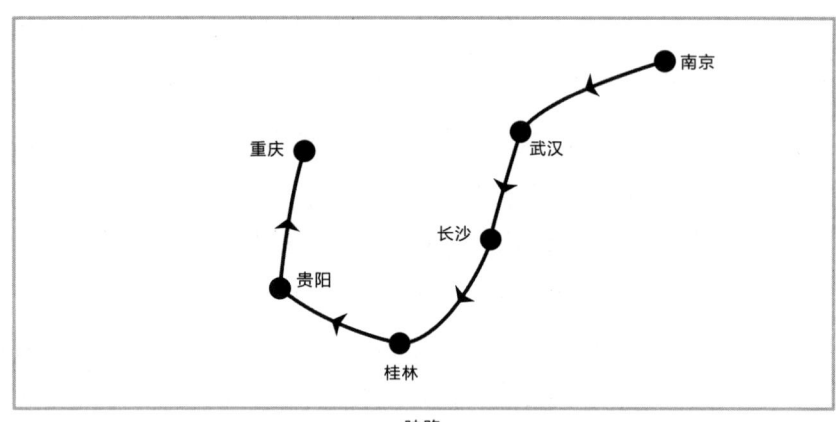

陆路

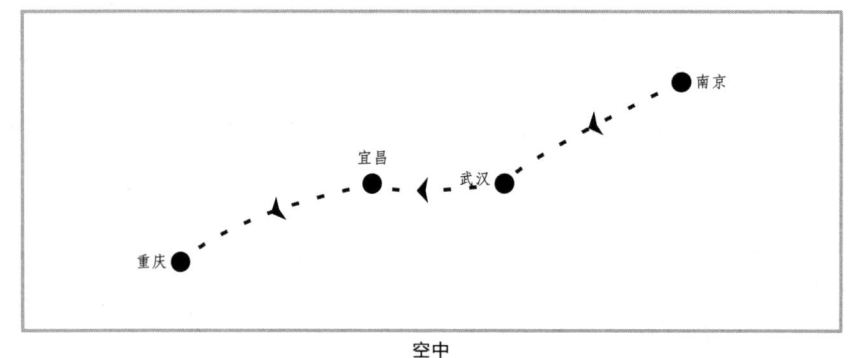

空中

国民政府迁都重庆路线图

11月，南京已进入初冬时节，寒冷的天气，本已使人不寒而栗；再加之自16日起即不停地下着小雨，迁都决议公布后南京大街小巷熙熙攘攘、壅塞于途的人员与物资，更让即将不再成为"首都"的南京，显得凄凉悲惨。正是在此凄风苦雨的环境与人心彷徨中，作为国家元首与国家象征的国民政府主席林森，率国民政府直属的文官、主计、参军三处的部分人员，遵从国防最高会议第五次会议的决议，于当天（16日）晚上秘密赶往停泊在下关码头的"永庆舰"夜宿，并于第二天早上从碛西而上，向远在数千里之外的长江上游的重庆驶去，从而揭开了抗战时期国民政府迁都重庆这一伟大壮举的历史序幕。当年随林森西迁的国民政府文官处书记官丁绍兰，在回忆这一往事时称：

> 国民政府本身的机构只有文官、参军、主计三处直属于主席领导。全府员工不下一千余人。筹迁工作中，限于财力、物力的拮据，交通运输的困难，不可能全部迁移，只能是既迁移又疏散。根据工作的需要，以既自愿又强迫的原则，除高级官员外，下级人员中认为不需要的，一律以"非必要人员"疏散，留职停薪，每人发一点疏散费。

关于乘坐"永庆舰"的情形，丁绍兰继续回忆道：

> 舱位本来就分等级，除主席林森居于专舱之外，其余员工以职位高低，依次乘坐不同的舱位，并允许携带家属，随身行李携带有限制，不得携带家具。装船工作整整进行了一天，自上午开始，先搬重要档案文件印信；然后人员陆续登船。船队由直属的侍卫队随船护航，军乐队随行。文官处铸印局还带走一部分印铸技工和必要的机件。部分医生还携带了医疗器材和药物。①

11月17日林森离开南京时，本来率领了一支庞大的队伍，共有国

---

① 苏智良等编著：《去大后方：中国抗战内迁实录》，上海人民出版社2005年版，第11—12页。

民政府高级官员及随员800余人。11月20日，林森一行抵达汉口，以日本侵略中国益急，为向全国军民及世界各国表明国民政府继续抗战的决心，遂依据国民党中央的既定方针，以国民政府主席的名义向中外各国公开发布了在中国抗日战争史上具有重要意义的《国民政府移驻重庆办公宣言》。随后，林森一行继续溯长江西上，抵达沙市后，又改乘"永绥"舰到宜昌，并计划到宜昌后，如果水位高，就乘原舰直驶重庆，否则就改乘民生公司的"民风"轮和"民贵"轮。21日到达宜昌后，一方面因时值长江冬季枯水季节，川江水浅，而"永绥"舰吃水过深不能上行；另一方面又因川江航道本身狭窄险峻，为了安全，林森一行不得不在宜昌逗留一天，等待换乘民生公司所属的"民风"轮。22日下午五时，林森率国民政府文官、主计、参军三处长官及部分高级职员吕超、王右瑜、林叔向、邓亚瑰、吴国权、李筱亭、段琪湘、陈天元等一行16人，改乘民生公司的"民风"轮，于23日晨六时半启程西上，其余人员和物资，则改乘民生公司的"民贵"轮随后跟进。两轮一前一后，昼行夜泊，向长江上游的重庆驶去。此时沿长江的四川各县，已接奉到四川省政府要求各地党政军最高长官"统率全体官吏军民，于林主席到达时，整队恭迎"的电令，都举行了不同形式的欢迎仪式。23日傍晚，林森一行抵达四川境内的巫山，巫山县县长等三人上船恭贺欢迎，林森派参军长吕超负责接待，叙谈片刻即去。24日晨，"民风"轮继续上驶，在经过奉节、云阳两县时，两县的党政负责人及市民、学生，均伫立江岸，整队恭迎，奏乐、鸣礼炮数十响，并高呼"林主席万岁"等口号，林森、吕超等也立于三楼的船尾，挥手答礼。

万县是长江上游仅次于重庆的重要港口，又是四川省第九行政督察专员公署所在地。因此，当第九行政督察专员公署接到四川省政府欢迎林森的电令后，不仅与县党部联合发文，通知当地的各机关法团，到时参加欢迎，而且还饬"全市商店居民悬挂国旗，张贴标语，在杨家街口及万安桥上,各赶扎彩色柏枝埠(牌)坊一座"[①],从而营造出"全县充满欢腾气象,十足表现民众对元首之崇敬"的氛围。24日正午稍过,四川省第九行政督察专员公署就接到奉节县政府的电话,告知林森一行的专轮已过奉节,正向上游驶来。此时万县党政军商各界代表均齐集码头等候,自行参加欢迎的学生与民众,也多达三万余人;全体军警更是一齐出动,沿街站岗警戒;第九行政督察专员公署专员程懋型、万县驻军司令刘光瑜等高级长官,则集中在万县码头的民生公司囤船上等候。24日午后四时四十五分,搭载国民政府移驻重庆首批人员的"民风"轮抵达万县杨家街口民生码头,一行人受到万县数万人民的热烈欢迎,当时的报纸记载其盛况称:

> 民风抵岸,礼炮21响,军乐齐鸣,欢迎民众,齐呼口号,程专员复登轮晋谒林主席致敬,请林主席登岸休息。主席以长途疲劳,辞未登陆,随即垂询政务甚详,训勉督率部属民众,在此民族存亡之际,努力生产建设,积极工作。主席为答谢沿岸民众热烈之欢迎,步出船沿,频频点首(头),岸上民众,全体鞠躬致敬礼,并高呼:"林主席万岁"。主席遂派吕超参军长登岸代表训词,对各界民众慰勉有加,晓以大义,共起救亡,尽我神圣天职。词意诚挚,听者无不动容。

随林森西迁的国民政府参军长吕超,代表林森接见记者,全面阐述了国民政府迁都重庆的意义和作用,吕超称:

> 此次国民政府移渝有重大意义,一为表示长期抗战政府已下最大决心。为建设四川、云南、贵州后方国防,我政府自与暴日抗战以来,时历数月,在海军方面、空军方面的数量,自然是不及敌人的多,我们所持者为陆军。以军火相较,当然赶不上日本,我们之所以必战者,为最后之胜利。……所以国府移渝,第二个意义就是建设川滇黔后方国

---

① 郑洪泉、常云平总主编,唐润明本册主编:《中国战时首都档案文献·战时政治》,西南师范大学出版社2016年版,第10页。

防。我国为了人道正义，为了世界和平，为了民族生存，深得国际同情。九国公约之召集，就是一个例子……现国府既已移川，国内各界自必向川投资，农村自可一天一天的繁荣起来。万县为四川门户，新闻界同人所负的使命重大，在过去是有很好的成绩，可不必说。今后希望硬干、实干、苦干的精神去领导民众，努力为社会服务。但新闻界同人本身必须检点自己，约束自己，事事要以身作则，否则自己的行动不足为人表率，又如何为民众喉舌去领导民众呢？希各位本此原则做去，今后的前途，一定是很光荣的云。[①]

当晚，林森一行宿万县船上。11月25日早上六时，林森一行所乘"民风"轮，于晨雾中离开万县，继续西上。离万县时，程懋型、刘光瑜以及各界代表、学生数千人，齐集杨家街码头送行，并专门派一排宪兵护送。25日晚六时，"民风"轮抵达离涪陵二十里之黄桷嘴过夜。11月26日晨六时，继续启碇西行，于早上八时抵达涪陵，船未靠岸，也未停留，继续西上。虽然如此，但涪陵县党政军首长及各界民众三万余人，仍到岸边欢迎欢送，其情形也是"热烈空前"。

11月，重庆已进入冬天雾季，当时媒体描写林森一行抵达重庆的情景是：

昨日气候阴沉，白雾迷天，一若象征当前之国难，而国旗飘扬，人心激奋，则又为数年来所未有。晨六时起，公共汽车驶进市内，车首均悬小国旗，缀彩花，由朝天门、小什字经都邮街、七星岗、两路口至大溪沟之各大冲要地带，均扎有松柏五彩牌坊及"欢迎国民政府林主席"之红字横幅白布标语。[②]

[①] 郑洪泉、常云平总主编，唐润明本册主编：《中国战时首都档案文献·战时政治》，西南师范大学出版社2016年版，第10页。

[②] 重庆市档案馆、重庆师范大学合编：《中国战时首都档案文献·迁都 定都 还都》，重庆出版社2014年版，第18页。

因事前已与运送林森一行的"民风"轮时有沟通，重庆方面已得知林森一行将于26日午后一时左右抵达重庆，故26日上午十一时，即由国民政府军事委员会委员长重庆行营总务处处长率领该处第一科科长庞秉训、川江船务管理处处长何北衡等乘汽划转乘"民选"轮赴离重庆数十里的长江下游唐家沱恭迎，并预为布置更换"民风"轮领江事宜。与此同时，负责警戒的重庆军警、宪各部队以及各大、中学校的军训学生队、童子军等，也先后齐集储奇门码头，"由河岸起，延亘至三牌坊一带，行伍整齐，精神奋发"。到了中午十二时，重庆市党政军学商各机关法团少校以上军阶的官员六七百人，也齐集江边，并在宪兵第三团团长袁家佩的指挥下，排队恭候。下午十四时，国民政府军事委员会委员长重庆行营代主任贺国光、川康绥靖公署及四川省政府特派代表王陵基（专门从成都赶来）、重庆市市长李宏锟、重庆行营总参议夏斗寅、驻重庆的国民革命军第161师师长许绍宗、国立中央大学校长罗家伦、四川省立重庆大学校长胡庶华、四川省立教育学院院长高显鉴以及重庆士绅朱叔痴、傅用平等先后乘车赶到储奇门码头，并立即登上停泊在码头、已生火待发的民生公司专轮——"民律"轮，然后向重庆下游缓缓驶去，前往迎接国民政府主席林森一行。

当林森一行所乘坐的"民风"轮驶入长江江北嘴时，重庆驻军按事前约定，鸣礼炮21响致敬，"民风"轮继续上行，于太平门羊角滩与

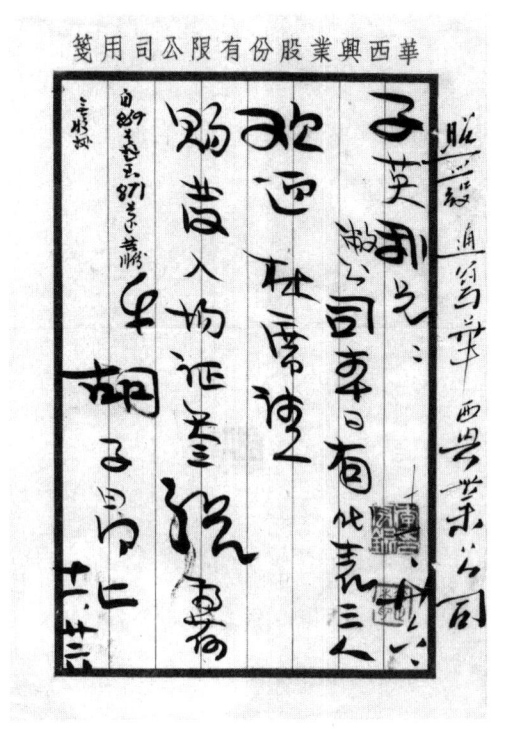

胡子昂致重庆市政府秘书长赵子英发给华西兴业公司欢迎林森的入场证

下行迎接的"民律"轮相遇,"民律"轮鸣笛3声,表示敬意,随即掉头,引领"民风"轮上驶,至人和码头(当时的邮政码头)时,两轮相靠,贺国光等随即登上"民风"轮,谒见林森主席并表达敬意,同时欢迎国民政府主席林森、国民政府参军长吕超一行16人换乘"民律"轮(因当时重庆为冬季,长江水位过浅,"民风"轮不能直接驶抵储奇门码头)。据随行的重庆《国民公报》记者报道,当时"民律"轮及国民政府主席林森登上"民律"轮后的情形是:"'民律'高悬万国旗,船身遍扎彩花,张贴恭迎林主席标语。于船舱中,估设茶座。林主席'登民律'轮后,逐一接见各代表。"①

　　下午三时十五分,随着长长的汽笛声,缀满彩花的"民律"轮,缓缓停泊在长江靠重庆市区的储奇门码头。在昂扬的军乐声中,全体欢迎人员,肃立致敬。国民政府主席林森,则缓步走出船舱,只见他"着青色呢斗篷及国礼服,持黄色手杖,美髯斑白,精神矍铄,态度和穆而严肃,目光前视,默然无语,忧国之情,溢于眉宇间,频频以右手举至胸前答礼"。上岸后,林森乘重庆行营为其特备的、贴有"国府"二字的专车——"4103号",在两辆警车的引导下入城,参军长吕超,则乘"4147号"随后,其余随林森首批抵达重庆的10余人(包括参军王右瑜、科长林叔向、秘书邓亚瑰、吴国权、李筱亭、书记官段琪湘、科员陈天元一等),则分乘汽车16辆殿后。车辆经过储奇门至新丰街、打铜街、小梁子、都邮街、售珠市,出通远门,沿途戒备森严,五步一岗,十步一哨,而立于街道两旁致敬欢迎的市民,则不下10万人。以至车行极为缓慢,直到下午五时十五分,林森所乘汽车才抵达离重庆市区五里之外的李子坝原四川省政府主席刘湘的私邸,随同林森到重庆的吕超、王右瑜、林叔向、邓亚瑰、吴国权、李筱亭、段琪湘等高级官员,则移驻四川饭店,其他一般随行人员则住新川饭店。

　　11月29日,国民政府文官长魏怀、主计长陈其采等,亦率其所属人

---

① 重庆市档案馆、重庆师范大学合编:《中国战时首都档集文献·迁都 定都 还都》,重庆出版社2014年版,第19页。

员，乘民生公司的"民贵"轮抵达重庆。至此，由国民政府主席林森率领作为抗战时期国民政府迁都重庆的首批人员，溯长江西上，顺利迁抵重庆，并在重庆这个西部内陆城市、中国的"战时首都"，开始了新的工作与生活。

与此同时，南京国民政府各机关及其所属职员，除其最高长官留南京主持工作外，其余也均于国民政府主席林森撤离南京后，开始陆续离开南京，或转赴武汉，或直接远奔重庆。为此，时任国民政府交通部部长兼后方勤务部部长的俞飞鹏要求船舶运输司令庄达，为国民政府迁都准备1条大船，为行政院及所属各部准备2条船，其他立法、司法、监察、考试等四院准备1条船，军委会准备2条船，航空委员会1条船，训练部机关1条船，此外，再预备四五条，其他兵工厂的搬运及运送弹药、汽油等，共须准备大小船只50条，并且都须装满燃煤。虽然有此安排，但无奈当时人多船少，要找到一只能直接西上重庆的船，是相当的困难。各院部会及其长官，也就八仙过海，各显神通，纷纷利用自己手中的权力和关系，向长江上游转移。

国民政府军事委员会副委员长冯玉祥，于11月20日上午九点许赴四方城蒋介石寓所，"我告以拟于明日午后离京。谈及大局情形，介石说前方败退，国都迁移，皆预料中之事，并无意外"。在蒋介石寓所，冯玉祥还见到了蒋介石与其秘书陈布雷"谈起稿为移地办公之事，又起稿为介石对地方官之言论，亦为此事耳"。[1]11月21日下午，冯玉祥偕张治中夫人及石友信等乘车离南京，转赴武汉，他在日记中写道："今日离开南京，何日再回南京呢。到了江边，人山人海；到了车站，人多如鲫，心中说不出的难过，说不出的气愤。想到这，怨谁呢！"[2]经过十天的辗转奔波，11月30日，冯玉祥一行抵达汉口。

11月20日晚上十一时半，国民政府军事委员会参谋总长兼军政部部长何应钦，偕新任内政部部长何键、湖南省政府主席张治中、贵州省政

---

[1] 中国第二历史档案馆编：《冯玉祥日记》第5册，江苏古籍出版社1992年版，第275页。
[2] 中国第二历史档案馆编：《冯玉祥日记》第5册，江苏古籍出版社1992年版，第278页。

抗战时期迁重庆的国民政府行政院办公大楼

府主席吴鼎昌,以及邵力子、熊式辉、周佛海等人,乘"长兴轮"离开南京,转赴武汉,于11月22日晚十时半抵达武汉。同一天晚上,国民政府立法院院长孙科一行亦抵达武汉。此时武汉的情况是"汉口各旅馆无不人满"[①],到汉口的周佛海一行,因没法找到住处,只得在船上勉强度过一夜。

11月23日,汪精卫偕曾仲鸣由南京抵武汉,并于23日上午就国民政府迁都重庆一事对记者发表谈话称:"主席首言国府移驻重庆事,谓吾人为求国家民族之生存,长期抗战,以为全国上下确立不移之一致信念。国民政府移驻重庆,主要意义有二:第一不受敌人威胁,第二期能发动全民最广大的抗战力量。此举绝非放弃首都,吾人对于首都之捍卫,誓必以最大的努力,作最持久之奋斗。即沪杭、京沪两路沿线,吾人亦必节节坚强抵抗,而予敌人以重大打击。现在林主席已启节赴渝,按照本党总章规定,中央党部必须设于国民政府所在地,故中央党部也决移驻重庆,中央其他

---

① 周佛海:《周佛海日记全编》,蔡德金编注,中国文联出版社2003年版,第96页。

机关因事实上必要,或在各适当地点设立办公处。"①

11月19日,国民政府教育部除部长王世杰及总务司司长、庶务科科长外,其余均搭轮船赴汉口,11月20日,王世杰也乘船离开南京,转赴武汉。后为了携带家属,遂于11月22日在九江下船,然后赴牯岭与家人团聚,复于11月25日携眷属下牯岭抵九江,26日在九江乘南浔路火车赴南昌,27日晨四时由南昌乘汽车赴长沙,于下午三时抵达。11月30日晚,又从长沙启程转赴武汉,于12月1日午后抵达武昌,从而结束了其漫长的西迁之行。②

国民党中央党部的职员,在淘汰五分之一以后,也于11月17日午后启程,并在下午六时乘船上驶。国民党中央监察委员会秘书长王子壮等,则于11月20日乘铨叙部差船——"江华轮"离开南京,溯长江而上,向重庆驶去。其船上的情形是:"此轮载人极多,甲板行道,无往而非行李及人,尤于晚间,遍地卧人,不得插足。"③11月22日晨五时,王子壮等抵达汉口招商码头,原拟将家眷安在武汉的王子壮,以形势险恶,武汉亦必将不保,遂改变先前的计划,决定"率家人共同赴渝,到川后再作较长之打算"④。11月23日,王子壮会同国民党中央执行委员会秘书长叶楚伧,率同国民党中央党部职员,于晚八时搭乘民生公司的"民来轮",因时值冬季水浅,不便夜行,遂于11月24日晨四时启碇西行,昼行夜停,经沙市、宜昌、万县,于11月30日下午抵达重庆,王子壮及家人住嘉利宾馆,叶楚伧等人则住四川饭店。同一天,国民党中央执行委员会委员吴稚晖、丁惟汾、钮永建等率中央党部职员40余人同船抵达重庆。

国民政府行政院,"为国家最高行政机关,大体上相当于各国内阁

---

① 载《国民公报(重庆)》1937年11月24日。
② 林美莉编辑校订:《王世杰日记》第1册,台湾"近代史研究所"1990年版,第144—146页。
③ 王子壮:《王子壮日记》第4册,台湾"近代史研究所"2001年版,第324页。
④ 王子壮:《王子壮日记》第4册,台湾"近代史研究所"2001年版,第326页。

制之责任内阁"①，负有实际的行政责任。国民政府迁都重庆的决议实施后，行政院即在南京举行临时会议，决定该院及所属各部、会、署等在国民政府所在地设部办公，并须于适宜地点设办事处，行政院会议则在院长驻在地召集。依此决议，11月20日，行政院所属各部、会、署长官纷纷乘船西上，留在南京的只有外交部部长王宠惠、铁道部部长张公权、交通部部长俞飞鹏等。11月30日，行政院又在武汉举行院务会议，决议："（一）依照上次会议决议原则，各部、会、署本机关，应限期于重庆开始办公。（二）各机关命令，应由重庆本机关颁发。（三）办事处由各机关视事实上之需要设置之。（四）院会开会地点，各机关须设办事处。"②此决议由行政院分饬所属各部、会、署遵照执行。奉令后，行政院所属各部、会、署，大多迁往重庆，个别与战事密切相关的部、会、署，则暂时迁武汉或在武汉设立办事处，也有个别部门如内政部等因交通困难、觅船不易暂迁湖南长沙。

12月1日，国民政府行政院通知各省市政府及西康建省委员会、威海卫管理公署等，要求他们转电所属，称："本院依照中央决议，兹经移渝办公。"③同一天，国民政府也宣布在重庆简陋的新址正式办公。12月6日上午九时，国民党中央党部、国民政府于上清寺范庄风雨操场举行移驻重庆后的第一次联合扩大纪念周，从中央到地方各机关首长、各学校校长，叶楚伧、邹鲁、丁惟汾、吴敬恒、钮永建、覃振、吕超、魏怀、陈其采、王子壮、闻亦有、罗家伦、谢冠生、贺国光、李宏锟、李根固、胡庶华等，以及迁渝的国民政府、中央党部职员500余人参加，国民政府主席林森并即席做报告，报告除简略说明当前的抗战形势外，并勉励内迁到重庆的各机关职员，"应尽心竭力，刻苦耐劳，加紧

---

① 《国民政府年鉴》之《中央之部》第1编《行政》，见行政院编纂：《国民政府年鉴》，1944年版。
② 《国民政府行政院秘书长魏道明为院会决议四点致国民政府文官长魏怀电》（1937年12月1日），台湾馆藏档案：001-077555-001072。
③ 《行政院通电移渝办公》，载《国民公报（重庆）》1937年12月2日。

抗战时期迁都重庆的国民政府办公大楼

工作，增进行政效率，来做前方将士的后盾"①，同时表示，只要坚持抗战到底，最后的胜利，就一定属于我国。十时，国民党中央党部也正式在重庆上清寺范庄举行迁渝后的首次执监联席会议，林森、吴敬恒、丁惟汾、邹鲁、叶楚伧等委员到会，会议由邹鲁主持，当即讨论决定："由中央执监委员会通告各级党部暨中央及各省各机关，本会本日在重庆开始办公"，②当天，国民党中央执监委员会联合致电国民政府及其所属五院以及各方，宣布："本会经决议迁移重庆，兹于本月六日在渝开始办公。特电达查照。"③

在国民政府、国民党中央执监委员会相继宣布移驻重庆并在重庆正式办公后，国民政府、国民党中央所属各机构，也纷纷西迁重庆，并相继择地办公：11月20日，国民党中央党部，国民政府行政院、立法院、

---

① 林森：《国府移驻重庆后的感想》（1937年12月6日在中央国府移渝后第一次联合扩大纪念周上的讲演），见林森：《打回南京去》，民团周刊社1938年版，第3—4页。
② 参见《中央执行、监察委员会常务委员联席会议》（1937年12月6日），台湾"中国国民党秘书处"编印：《中国国民党第五届中央执行委员会常务委员会会议纪录汇编》（上），第178页。
③ 《中国国民党中央执监委员会为移驻重庆办公致国民政府等电》（1937年12月6日），重庆市档案馆馆藏档案，全宗号0051，目录号1，卷号431。

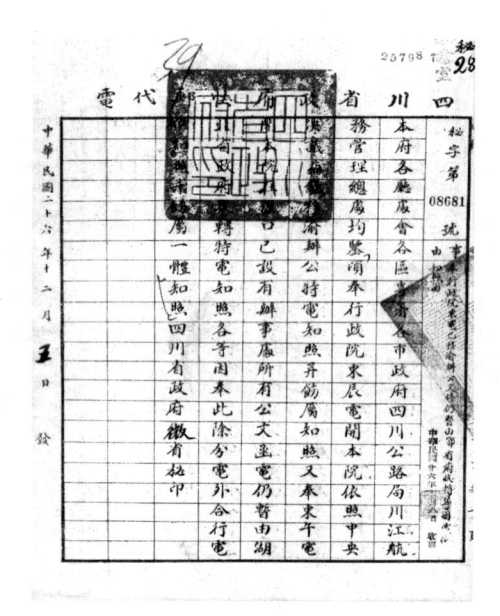

1937年12月5日，四川省政府关于行政院迁渝办公给所属各机关的快邮代电

司法院、监察院、考试院及司法行政部、教育部、实业部、内政部、铨叙部、审计部、最高法院、卫生署，以及国民政府所属各部专门委员会等机关奉令移驻重庆办公之一部分科长以上人员及随员等，分别搭乘民生、招商、三北等公司之轮船，陆续西上。12月4日，国民政府司法院副院长覃振、秘书长谢冠生，司法行政部部长洪陆东、次长谢健，国民党中央委员邹鲁，等，率国民政府各院部会高级职员200余人乘船抵达重庆；12月5日，司法行政部在四川高等法院第一分院与该院合署办公；12月6日，国民政府考试院及所属铨叙部职员30余人，以及考选委员会、国民政府监察院审计部职员数十人及其部分眷属，由铨叙部次长马旭楼率领乘船抵达重庆；12月11日，国民政府考试院院长戴季陶、蒙藏委员会委员长吴忠信，率所属秘书、科长及卫士等60余人，乘大车3辆、小车7辆，由贵州抵达重庆，其中，考试院择定重庆通远门外陶园为办公地址，蒙藏委员会借观音岩慈香阁为其办公地址；12月14日，国民政府赈济委员会委员长朱庆澜抵达重庆，赈济委员会职员20余人已先期到达，该会随即于柑子堡荆园办公；12月18日，国民政府立法院致

电重庆市政府,称"本院奉命迁渝,经择定观音岩义林医院内为办公处所"[①];12月中旬,中国国民党中央执行委员会侨务委员会迁渝职员,先后到达重庆,觅得公署路重庆市党政军警宪俱乐部三楼为办公地,并于12月21日迁入该地,开始办公;1938年1月,国民政府行政院及内政部、教育部的大部分职员,相继乘轮船西迁重庆,其中行政院选定上清寺上清花园为办公地址,内政部择定观音岩同淑里为该部在渝办公地址,教育部则拟将办公地址设于牛角沱西南美专。

[①] 参见《国民政府立法院为择定办公处所致重庆市政府代电》(1937年12月18日),重庆市档案馆馆藏档案,全宗号0053,目录号29,卷号251。

驻武汉各党政机关的再次迁移

到1937年年底，虽然国民党中央政府已正式宣告移驻重庆并开始相继在重庆办公，但这时迁到重庆来的只是国民党中央、国民政府中的一部分，那些国民党中央、国民政府、国民政府军事委员会中的重要职能部门如军政、外交、经济、财政、交通部等，因为与战事密切相关，都暂时迁到了湖北的武汉或湖南的长沙。国民党中央党政军的主要负责人蒋介石、汪精卫等，也于此前后齐集武汉。所以这时的武汉，实际上成了中国抗战的指挥中枢和领导中心。

武汉位居长江中游，西通巴蜀，东连宁沪，北控中原，南达湘鄂，历来被誉为"九省通衢"，是华中地区最为重要的城市，也是长江中游的最大港口。所以当1937年11月中下旬国民政府决定迁都重庆并付诸行动之际，武汉因其战略地位的重要及地理位置的适中，不仅成了国民政府及东部沿海地区工矿企业、学校、文化团体西迁重庆的中转站，而且还在国民政府决定迁都（1937年11月）至武汉沦陷（1938年10月）的近一年时间里，都是中国抗战的政治、军事和文化中心，吸引着世界各国的关注。

1937年11月中旬国民党中央做出迁都重庆的决策后，国民党党政军各中央机关，即积极组织所属机构、人员、物资及卷宗西迁，各国驻南京的使领馆和侨民，也开始做撤离南京的各种准备。当时媒体报道各街道颇为拥挤，车辆搬运物件，来往频繁，顿呈紧张状态，但一般市民并不惊惶。然而由于南京距重庆路途遥远，交通困难，运输工具有限，再加上时局紧张，所以一般的机关和人员，是根本不可能一下子撤到重庆的；而那些有权有势的重要机构和重要人员，又因与前方战事有着紧密关系，必须随国民政府军事大本营行动，为战争服务，又不允许一下子撤到重庆。由此一来，作为华中重镇、长江中游最大城市的武汉，既成了国民党最高军事当局在南京沦陷后组织军力、抵抗日军西进的重要堡垒，也成了抗战时期从首都南京及沿海其他各地内迁重庆的绝大部分机构、人员、物资的必经之地。他们以武汉为西迁重庆的中转站，或留此驻节办公，或在此做短暂停留，或经此继续西迁，一时间，武汉机关林立，政要云集，名流汇聚，以致一切公私建筑，均有人满为患之感。其中，除和战争直接相关的国民政府军事委员会及所属军政部、军令部、军训部、政治部、后方勤务部等军事机关均留在武汉外，一些和战争有着密切关系的党政部门如国民政府行政院及所属内政部、外交部、经济部、财政部、交通部等，也为适应战争的需要，暂时迁到了武汉。而那些已经迁到重庆并宣布在重庆办公的部门，为了工作方便计，还在武汉设立了办事处。这样一来，在相当长的一段时间里，国民党方面的重要人物如蒋介石、汪精卫、冯玉祥、孔祥熙、张群、于右任、何应钦、陈诚、李宗仁、白崇禧、徐永昌、王世杰、王宠惠、陈立夫、朱家骅、邵力子、何键、熊式辉等，共产党的重要人物如周恩来、秦邦宪、王明、项英、董必武、吴玉章、朱德、彭德怀、叶剑英等，各民主党派的代表人物如沈钧儒、邹韬奋、李公朴、王造时、黄炎培、左舜生、张申府等，均留在武汉或来往于武汉与其他各地，从事着对日抗战的各种工作，并开创了中国对日抗战史上最为辉煌、国共第二次合作期间关系最为融洽、中华民族对日抗战场面最为红火的时期——武汉抗战时期。这正如毛泽东主席在中国共产党第七次全国代表大会所说："从一九三七年七月七日卢沟桥事变到一九三八年十月武汉失守这一个时期内，国民党政府的对日作战是比较努力的。在这个时期内，日本侵略者的大举进攻和全国人民民族义愤的高涨，使得国民党政府政策的重点还放在反对日本侵略者身上,这样就比较顺利地形成了全国军民抗日战争的高涨,一时出现了生气蓬勃的新气象。"[1]

国民党临时全国代表大会国立武汉大学会场

　　武汉为华中重地,水陆交通便利,军事地位重要,自古以来就是兵家必争之地,特别是在1937年12月首都南京沦陷后,武汉地位的重要程度,对处于大战中的中日双方来说,都是不言而喻的。正因如此,国民政府军事委员会在南京失守后,即立即筹划以保卫武汉为中心的军事作战计划。在1937年12月至1938年9月间,先后制定了《军事委员会第三期作战计划》《对武汉附近作战之意见》《武汉会战第九战区作战计划》《第五战区作战命令》《武汉卫戍部队作战计划》《武汉会战作战计划》《武汉会战目的方针与策略指导》《武汉会战作战方针及指导要领》等[2],对武汉会战的作战方针、指导要领、兵团部署、作战环境、交通通讯、补给卫生等,以及敌情判断,均做了详细的规划与充分的准备,计划在武汉外围与日军作战四个月,以求最大限度地消耗日军的有

---

[1] 毛泽东:《论联合政府》,见《毛泽东选集》第3卷,人民出版社1966年版,第938页。
[2] 中国第二历史档案馆编:《抗日战争正面战场》(上),凤凰出版社2005年版,第711—725页。

生力量。为达此目的，中国方面曾先后调集约130个师，飞机200余架，舰艇及布雷小轮30余艘，共100余万人，分别由李宗仁的第五战区、陈诚的第九战区负责武汉的防务。

与国民政府积极准备保卫武汉的同时，日本帝国主义自1938年5月19日占领徐州后，也开始将进攻武汉提上议事日程。1938年6月，作为近卫内阁智囊团的昭和研究会所属中国问题研究所，经过约一个月的研究，提出了一份《关于处理中国事变的根本办法》的报告。报告首先指出："虽然在徐州会战中我军得到大胜，但是残败的国民政府现在还在叫喊坚决抗日，毫无投降之意。从事变以来的经过、中国国内的政治经济情况和列强对国民政府支援的实际情况看来，事变的长期化，已经不可避免。而且世界上的国际形势，特别是东亚的国际形势，越来越险恶，我国的国民负担越来越加重。参照这些事实，彻底解决中国事变实为我国一切大陆政策的先决问题。"为了达此目的，对于尚在坚持抗日、毫无投降之意的国民政府，"必须以击溃为根本方针，明确除此以外别无有效的解决办法"。同时，"使我国（指日本——作者注）国民认识事态的严重性，举国一致，以坚定不移的决心，为完成所期待的目标而向前迈进"。因此，报告建议："为了彻底打击国民政府，使它在名义上、实质上都沦为一个地方政权，必须攻下汉口、广东［州］以及其他敌人的抗战中枢。"报告提出了日本必须攻占汉口的原因，主要有以下几点：首先，中国"目前虽然已丧失了华北、华中的重要各省，然而只要国民政府还盘踞在汉口，汉口就是主要以西北各省为其势力范围的共产军和主要控制着西南各省的国民党军之间的接合点，和两党合作的楔子。……所以，首先为了摧毁抗日战争的最大因素——国共合作势力，攻下汉口是绝对必要的。因为占领了汉口，才能切断国共统治地区的联系，并可能产生两党的分裂。"其次，"攻下汉口，对新政府（伪政府——作者注）来说，可以创造这样的可能性：把汉口以下的长江下游流域归入统治圈内。这样，才可以谋求经济的独立，以及实现华中战区的复兴。相反的，对于国民政府来说，就意味着丧失了湖南湖北的粮仓地带和中国内地唯一的大经济中心，不但会造成该政府经济自给的困难，并且会减弱现在唯一的大量武器的输入通道——粤汉路的军事、经济价值"。再次，"从军事上来看，……现在陇海铁路一带的进攻战，很有可能继续向大别山山脉一带的进攻战发展。然而，这一带是防卫汉口的第一线，因此，这方面的攻击，其结果也必然导致对汉口的进攻战"。[①]日本内阁与军部采纳了这些意见与建议，决定"在今秋迅速攻占汉口，把蒋政权逐出中原"[②]。遵此原则，1938年6月18日，日本大本营下达了实施汉口作战准备的第119号命令，规定："（一）大本营企图于秋初攻占汉口。（二）华中派遣军司令官应于长江及淮河正面逐步向前方占据前进阵地，准备以后之作战。（三）华北方面军司令官应继续执行关于确保占据区域安定之现行任务，尤须尽力扫荡该地区内之残敌。"[③]

1938年8月22日，日本大本营正式下达攻占汉口附近的188号命令，要求："（一）华中派遣军应与海军协同进攻并占据汉口附近要地。在此期间，务须尽力大量击破敌军。（二）华北方面军应策应华中派遣军之作战，尽力牵制敌军。"[④]遵此命令，日军于1938年8月下旬，开始分别由集结地向武汉进攻，西进的日军于9月16日攻占商城，18日攻潢川，21日攻占罗山，10月12日攻占信阳；南下的日军则于9月24日攻占富池口，29日攻占田家镇，10月4日攻占半壁山，19日攻占大冶。中国军队则依既定方针，依托武汉外围的山地、河流，层层抵抗，且战且退。到10月中旬，长江南北的日军，开始逼近武汉，国民政府军事委员会以武汉作战的目的已达，也开始部署武汉的撤退

---

① 昭和研究会中国问题研究所：《关于处理中国事变的根本办法》（1938年6月），见复旦大学历史系日本史组编译：《日本帝国主义对外侵略史料选编（1931—1945）》，上海人民出版社1983年版，第262—266页。
② 日本防卫厅战史室编纂：《日本军国主义侵华资料长编》（上），天津市政协编译委员会译校，四川人民出版社1987年版，第439页。
③ 日本防卫厅战史室编纂：《日本军国主义侵华资料长编》（上），天津市政协编译委员会译校，四川人民出版社1987年版，第441—442页。
④ 日本防卫厅战史室编纂：《日本军国主义侵华资料长编》（上），天津市政协编译委员会译校，四川人民出版社1987年版，第450页。

事宜。10月21日广州沦陷后，武汉已失去坚守的意义，用蒋介石的话说，就是"我守卫武汉之任务已毕，目的已达"[①]，国民政府军事委员会遂决定尽快结束武汉会战。10月24日，中国军队开始全线总撤退，25—27日，日军相继占领武汉三镇。至此，抗战爆发以来中日双方耗时最长——四个半月，作战范围最广——纵横湘、鄂、皖、赣四省，投入兵力最多——达150余万的武汉会战宣告结束。它不仅粉碎了日本帝国主义妄图以武力迫使国民政府屈服的战略目的，极大地鼓舞了前方将士和全国人民的抗日决心和信心，大大地阻挡了日军的进军，为东部沿海地区机关学校、工矿企业、人员物资的内迁赢得了宝贵时间，而且还极大地消耗了日军的有生力量。自此之后，日军再也无力继续发动大规模的战略进攻，中国人民的抗日战争，也以此为标志，进入到一个新的阶段——相持阶段。这正如时任武汉市市长吴国桢在1938年10月24日的记者招待会上所说的那样："保卫大武汉之战，我们是尽了消耗战与持久战的能事。我们的最高战略是在以空间换取时间。在保卫大武汉的长期战中，我们于人口的疏散，产业的转移，已经做得相当彻底，而且我们还掩护了后方的建设。……我们坚决相信，最后胜利必属于我们的。"[②]

迁都，是当时中国内政外交上的一件大事，因此，在中日双方都在为攻守武汉而做着各种准备的时候，国民政府的迁都特别是驻武汉各党政军中央机关的再迁工作，也在紧锣密鼓地进行。1937年12月17日上午十时，甫至武昌的蒋介石即在武昌湖北省政府召集军委会各部正副部长、行政院各部会正副首长举行谈话会，会议决议："（一）行政院各部会迁往重庆，军委会各部会往长沙；（二）各部会将在汉员名及物品件数报告于院会秘书长，院秘书长、会秘书长及后方勤务部长组织运输委员会，由张秘书长召集，商定运输次序方法；（三）

[①] 蒋介石：《为国军退出武汉告全国国民书》（1938年10月31日），见秦孝仪主编：《总统蒋公思想言论总集》卷30，台湾"中国国民党党史委员会"1984年版，第301页。
[②] 毛磊、刘继增、袁继成等编：《武汉抗战史要》，湖北人民出版社1985年版，第390页。

各部疏散人员照行政院规定办法，勿使流离失所；（四）通令文武官吏禁止就酬；（五）难民伤兵处速定办法；（六）学校不再迁移，照常工作，难民不零星西迁，而由内政、教育、第六部商定整个移民办法，往甘、川、黔等省；（七）各部会长官就负责任，通力合作，勿因一时困难疑□□迟缓。"①遵此指示，三天之后的12月20日，国民政府军事委员会秘书长张群，会同行政院秘书长魏道明、交通部部长兼后方勤务部部长俞飞鹏，以及当时长江上最大的两家轮船公司——国营招商局和民生公司的代表在武汉举行会议，商讨行政院所属各部会内迁重庆的运输问题。会议决定由民生公司总经理、当时已内定为国民政府交通部常务次长的卢作孚担负此次行政院及所属各部迁移运输的总责，于十天内先运出行政院各部现有人员600名，档案卷宗、文件等1500箱。嗣后不久，国民政府军事委员会又成立水道运输管理处，以卢作孚兼任主任，后方勤务部驻武汉办事处主任黄振兴、武汉警备司令部司令郭忏为副主任，全面负责长江水道西迁重庆之人员、物资的运输事宜。1938年1月4日，国民政府军事委员会发布命令，对滞留武汉的各党政军人员及物资的迁移运输，做了明确规定。令称：

  查此次政府西迁，各党政军机关人员公物器材等项，大都由京到达武汉，数量綦巨，聚集一隅，若不亟早疏散，危险堪虞。惟长江中上游水势浅枯，船只缺乏，而待运之件过多，供不应求，结果必致秩序紊乱，交通阻滞，兹经本会统筹指定有关运输各机关，组织水道运输管理处，已派卢作孚

---

① 翁文灏：《翁文灏日记》，李学通等整理，中华书局2010年版，第194—195页。

兼该处主任，黄振兴、郭忏兼该处副主任，专任汉宜、宜渝间水道运输事宜。①

随后，水道运输管理处鉴于停留宜昌的人员、物资、设备太多，为加强管理与运输计，又分别制订了《军事委员会水道运输管理处疏散留宜公务人员暂行办法》《军事委员会水道运输管理处疏散留宜公务人员乘轮登记办法》《军事委员会水道运输管理处宜昌转运各机关工厂公物器材暂行办法》，由军事委员会核准后，于1938年2月训令各机关遵行。

当时民生公司正全力着手沿海地区内迁工矿企业特别是兵工产品、设备的运输事宜，突然又加上运输政府机关人员和物资，有明显的"力不从心"之感。但卢作孚认为："此事非常重要，实为表现公司整个办事之良好精神，匪特报效国家而已也。"1938年1月1日下午五时，卢作孚在武汉民生公司召开特别会议，专门对抢运政府机关人员、物资及工厂设备等进行讨论，并做出了明确的规定，随即通令长江上的所有船舶，按此会议的决议执行。虽然各方会议频频，也列有具体的迁移方案，但无奈当时滞留武汉的人员、物资太多，而运输设备有限，以至能一次性租船到重庆者，乃是一种福气。未能租到船只者，要么到宜昌，要么辗转从陆路到重庆，这从内政部部长何键1937年12月11日给国民政府文官长魏怀的电报中，即可窥见当时运输困难之一斑，电文中称：

> 本部奉令移渝，键视事后即饬筹备开拨，惟船舶全供军用。迭经交涉，据主管机关言，一月以后能否拨轮运送，尚不可知。复经电请贺主任（重庆行营代主任贺国光）派船接运，亦未奉复。因是久羁汉皋。旋拟由湘转道来渝，经陈明孔副院长，奉准先移长沙，设处办公。兹于文日由汉启程前往，俟到达时即暂在长照常办公，并已一面派陈参事念中来

---

① 参见《国民政府军事委员会为公布水道运输管理处组织大纲给所属的训令》（1938年1月4日），湖北省档案馆馆藏档案：LS31-11-77。

渝部署，敬希指示。键现仍留汉，请烦查照转呈为感。[1]

到了1938年夏，华中重镇武汉岌岌可危，加之日机空袭频仍，为策安全计，国民政府当局在先前已有的疏散基础上，加大了对在武汉的人口、物资与学校的疏散与转移。其中，湖北省教育厅颁布了湖北省立各级学校疏散办法及湖北省公私立学校联合设立办法，决定"武汉区各小学教师即分布各县，以扩充县区小学教育，并指定江陵、随县、宜昌、光化、均县、恩施等地，为小学联合分校地址；恩施、均县、郧县、利川、宣恩、长阳、五峰、巴东、建始、房县等地，为公私立中等学校联合分校地址。于二十七年暑假前，即令各校学生，依据本人志愿，自行填具志愿书，克日呈报，由教育厅统筹分配"。此举被称作"未雨绸缪，步骤井然。故虽有武汉撤退，湖北文化中心沦陷之戚，而青年仍无失学之虑，实一完善措施"。[2]为了疏散武汉人口，武汉卫戍总部政治部于1938年8月3日发表《告武汉同胞书》，号召一切没有必要留在武汉的"老弱妇孺"，"为着自己的安全，为了体念政府爱护民众的衷诚，为求有利抗战的前途，能尽快尽量的疏散。如果我们没有汽车、火车、轮船可乘的时候，然而我们还有马车、人力车、民船，在供我们的利用；即使一切交通工具都缺乏的时候，然而我们大家也还有自己康健的两脚！"[3]对各种物资的疏散，政府部门亦是不遗余力，除将关系军事至深且巨的煤油燃料等厂如"武昌水电厂、航业局、修船厂、保安处修械所、武昌造纸厂、南湖制革厂、大冶水泥厂、象鼻山铁矿、炭山湾煤矿及纱布丝麻四局，均先后奉令分别西迁"外，还于1938年10月武汉沦陷前，专门进行公私汽车的疏散，规定："凡留守武汉之汽车概发特种通行证，统一配发煤油，否则不准通行，即得离开市区。及二十七（1938）年十月十五日前，除湖北省府、武昌市政处等十九机关留用

---

[1] 参见 《内政部部长何键为该部暂迁长沙办公致国民政府文官长魏怀电》（1937年12月11日），台湾馆藏档案：001-077555-001095。

[2] 李泽主编：《武汉抗战史料选编·学校疏散》，武汉市档案馆1985年6月编印，第247页。

[3] 《告武汉同胞书》（1938年8月3日），见武汉地方志编纂委员会办公室编：《武汉抗战史料》，武汉出版社2007年版，第630页。

汽车五十辆，国民政府军事委员会办公处留用汽车八辆，武汉电话总局留用汽车四辆，武汉卫戍区兵站分监部留用汽车四十五辆，合计一零七辆，尚持有通行证，出现武汉市区外，其余所有公私车辆，皆遵命疏散无遗。"①而负责组织疏散与撤退的武昌市政处，则于武汉失守前的10月24日方奉命撤退。奉令之后，武昌市政处"即将全部文卷公物及随政府西迁员役，分批撤运。因交通工具不敷，由水陆两路并进，水由武昌乘轮溯江西上；陆由汉口乘汉宜路车抵宜昌，转巴东待命。至公营事业之水电厂，原拟全部拆卸，因省府搬运费未能按时发足，及交通工具缺乏之故，仅将重要机件（电灯厂机件三部，水厂机件一部）分别拆卸，运到巴东，交省府接收。在到达宜昌后，所有职员遣散三分之二，留三分之一于宜昌西街，租赁民房，办理结束工作"。②经过如此拆卸、疏散、迁移后的武昌，则"电灯失明，多年少见之手灯、马灯又出现于武昌市面。市面冷静，车辆绝迹，除维持武汉交通之小型火轮间有几声汽笛外，并无其他音响。大店之门封闭，营业停止；小巷之家冷落，绝少人迹。而'中华民国二十七年×月×日封'之布条、纸条，'别了武昌''别矣吾家'之粉墨字迹，更随地多有，触目心伤。十室九空不足为当时写照矣！"③

在疏散武汉机关、人员与物资的同时，先前聚集在武汉的国民党党政军各中央机关的迁移疏散，也被再次提到议事日程。7月17日，国民政府军事委员会紧急命令国民政府及国民党中央驻武汉各机关，限五日内全部移驻重庆。奉此命令，军事委员会于7月成立中央党政机关迁运办事处，并制订《中央党政机关迁运办法》12条，秘密印发各机关遵行，同时按照各党政机关所登记的在武汉之员工人数，分配舱位，指定轮船及开行日期，陆续离开武汉向长江上游的宜昌、重庆迁移。其中，《规定各机关搭乘汉宜段船名船期员工限制表》及《各机关运渝公物行

---

① 《物资疏散》，见《武汉抗战史料选编》，武汉市档案馆1985年6月编印，第247页。
② 《奉命撤退》，见《武汉抗战史料选编》，武汉市档案馆1985年6月编印，第248页。
③ 《奉命撤退》，见《武汉抗战史料选编》，武汉市档案馆1985年6月编印，第248页。

李数量表》，对相关机构人员、物资的迁移，规定如下：[①]

■ 规定各机关搭乘汉宜段船名船期员工限制表

船名	轮船公司名	开航日期	乘船机关	员工总数	备考
民族	民生公司	7月26日	财政部	175人	仓位等级之分配，由财政部迳与该公司接洽
			汪主席官邸	20人	
江华	招商局	7月26日	国民参政会	70人	
			中央政治委员会	94人	
快利	招商局	7月28日	监察院	34人	大菜间5人 房舱17人 大舱12人
			司法院	19人	大菜间1人 房舱7人 大舱11人
			教育部	47人	大菜间2人 房舱16人 统舱10人 大舱19人
民联	民生公司	7月30日	交通部	210人	仓位等级之分配，由交通部迳与该公司接洽
江安	招商局	8月1日	行政院	45人	大菜间2人 官舱5人 房舱13人 统舱9人 大舱16人
			经济部	33人	大菜间2人 官舱5人 房舱12人 统舱4人 大舱10人
			外交部	38人	大菜间2人 官舱4人 房舱10人 统舱4人 大舱18人
			蒙藏委员会	12人	大菜间2人 官舱1人 房舱3人 大舱6人
			侨务委员会	22人	大菜间2人 官舱3人 房舱9人 统舱1人 大舱7人
			振济委员会	62人	大菜间2人 官舱4人 房舱36人 统舱5人 大舱15人
			内政部	28人	大菜间2人 官舱4人 房舱6人 统舱8人 大舱8人
			卫生署	15人	大菜间2人 官舱2人 房舱5人 统舱1人 大舱5人
江顺	招商局	8月3日	中央党部	416人	仓位由中央党部迳与招商局接洽
江新	招商局	8月5日	中央党部	129人	大菜间7人 官舱22人 房舱100人
			军委会参事室	34人	大菜间7人 房舱19人 统舱8人
合计				19	1503人

[①] 参见《中央党政机关迁运办事处为定8月1日为内政部迁运日期致内政部公函》（1938年7月23日），中国第二历史档案馆馆藏档案，全宗号12，目录号6，卷号291。

各机关运渝公物行李数量表

机关名称	公物件数	行李件数	重量	附记
中央党部	400	1000		江顺、江新轮运
行政院	30	122		江安轮运
财政部	180	549		民族轮运
经济部	20	100		江安轮运
教育部	30	123	1吨	快利轮运
内政部	30	56	4300斤	江安轮运
交通部	350	370		民联轮运
外交部	60	120	5400公斤	江安轮运
蒙藏委员会	2	25	720斤	江安轮运
侨务委员会	20	38		江安轮运
振济委员会	250	200	23吨	江安轮运
内政部、卫生署				江安轮运
军事委员会参事室	32	150		江新轮运
合计	1404	2853		

遵此命令与安排，先前迁到武汉的国民党中央各党政机关，开始了又一次大规模的西迁：1938年7月中旬，国民党中央执行委员会社会部部分职员相继抵渝，并择定九道门兴华小学楼下为办公地址，7月18日，该部开始正式在重庆办公；7月27日，国民政府外交部政务次长徐谟、常务次长曾容甫等抵达重庆；7月29日，国民政府蒙藏委员会委员长吴忠信、侨务委员会委员长陈树人等抵达重庆；7月31日，国民政府经济部部长翁文灏偕该部常务次长秦汾等抵渝；8月2日，内政部部长何键、财政部次长徐堪及中国青年党主席曾琦等抵渝；8月3日，行政院副院长张群、中央振济委员会代委员长许世英、副委员长屈映光，以及张

道藩、寿景伟、杭立武、许行成等由汉口飞抵重庆；8月4日，国民政府行政院秘书长魏道明，乘机由汉口抵达重庆；8月5日，中国国民党中央副总裁、国民参政会议长汪精卫，乘"永绥"军舰抵达重庆，与此同时，国民政府行政院院长兼财政部部长孔祥熙及邵力子、王世杰、彭学沛等由汉口飞抵重庆……

到8月上旬，经近一个月的紧急运输，国民政府、国民党中央所属驻武汉各中央党政机关，已全部迁到重庆，部分政府首脑、要员，以及外国驻华大使等，也于此前后，相继抵达重庆。至此，重庆在抗战爆发、国民政府决定迁都重庆一年之后，成为真正的中国"战时首都"，于中国对日抗战史上发挥着神经中枢与指挥中心的作用。

中共代表团及各民主党派代表迁抵重庆

中国共产党是中国人民对日抗战最早的倡导者、积极的组织者、坚定的推动者和忠实的捍卫者。早在九一八事变爆发后，中国共产党与中华苏维埃共和国临时政府就先后发表了《中国共产党为日本帝国主义强暴占领东三省事件宣言》《中共中央关于日本帝国主义强占满洲事变的决议》《中华苏维埃共和国临时中央政府宣布对日战争宣言》等文件，揭露日本帝国主义的侵华阴谋，谴责国民党政府的不抵抗政策，表明中国共产党"领导全中国工农红军和广大被压迫民众，以民族革命战争，驱逐日本帝国主义出中国，以求中华民族彻底的解放和独立"[①]的严正立场。这以后，随着日本帝国主义对华侵略的进一步加深与扩大，中日间的民族矛盾上升为当时中国社会的主要矛盾，中国共产党也顺应时代与形势的发展，开始调整自己的斗争策略，于1934年4月20日正式提出了"尽最大可能团结一切反日的力量来建立真正广大的民众的反日统一战线"的主张，并于后来的实践中不断丰富、完善与发展。与此同时，在国内日益高涨的抗日救亡运动的影响下，国民党方面也开始改变其对内对外政策。1936年西安事变的和平解决，标志着以国共合作为基础的抗日民族统一战线的初步形成。

随着第二次国共合作的初步形成，为解决国共两党联合抗日的有关问题，中共中央在卢沟桥事变爆发前，即派遣周恩来、叶剑英、林伯

---

① 《中华苏维埃共和国临时中央政府宣布对日战争宣言》（1932年4月15日），见中央档案馆编：《中共中央文件选集》第8册，中共中央党校出版社1985年版，第178页。

渠、博古等人赴西安、杭州、庐山等地，与国民党方面就国共两党关系、红军改编及陕甘宁边区改制等问题进行谈判。1937年9月22日，国民党中央通讯社发表《中共中央为公布国共合作宣言》，第二天，蒋介石发表《对中国共产党宣言的谈话》，承认中国共产党在全国的合法地位。至此，由中国共产党倡导和推动的、以国共两党合作为基础的抗日民族统一战线正式形成。

1937年8月9日，周恩来偕朱德、叶剑英为出席在南京举行的国防最高会议抵达南京。在南京期间，周恩来除参加国防最高会议、与国民党当局继续谈判外，还积极筹划在南京、兰州、武汉设立中共代表团及八路军办事处事宜，并指示潘梓年、章汉夫、钱之光、许涤新等，筹备、出版中国共产党在国统区公开出版的报刊——《新华日报》和《群众》周刊。1937年9月，八路军驻南京办事处成立，中共中央派叶剑英为驻京代表，李克农为办事处处长。八路军驻南京办事处，是中国共产党设在国民党统治区域的第一个公开机构，其主要任务是加强国共两党的沟通与联系，及时解决新改编的八路军所需解决的问题。

周恩来

1937年11月上海失守前后，中共中央在当时虽然还不知晓国民党中央迁都重庆的决定，但已敏锐地感觉到首都南京必不能守，武汉才是将来救亡运动的中心。为此，毛泽东、张闻天于1937年11月12日致电在南京的博古、潘汉年与刘晓（时任中共江苏省委书记），指示今后的救亡运动方针，内称："上海失去后，救亡运动中心将转移至武汉。因此，党的与非党的干部亦应重新分配，一部分应去武汉，一部分去战区，一部分环境较好的仍留下，工作方式应有必要的转变。"①同一天，上海沦陷，国民党中央决定迁都重庆并于11月20日明令发表《国民政府移驻重庆办公宣言》，所有在南京的党政军机构，纷纷向南京上游的武汉、重庆迁移，中共在南京的所有人员、机构也准备撤退迁移。11月20日，在南京坚持工作的叶剑英、李克农写信给在延安的毛泽东、张闻天，将国民政府决定迁都重庆后南京所发生的种种变化相告，同时汇报了中共在南京的人员与组织，拟随国民政府的迁都而迁移，信中称：

> 在现在的情况底下，京中负责人员均已离京，我们留此已无意义，将于二十二三日由陆路经芜湖转赴武汉，小廖（时任中共中央党报委员会秘书的廖承志——作者注）同行。钱之光等先头人员业于十九日前赴武汉，《新中华日报》（1938年1月11日在汉口创刊时的《新华日报》——作者注）在京已无可能开办，报馆人员均先赴武汉，汉夫（章汉夫，《新华日报》的创办者之一，创刊后任该报编辑部主任——作者注）先走，梓年（潘梓年，《新华日报》的创办者之一，创刊后任该报社长——作者注）随后亦到，到武汉后即继续办理合法手续。但估计他们（指武汉国民党当局——作者注）势必采取拖延态度，故梓年、汉夫可先在武汉从事文化活动。②

素有"九省通衢"之称的武汉于南京失陷后，成了战时中国的临时首都，国民党中央党政军各主要机构及其首脑汇集于此，全国性的救亡团体及各民主党派的主要负责人、著名的爱国人士也大多集中在这里。中共中央也顺应形势的需要，为加强对武汉地区各项工作的领导，一方面批准在南京的中共人员与组织迁移武汉，一方面又不断从延安派出中

---

① 《张闻天、毛泽东关于上海失守后救亡运动的方针和部署致秦邦宪等电》（1937年11月12日），见中共湖北省委党史资料征集编研委员会等编：《抗战初期中共中央长江局》，湖北人民出版社1991年版，第106页。

② 《叶剑英、李克农关于南京失守前夕情况致毛泽东、张闻天信（节录）》（1937年11月20日），见中共湖北省委党史资料征集编研委员会等编：《抗战初期中共中央长江局》，湖北人民出版社1991年版，第107—108页。

共的高级干部赴武汉，开展抗日民族统一战线及发动群众的各项工作。1937年9月，董必武以中共代表的身份，离开延安经西安到达武汉，负责筹组八路军驻武汉办事处，恢复武汉地区及湖北的中共党组织，与国民党当局商谈解决湘、鄂、赣红军的改编等事宜。11月下旬，在南京的叶剑英、李克农等偕八路军驻南京办事处的部分人员从南京撤离，他们乘汽车经芜湖，于12月初抵达武汉；12月18日，中共代表周恩来偕同王明、博古、邓颖超等从延安经西安抵达武汉。由此，武汉成了中国共产党除延安外领导中国人民抗战的另一中心。

经过周恩来、董必武、叶剑英等中共代表的艰辛努力，中国共产党在武汉的工作不仅是风生水起、如火如荼，而且卓有成效：1937年10月，八路军驻武汉办事处成立，李涛任处长，12月初八路军驻南京办事处人员到达武汉后，也合并于武汉办事处，处长改由钱之光担任；12月11日，在南京创刊未成的《群众》周刊，在武汉正式创刊，潘梓年为编辑兼发行人，该刊系抗战时期中共中央在国统区发行的唯一公开机关刊物。12月9日至14日，中共中央在延安召开政治局会议，决定由周恩来、王明、博古、叶剑英组成中共代表团，到武汉继续和国民党当局进行谈判；会议还根据张闻天关于"建立中央局于武汉，统辖南中国党的工作"的提议，决定由周恩来、项英、博古、董必武等组成中共中央长江局。事后不久，中共中央代表团与中共中央长江局的人员相继抵达武汉并开始工作。12月23日，中共中央代表团和中共中央长江局的领导人员举行第一次联席会议。会议决议：（一）中共中央代表团与中共中央长江局领导成员大致相同，为工作集中和便利起见，决定合为一个组织，对外称中共中央代表团，对内称中共中央长江局。（二）合并后的中共中央代表团和长江局，由项英、博古、周恩来、叶剑英、王明、董必武、林伯渠组成。（三）合并后的中共中央代表团和长江局，暂以王明为书记，周恩来为副书记。（四）合并后的中共中央代表团及中共中央长江局，下设5个机构：秘书处，李克农任秘书长；参谋处，叶剑英任参谋长；民运部，董必武任部长；组织部，博古任部长；

党报委员会，王明任主席。此次会议标志着中共中央长江局的正式成立，也标志着中国共产党在国统区领导中心的成立。12月25日，新四军军部在汉口成立，叶挺任军长，项英为副军长；1938年1月6日军部迁南昌后，其在武汉的遗留事务改由八路军驻武汉办事处代办。1938年1月11日，在南京筹备未成的《新华日报》在汉口正式创刊，该报成为抗战时期中共中央在国统区唯一公开发行的机关报，以潘梓年为社长兼发行人，熊瑾玎任总经理，华岗为总编辑。2月6日，国民政府军事委员会政治部在武汉成立，陈诚任部长，周恩来、黄琪翔担任副部长。7月1日，国民参政会在武汉成立，中共方面有毛泽东、王明、博古、吴玉章、林伯渠、董必武、邓颖超等7人担任参政员，除毛泽东一人请假外，其余6人都参加了7月6日在汉口召开的国民参政会第一届第一次会议……

右起：中共中央长江局的主要负责人周恩来、王明、博古

总之，从1937年12月到1938年10月近一年的时间里，武汉成了战时中国的政治、经济、军事、文化中心，也成了中国共产党在十年内战后第一次在国统区大显身手的重要时期。中共中央代表团与中共中央长江局，遵照中共中央的指示，贯彻中共中央的决议，并根据形势的发展，结合工作的实际，创造性地开展了继续同国民党当局谈判、

同各党各派各军各界人士广泛接触，巩固和扩大了以国共两党合作为基础的抗日民族统一战线；领导中国南部各省中国共产党的工作，迅速恢复、发展党组织，领导国统区特别是武汉地区的抗日救亡运动；推动新四军的组建，做好新四军的工作，独立自主地准备与发动敌后游击战争，同时推动和帮助国民党军队在正面战场积极作战等多方面的工作，于中国抗日战争史，以及中国共产党的历史上，均写下了光辉、重要的一页。

1938年夏，武汉形势日趋紧张，国民党当局已开始做将武汉的各党政军中央机关再迁重庆的准备。与此相适应，在武汉的中共中央代表团与中共中央长江局也开始考虑自身的撤退与今后工作的重点等问题。1938年1月18日，中共中央代表团与中共中央长江局举行联席会议，会议听取了八路军副总司令彭德怀关于前方情况，以及参加国民政府军事委员会在洛阳召开军事会议情况；还听取了中共四川省临时工委书记罗世文关于四川党组织工作情况的汇报，并就此方面的问题进行讨论。1月21日，周恩来根据会议讨论的结果，起草了中共中央长江局致中共中央书记处电，提出了中共中央长江局对今后四川工作的意见："四川已成为抗战最后根据地，成为联结西南和西北的枢纽，而且很快会变为全国各党派各实力派争夺的中心。加强四川地区党的工作，使上层联络活动能尽力掩护和帮助党的影响和组织之发展，这应成为目前四川工作的中心任务。建议中共中央派得力的川籍干部赴川主持党的工作，同时从延安抗日军政大学、中共中央党校、陕北公学中选一批川籍学生回川工作；在重庆设新华日报分社并筹备印厂，准备必要时西迁；努力发展军事工作，寻找川北、川南、川西留下的红军游击队和干部并谋其发展，派人及游击队员投考军分校或参加刘湘的教导队；运用上层统一战线推动争取地方实力派的工作，加紧扩大中共和红军的政治影响。二十三日，中共中央书记处复电同意此意见。"[①]这表明，早在国民政府初迁

---

① 中共中央文献研究室编：《周恩来年谱（一八九八——一九四九）》，中央文献出版社、人民出版社1989年版，第409页。

重庆之际，中共中央即敏锐地觉察到四川及重庆在对日抗战中的重要地位和作用，并提出了相应的应对措施与意见。

遵照中共中央的指示，1938年2月，在重庆市区机房街70号成立了八路军驻重庆联络通讯处，以周怡为主任兼《新华日报》重庆分馆筹备负责人。在1938年夏武汉形势紧张、国民党驻武汉各党政军中央机关再次迁移之际，中共中央代表团与中共中央长江局也开始考虑驻武汉的中共人员与机构的迁移问题。8月4日，在武汉的王明、周恩来、博古就武汉形势紧急、中共有关人员准备撤退事宜致电在延安的毛泽东、张闻天等人，称："日军已越过黄梅，武汉更危急。外交、内政情况在此酝酿新的形势。我们的机关干部及同志已开始有计划地分（批）逐渐撤退西安、宝庆、竹沟、鄂豫皖区、重庆等。各地领导同志及必要工作人员准备在迫不得已时为〔再〕掩〔撤〕退。项英同志今日到汉。你们对目前及今后工作有何指示，盼速复。"①8月29日，王明、周恩来、博古等离武汉返延安参加中共中央六届六中全会。9月25日，中共中央书记处致电在武汉的凯丰、董必武、叶剑英，就武汉失守前我党的工作方针进行布置，电文全文如下：

甲、武汉紧急，你们应依下列方针布置：

（子）组织方面，即依长江局原定之中原局、东南局、南方局、重庆党报委员会及中共代表团五个方向布置。

（丑）机关设置：中原局原准备设法〔立〕在雪枫（彭雪枫，时任中共河南省委军事部部长——作者注）处；东南局仍在〔与〕新四军在一起；南方局暂与中共代表团及办事处一起，准备入湘；党报委员会即与重庆通讯处一起。

（寅）布置：在西安的人员准备入川；武汉人员仍以一部到中原，一部入湘，小部留汉随周、叶行动。

---

① 《陈绍禹、周恩来、秦邦宪关于武汉危急我工作人员撤退准备情况致毛泽东等电（节录）》（1938年8月4日），见中共湖北省委党史资料征集编研委员会等编：《抗战初期中共中央长江局》，湖北人民出版社1991年版，第272页。

（卯）人事：必武即行入川，凯丰在恩来到后入川，剑英、克农、文杰（黄文杰，时任中共中央长江局党报委员会委员——作者注）暂留汉。

（辰）湖北省委仍如前，其中大部到畏三（郑位三——作者注）处，以适当的人分到宜昌、襄樊主持，仅留极少几个人在汉主持，随办事处行动。

乙、周、项（项英——作者注）即去汉，博（博古——作者注）或〔后〕周行，王明留待扩大会毕飞渝。①

遵照中共中央的指示，驻武汉的中共机构与人员开始纷纷撤离武汉，向重庆、湖南等地转移并最终向重庆汇集。董必武于10月初率八路军驻武汉办事处及新华日报社的部分先遣人员赴重庆，与延安派赴重庆的部分人员，共同筹建八路军驻重庆办事处及新华日报重庆分馆事宜。10月21日，国民参政会中共参政员博古、邓颖超等为参加国民参政会第一届第二次会议乘飞机抵达重庆，其他参政员王明、吴玉章、林伯渠等，也于此先后抵达重庆；同一天，华南重镇广州失守，武汉各机关团体开始紧急疏散撤退，但中共代表周恩来、叶剑英等却一直坚持、战斗到最后一刻。中共中央文献研究室编写的《周恩来传》一书对此描述道：

二十四日晚上，局势已经十分紧迫了。周恩来来到汉口《新华日报》社，为《新华日报》汉口版口授最后一篇社论。社论郑重宣布：我们只是暂时离开武汉，我们一定要回来的，武汉终究要回到中国人民手中。这篇社论排出来后，周恩来又亲自看了一遍。二十五日凌晨一时，当报纸正在开印时，接到电话说：日军已经迫近市郊。周恩来命令报社其他人员撤退，由留下的工人将最后一天报纸坚持印出了一部分，张贴散发。

---

① 《中共中央书记处关于武汉失守前夕工作布置致何克全、董必武、叶剑英电》（1938年9月25日），见中共湖北省委党史资料征集编研委员会等编：《抗战初期中共中央长江局》，湖北人民出版社1991年版，第280—281页。

周恩来自己在安排报社最后一批人员撤退并检查了政治部对敌宣传科的工作后,才同叶剑英撤离武汉。①

关于中共驻武汉各机关、人员的迁移撤退情形,周恩来分别于10月22日、10月28日致电中共中央书记处,他在10月22日致中共中央书记处的电文中写道:

一、据香港电,广州于(昨)晨九时失守,粤军抵抗力极脆弱,引起香港及各方舆论之责备。退却时秩序,恐较南京尤甚。

二、武汉准备放弃,撤退秩序尚好。蒋(指蒋介石,下电同——作者注)尚在汉,各部长已开始分批走。

三、《新华》《扫荡》等日报尚照常出版。政治部已印制各种宣传品作放弃武汉时用。

四、克农率办事处人员于今午离汉。我同原有电台留此。如直通紧要事,请通电。②

10月28日,周恩来已撤离武汉抵达长沙,为此他再次致电中共中央书记处,将其撤退的情形做了汇报,内称:

甲、蒋二十四(日)晚离汉飞衡(衡阳——作者注)。当晚各机关留汉人员全部撤退出。……二十五(日)晚,敌逼进汉口,郭忏(时任武汉警备司令——作者注)退汉阳,二十六(日)敌入汉口。……

乙、我办事处(尚有)叶参谋长、钱之光、林〔李〕涛等。克农〔林〕秘书长率边章五、夏之栩、潘梓年、王炳南等一百余人,二十二(日)下午(乘)船行,二十三(日)在嘉鱼附近(船)被敌机炸焚,死难者四十余人,详情尚不

---

① 金冲及主编,中共中央文献研究室编:《周恩来传》,中央文献出版社1998年版,第526页。
② 《周恩来关于国民党准备放弃武汉等情形致中共中央书记处电》(1938年10月22日),见中共湖北省委党史资料征集编研委员会等编:《抗战初期中共中央长江局》,湖北人民出版社1991年版,第294页。

明，闻李、边、夏等未死。最后周率吴奚如、邱文禧（带）电台及政治部、新号《扫荡》《中央》（两报）窃〔偕〕国际宣传处等（于）二十五日三时离汉，沿汉宜公路经沃〔沙〕洋、沙市、常德，二十七（日）晚安抵长沙。①

1938年12月3日，周恩来、叶剑英等经衡阳抵达桂林，并于12月中旬由桂林抵达已成为中国战时首都的重庆，从而完成了中共代表团自南京经武汉到重庆的迁移。并在重庆成立了中共中央南方局与八路军驻重庆办事处（同时兼新四军驻重庆办事处），重庆也因此成了中国共产党继续与国民党当局进行谈判、领导国统区抗日民主救亡运动，以及党的工作的又一核心阵地。

与此同时，各民主党派中央机关及其主要负责人，也于此过程中相继撤离武汉，抵达重庆。1938年6月24日，著名乡村建设运动专家梁漱溟由汉口飞抵重庆；7月19日，黄炎培、江问渔、邵明叔、张表方、卢前、周鲠生、萨福均等由汉口飞抵重庆；8月2日，中国青年党主席曾琦及卢铸、叶青等由汉口飞抵重庆……到1939年初，先前集中在武汉的各党派领袖及社会各界名流，如救国会的沈钧儒、邹韬奋、李公朴、沙千里、史良、章乃器、王造时，中国青年党的李璜、陈启天、左舜生，第三党的章伯钧，国社党的张君劢、张东荪，中华民族革命同盟的李济

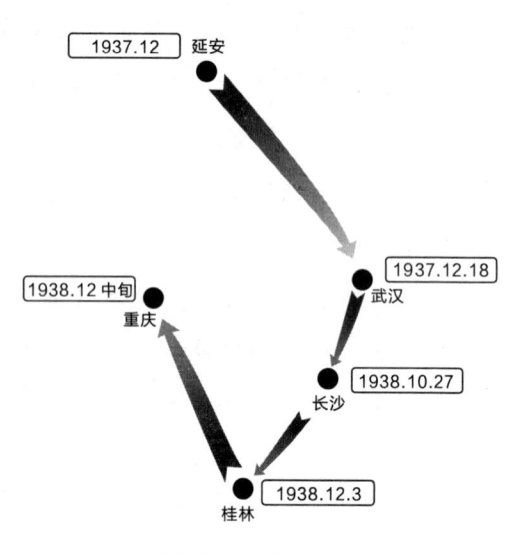

周恩来迁移重庆路线图

---

① 《周恩来关于武汉撤退情形致中共中央书记处电》（1938年10月28日），见中共湖北省委党史资料征集编研委员会等编：《抗战初期中共中央长江局》，湖北人民出版社1991年版，第295页。

深、陈铭枢，中华职业教育社的黄炎培、杨卫玉、孙起孟，乡村建设协会的晏阳初，还有文化界郭沫若、茅盾、老舍、胡风、王平陵等均集中到重庆。在重庆期间，他们不仅提出自己有关抗日救亡运动的主张、建议和意见，而且还积极响应、支持中国共产党有关抗日的方针政策，在动员、唤起民众，坚持、团结抗战，维护抗日民族统一战线，促成中华民族大团结等方面，发挥了积极作用。

蒋介石率国民政府军事委员会移驻重庆

国民政府军事委员会，简称"军委会"，最早成立于1925年7月3日，系国民党、国民政府最高军事指挥机构。1927年南京国民政府成立后，以北伐目的已达，全国统一基本实现为由，于1928年11月下令撤销军事委员会，另设参谋本部、军政部、海军部、训练总监部，以及军事参议院，分别掌理各相关业务。1931年九一八事变、1932年"一·二八"事变相继爆发后，国民党中央为应对日益严重的国难，同时也为蒋介石、汪精卫的分权找到一条合理途径，1932年1月29日下午，国民党中央政治会议举行第二十六次临时会议，决议设立军事委员会并通过其组织大纲，推举蒋介石、冯玉祥、张学良、何应钦、李宗仁等为委员。2月6日，国民政府军事委员会正式成立，以李济深为办公厅主任。3月1日至6日，国民党中央在行都洛阳召开四届二中全会，会议讨论通过了《整理军事捍御外侮案》及《关于军事委员会案》，决议"为捍御外侮，整理军事起见"，恢复设置国民政府军事委员会，并规定"军事委员会之设立，其目的在捍御外侮，整理军事，俟抗日军事终了，即撤销之"。在此次会议通过的《国民政府军事委员会暂行组织大纲》中，明文规定：（一）"国民政府军事委员会直隶国民政府，为全国军事最高机关。"（二）该会的主要职责为："甲、关于国防绥靖之统率事宜。乙、关于军事章制、军事教育方针之最高决定。丙、关于军费支配、军实重要补充之最高审核。丁、关于军事建设、军队编遣之最高决定。戊、中将及独立任务少将以上之任免之审核。"（三）该会

"设委员长一人，委员七人至九人，由中央政治会议选定，由国民政府特任之"。①3月8日，国民政府发布命令：特任蒋介石为军事委员会委员长，冯玉祥、阎锡山、张学良、李宗仁、陈铭枢、李烈钧、陈济棠为军事委员会委员。至此，在抗日战争史上具有重要地位与作用的国民政府军事委员会，又行恢复成立。

1937年11月，当国民政府、国民党中央各机关遵照国防最高会议常务会议关于"国民政府及中央党部迁重庆"的决议，纷纷撤离南京，向重庆、武汉迁移并相继在重庆办公之际，作为战时负有最高军事责任、专门指挥对日作战的国民政府军事委员会，则遵照国防最高会议常务会议关于"军事委员会之迁移地点，由委员长酌定"的决定，在委员长蒋介石的率领下，随着战局的不断发展而改变。11月15日，蒋介石以国民政府军事委员会委员长的名义密令所属，要求将各部之案卷，限两日内从南京运出，同时每部应派干员1人负责押运。16日，国民政府政府军事委员会确定了所属各机关的迁移目的地并由委员长蒋介石训令各机关遵行，其中：总办公厅、秘书厅、管理部，迁武昌、衡山；第一部、第三部、第四部、第六部，迁武汉、衡山；宣传部（当时宣传部隶属于军事委员会——作者注）迁汉口、长沙；后方勤务部、卫生勤务部，迁武汉、长沙；军法执行总监部、警卫执行部、军政部，迁衡阳附近；国防最高会议，迁长沙；航空委员会及防空处，迁汉口、衡山；参谋本部及附属机关，迁长沙，但所属城塞组迁武汉；农产及贸易委员会、联合运输处、禁烟总会，迁汉口；资源委员会、工矿委员会、总动员设计委员会，迁衡阳；训练总监部，迁湘潭；军事参议院，迁浏阳。②

奉此命令，国民政府军事委员会所属各院、部、会、署等，纷纷向规定的目的地迁移并将其新的办公地点相告：卫生勤务部于12月2日致电有关方面，告以"本部奉命移汉，已到达并已觅定汉口五族街33号为

---

① 《关于军事委员会案》（1932年3月5日国民党四届二中全会通过），见荣孟源主编：《中国国民党历次代表大会及中央全会资料》（下），光明日报出版社1985年版，第155页。
② 参见《国民政府军事委员会为规定所属机关迁移地址给所属的训令》（1937年11月16日），重庆市档案馆馆藏档案，全宗号0107，目录号4，卷号269。

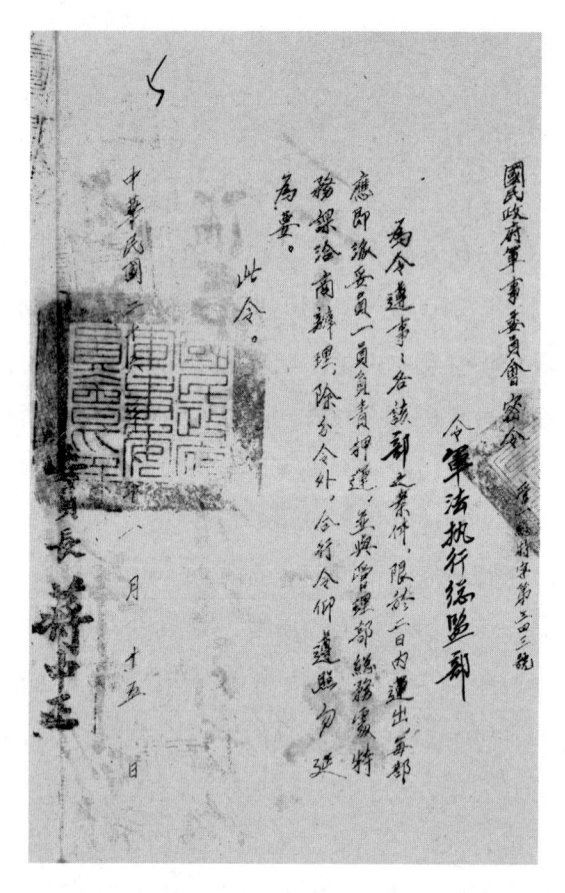

1937年11月15日，国民政府军事委员会关于各部案件限期迁移的密令

办公地址"；军事参议院于12月6日致电有关各部，告以"本院奉令迁移地点，冬日到达浏阳，现在旧县署办公"。军政部大部分奉令迁衡阳，但因该部所属机关甚多，也有部分机关迁常德、湘潭，以及长沙等地。为便于工作联系计，军政部总务厅于12月7日将所属各署司迁移驻地办公一览表通报各方，其中：本部及总务厅，迁衡阳老道台衙门；军械司，迁衡阳西门道后街达济小学；交通司，一部分迁衡阳南门外宣扬街魏家坪贫民工厂，一部分迁武昌粮道街55号；会计处，迁樟树市培元本，并于衡阳城内地方法院1号设立驻城通讯处；兵役司，迁衡阳小西门外青山街27号孤儿院后楼；马政司，迁衡阳天后街6号；营造司，迁衡阳南门外正街112号；军务司，迁衡阳学前街24号、37号；铨叙厅，迁衡阳

玉环街17号；句容种马牧场，迁常德；训练总监部，迁湘潭14总沈家大屋；军法执行总监部，迁衡山南岳大善寺；陆军独立爆破大队，迁衡阳道南中学；陆军驾驶兵教育第一团，迁长沙小吴门外分路口36号民众教育馆；军委会政治训练处，迁武昌蛇山湖南学校；警卫执行部，迁衡阳南门外黄巢岭罗祠；总办公厅，迁衡山城南小学；管理部，迁衡山城南小学。①

　　上述国民政府军事委员会所属各院、部、会、署的迁移，主要是南京失守前后的布置，除一部分迁到武汉外，大多数迁到了湖南的衡山、衡阳，以及长沙等地，为方便各机关的联系，军事委员会专门制订了《军事委员会及所属各部官兵递送公文及优待伤兵乘坐武广通车暂行办法》，规定在每日通行武汉、广州的21次、22次列车上，增挂三等客车一辆，专供军事委员会各院部会官兵递送公文及优待伤兵乘坐。由于此次各军事机关迁移的地址离战区尚远，相对而言又比较分散，有利于战争不利时的层层后退，所以当1938年夏武汉形势危急时，虽然驻武汉的国民党党政机关纷纷向上游的重庆迁移，但军事指挥机关及其负责人却大多向武汉以南的湖南长沙、衡山、衡阳集中，并于1938年11月25日至28日在湖南南岳举行军事会议，检讨第一期抗战的得失，部署第二期抗战的方针。随着战事的推进，11月中旬，国民政府军事委员会决定驻南岳、常德等地的军事机关陆续迁往重庆。因此时迁往重庆，主要靠陆路的公路运输，而衡阳经桂林、柳州、贵阳到重庆的距离为1700余公里，常德经沅陵、贵阳到重庆的距离也达1300余公里，不仅路途遥远，路况不佳，而且运输工具缺乏，沿途的治安状况也不是很好。所以，国民政府军事委员会后方勤务部部长俞飞鹏于11月14日密电相关各省，对内迁重庆的军事委员会人员、物资的安全以及住宿等事宜，做了详细的安排，内称：

---

① 参见《国民政府军事委员会军政部总务厅为告知所属各机关迁移办公地点给军法执行总监部的通报》（1937年12月7日），重庆市档案馆馆藏档案，全宗号0107，目录号4，卷号269。

军事委员会此次疏运人员、公物，取得联络购票疏运眷属等一案，即于本月铣日（16日——作者注）起由桂林起运，中间经贵阳至重庆而止。业经军委会分电各贵省政府查照，并经饬属分设食宿站。在案。兹再奉陈数事如次：（一）此次疏运车辆甚多，人员、公物及眷属綦伙，地方治安关系至大，请贵省府电沿线各县妥为保护。（二）每日各段运出之人员眷属，约计有350人左右，所有人员、公物车辆及眷属车辆，每日之午餐站为荔浦、官山、六寨、版场坪、息烽、松坎，住宿站为柳州、河池、独山、贵阳、桐梓、綦江等处，请各贵省政府务饬各该县预为准备。（三）此次疏运车辆既多，中途难保不有翻车伤人情事，请饬沿线各县，转饬该地公私医院务须担任救护工作。①

相关各省市政府奉电后，纷纷饬属遵照执行。到11月底，各军事机关相继迁移完竣并在重庆寻址办公。12月1日，国民政府军事委员会通电各方，称"本会现已移渝，于本月一日开始办公"②。

与国民政府、国民政府军事委员会辗转迁移的同时，作为国民政府军事委员会委员长的蒋介石，则以指挥战争关系，率其侍从室及军事委员会的主要幕僚人员，坚守在抗战的第一线，于国民政府迁到重庆并宣布正式在重庆办公一年之后，才迁抵重庆。

当1937年11月中旬国民政府、国民党中央决定迁移重庆并付诸行动时，作为国民政府最高军事指挥官的蒋介石，在明知"南京不能守但又不能不守"的情况下，仍然驻守首都南京，指挥中国军队进行南京保卫战。1937年12月6日，当得知作为南京东南门户的句容情形危急后，蒋介石才决定离开南京。12月7日，日军由东、南、北三面迫近南京城，

---

① 参见《四川省政府为转国民政府军事委员会后方勤务部保护军委会移渝人员、物资致重庆市政府代电》（1938年12月25日），重庆市档案馆馆藏档案，全宗号0053，目录号29，卷号194。

② 参见《国民政府军事委员会为移渝办公致重庆市政府代电》（1938年12月1日），重庆市档案馆馆藏档案，全宗号0053，目录号2，卷号432。

对城外的中国军阵地展开总攻，"京郊即展开空前壮烈的血战，雨花台下、麒麟门外，杀声震天，流血遍地……留京外侨皆纷登炮舰……我守军并于七日起对于军火库、汽油库、飞机库及工场等开始作有系统之破坏"①。此时的首都南京，已岌岌可危。迫不得已，蒋介石于是日凌晨，携夫人宋美龄及其他随从人员，依依不舍地离开了他统治近十年的南京，乘"美龄"号飞机由明故宫机场起飞，飞往江西南昌，然后转赴庐山牯岭。同一天，蒋介石对实施南京保卫战的意义做了充分肯定，他在当天的日记中写道："应迁移之物品，皆能如数运完，若早10日离京，则大局更不堪设想矣！"②12月12日，南京卫戍司令唐生智以南京失守已成定局，遂下令中国守军放弃南京，实施突围。13日，日军占领南京，作为中华民国首都、国民党政府统治中心的南京，继北平、天津、上海等大城市之后，又告沦陷。蒋介石亦于是日晚通电全国，表明南京沦陷后中国政府与人民应有的态度，通电称：

> 国军退出南京，绝不致影响我政府始终一贯抵抗日本侵略原定之国策，其惟一意义，实只加强全国一致继续抗战之决心。盖政府所在地既已他迁，南京在政治上、军事上皆无重要性可言。予作战计划，本定于敌军炮火过烈，使我军作无谓牺牲过甚之时，将阵线向后移动。今已本此计划，令南京驻军退守其他阵地，继续抗战。③

12月14日，蒋介石离开牯岭，乘飞机到达此时已成为中国临时首都的武汉，国民政府军事委员会大本营、国民政府军事委员会委员长侍从室等重要部门，也随之迁移武汉。蒋介石在武汉时，"驻节于武昌市豹头堤的湖北省政府官署，侍从室官员也先后移居其内。司机、武装卫士等，则分

---

① 中华民国史事纪要编辑委员会编：《中华民国史事纪要（初稿）》（1937年7月至12月），台湾"中华民国史料研究中心"1985年版，第732—733页。
② [日]《产经新闻》社撰、古屋圭二主笔：《蒋介石秘录》第4卷，《蒋介石秘录》翻译组译，湖南人民出版社1988年版，第38页。
③ 中华民国史事纪要编辑委员会编：《中华民国史事纪要（初稿）》（1937年7月至12月），台湾"中华民国史料研究中心"1985年版，第735页。

别借住官舍或租赁民房居住"①。

　　北京、上海特别是首都南京等重要城市的沦陷，华北、华东、华南等大片国土的丧失，国民党众多精锐部队的连遭重创，国内财政经济状况的日益恶化，难免引起部分意志薄弱者的悲观、失败情绪，也给中国人民与中国军队的抗战，在心理上蒙上一层阴影。前者如时为国民党高官的周佛海等，就于此前后在其日记中多次写下了"晚，应段楚贤之宴，与湘绅谈，觉前途黑暗，悲观之至"（1937年12月3日），"闻德国调解失败，焦灼万端。命运已定，无法挽回矣！未知吾辈死在何处也。……旋与宗武、思平、希圣一同午饭。饭后讨论时局，谈四小时。群觉束手无策，苦闷不堪言状"（1937年12月11日）的记载。②后者有蒋介石在其日记中所记载的"近日国内各方人士与党中重要负责同志，均以军事失败，非速求和不可，几乎众口一词"③作为佐证。蒋介石自知"此时如和，无异灭亡！余若不发宣言，表示决心，则危殆将不可支矣！"④为阐明中国政府坚守南京的意义与放弃南京的原因，表明中国政府与人民继续抗战的意志与决心，12月16日，他以国民政府军事委员会委员长的身份于武昌发表了《为南京沦陷告全国国民书》，内称："此次抗战，为国民革命过程中必经之途径，中国欲外求独立，内求生存，解放全民族之束缚，完

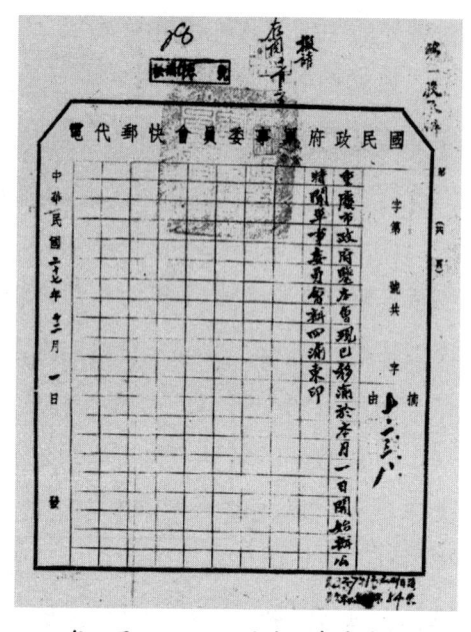

1938年12月1日，国民政府军事委员会关于移渝办公的快邮代电

---

① 张毓中：《侍从蒋介石：我的特勤生涯》，团结出版社2012年版，第127页。
② 周佛海：《周佛海日记全编》，蔡德金编注，中国文联出版社2003年版，第99、102页。
③ 中华民国史事纪要编辑委员会编：《中华民国史事纪要（初稿）》（1937年7月至12月），台湾"中华民国史料研究中心"1985年版，第754页。
④ 《蒋中正总统五记——困勉记》（下册），台湾2011年版，第591页。

成新国家之建设,终不能不经此艰难奋斗之一役。"既然抗战为国民革命过程中必经之途径,那么,"吾人为国家民族,与世世子孙计,牺牲虽巨,亦无可辞"。首都南京的沦陷,是日本帝国主义实行其"鲸吞"政策的结果,表明了日本帝国主义欲征服整个中国的野心。但"今日形势,毋宁谓于我为有利",因为"中国持久抗战,其最后决胜之中心,不但不在南京,抑且不在大都市,而实寄于全国之乡村,和广大强固之民心。我全国同胞,诚能晓然于敌人之鲸吞,无可幸免,父告其子,兄勉其弟,人人敌忾,步步设防,则四千万方里国土以内,到处皆可造成有形、无形之坚强壁垒,以制敌之死命。故我全国同胞,在今日形势之下,不当徒顾虑一时之胜负,而当彻底认识抗战到底之意义,与坚决抱定最后胜利之信心"。在书告中,蒋介石还指出:"目前形势,无论如何转变,唯有向前迈进,万无中途屈服之理;……此次抗日战争,绵亘五月,敌方最初企图,实欲不战而屈我,我方所以待敌者,始终为战而不屈,不屈则敌之目的终不能达;敌愈深入,将愈陷于被动之地位。敌如必欲尽占我四千万方里之土地,宰制我四万万之人民,所需兵力,当为几何,诚使我全国同胞,不屈不挠,前仆后继,随时随地,皆能发动坚强之抵抗力,敌武力终有穷时,最后胜利,必属于我。"[①]

蒋介石的这个讲话,从政府的立场表明了今后抗战的决心、途径与民众应有的努力,给首都南京失陷后动荡不安的局面、浮躁不稳的人心,注入了一剂镇静剂。

迁移到武昌后的蒋介石,为策划、指挥中国军队抗战,虽然也频繁奔波于南昌、开封、徐州等地,但其绝大部分时间,是在武汉活动。1938年1月,国民政府为加强政府职能,增加战时效率,再次对整个机构进行调整,国民政府军事委员会的组织,也随之有所变更,主要有下列四点:(一)蒋介石辞去行政院院长职务,专任军事委员会委员长。(二)国民党中央党部脱离军事委员会而重归于党的系统。

[①] 中华民国史事纪要编辑委员会编:《中华民国史事纪要(初稿)》(1937年7月至12月),台湾"中华民国史料研究中心"1985年版,第755—756页。

（三）第三、第四两部职掌合并于行政院新成立的经济部及其他相关各部。（四）所属参谋本部及第一部合并为军令部，第六部与政训部合并为政治部，训练总监部改为军训部；同时取消常务制，改用幕僚长制，内设委员长1人（后增设副委员长1—2人），正、副参谋总长各1人，委员7—9人。1月3日，国民政府明令公布《修正军事委员会组织大纲》，规定该会的主要任务为统率全国海陆空军，并指挥国民，负国防全责。1月10日，国防最高会议常务会议通过：特任何应钦兼军事委员会参谋总长，白崇禧兼副参谋总长，并决议军事委员会内部机构精减为军政、军令、军训、政治、后方勤务5部，分别以何应钦、徐永昌、白崇禧、陈诚、俞飞鹏为各部部长。1月15日，国民政府特任阎锡山、冯玉祥、李宗仁、程潜、陈绍宽、李济深为国民政府军事委员会委员。至此，国民政府于抗战爆发后的半年多时间里，在不断总结经验教训的基础上，终于完成了战时最高军事指挥机构——军事委员会的调整，从而在一定程度上适应了抗战全面爆发后军事作战的新形势与新需要。

辞去国民政府行政院院长兼职的蒋介石，以国民政府军事委员会委员长的身份，全力负责抗战军事的谋划与指挥工作。1月8日，蒋介石在汉口与白崇禧、阎锡山、何应钦、陈诚、宋哲元等高级将领举行重要军事会议，研究新的作战计划，会议决定变更抗战策略，改守为攻。嗣后，蒋介石还多次召集各战区司令长官及重要将领开会，检讨前期抗战的得失，研究部署今后的作战方针与计划。他还多次赴前线战区巡视、督促、指挥作战，颁行作战命令，嘉奖抗战有功人员，惩处擅离职守及抗战不力之将领；与此同时，他还对全国各省的军事、政治、经济、人事等做了长远规划和布置。

一年的艰苦抗战，使战前普遍存在的两种错误观点——"速胜论"与"速亡论"均告破产，蒋介石也开始意识到抗日战争绝不是一年半载短时间内可以解决的事，必经非常之痛苦与艰难，始可获得最后之胜利。因此，他不仅赞成中共领袖毛泽东在《论持久战》中所阐明的持久抗战方略，而且还针对国民党战场的具体情况，提出了"持久消耗战"

第六章　定都重庆始末

的战略指导思想。1938年2月7日，蒋介石在武汉主持中枢纪念周并于会上做了题为"抗战必胜的条件与要素"的讲话，对"持久消耗战"做了明确的解释。他说："广大的土地和众多的人民两个条件，就是我们抗战必胜的最大武器！……这次抗战，是以广大的土地，来和敌人决胜负；是以众多的人口，来和敌人决生死。……我们现在与敌人打仗，就要争时间。我们就是要以长久的时间来固守广大的空间，要以广大的空间，来延长抗战的时间，来消耗敌人的实力，争取最后的胜利！"①从而形成了国民党正面战场有名的"积小胜为大胜，以空间换时间"的战略指导思想。

1938年5月徐州沦陷后，日军分两路向武汉逼近，武汉形势日急。6月9日，蒋介石在武汉接见外国记者谈及目前抗战形势时称："现在战局关键，不在一城一地之能否据守，最要紧的是一方面选择有利地区，以击破敌人主力；一方面在其他地区以及敌军后方，尽量消耗敌人的力量。……长期抗战，此为最大要着。今后战争，即将转入山地与湖沼地战。"②7月16日，国民政府军事委员会鉴于武汉会战即将全面开始，为避免不必要的牺牲及保证国民党中央、国民政府各部门能正常行使其职权，决定"行政院及中央党部以及国民参政会、国防最高会议，从速迁往重庆"③。第二天（7月17日），军事委员会即颁布命令，限国民政府及国民党中央驻武汉各党政机关，于五天内全部迁至重庆。驻武汉各中央机关奉令后，党政机关径直西上，纷纷向重庆迁移；军事机关则以指挥作战的关系，先后向湖南长沙、衡阳转移，并于武汉失陷前迁移完竣。蒋介石夫妇及部分幕僚、随从，如侍从室主任林蔚等，则一直坚守在武汉。10月中旬，武汉形势更加吃紧，所有政府机关与人员都撤离得差不多了，但蒋介石仍没有撤离的迹象，以至于众人都为之担心。据时

---

① 蒋介石：《抗战必胜的条件与要素》（1938年2月），见秦孝仪主编：《总统蒋公思想言论总集》卷15，台湾"中国国民党党史委员会"1984年版，第118—127页。
② 中国社会科学院近代史研究所中华民国史编：《中华民国史资料丛稿大事记》第24辑，中华书局1980年版，第85页。
③ 王世杰：《王世杰日记》第1册，台湾"近代史研究所"1990年版，第311—312页。

任军事委员会办公厅电话监听员的王正元回忆：

> 这次武汉战事日紧，高级军政人员早已撤离，蒋介石似乎还是镇定自若。大约在20日（指10月20日——作者注）前后的一个下午，负责武汉战区的陈诚打电话给侍从室主任林蔚说："请委员长赶日撤离。"林答："已经请示了，他一点表示也没有。"陈说："还有哪些人未走？"林答："只有徐部长了。"（指军令部长徐永昌）"那么，请蔚文兄请徐部长转陈，请委员长赶日撤离。"林蔚、陈诚都知道蒋介石的个性，诸如这些事，亲信去说是没有用的，只有象徐永昌这样的人，既身居要职，又非亲信，去劝蒋才会同意的。①

在各方的劝导督促下，加之10月24日得知华南重镇广州失守，蒋介石认为广州失守后，武汉的得失已无关轻重，再没有坚守下去的价值和必要，于是决定放弃武汉，一方面允许各将领于当晚离开武汉，一方面自己偕夫人宋美龄等，也于当晚乘飞机撤离武汉，飞往湖南衡阳北面的南岳，但因飞机迷失降落方向，又不得不返回汉口，于10月25日凌晨四时再换乘飞机，重新出发，撤离武汉，飞赴南岳。而此时进犯武汉的日军，离武汉仅有15公里的路程，下午，日军即团团将武汉包围。蒋介石在解释他迟迟不离开武汉的原因时说："有舍乃能有取，能忍乃能有济。此次放弃武汉与我离去武汉之缓急先后，实关乎国家之存亡，能不审慎。深思三日，乃允各将领之所请，决于本晚离汉赴衡。成败利钝听之于天父命令而已。"②

蒋介石在湖南南岳期间，驻节南岳磨镜台。10月31日，发表《为武汉撤退告全国军民书》，其要点为：一、保卫武汉之意义，在阻滞敌军西进，保障后方建设——今任务已达，不必斤斤核心守卫，而应注意发展全面实力。二、我国抗战之一贯方针：（一）持久抗战——一时

---

① 中国人民政治协商会议江苏省委员会文史资料委员会编：《为蒋介石接电话12年见闻》，《江苏文史资料》编辑部1991年版，第15—16页。

② 《蒋中正总统档案·事略稿本》（42）（1938年7月至12月），台湾2010年版，第465—466页。

之进退变化,绝不能动摇我抗战决心。(二)全面战争——任何城市之得失,绝不能影响于抗战全局。(三)争取主动——我能处处立于主动地位,然后可以打击其速决之企图。三、希望全国军民认清持久战与全面战之真谛,发扬民族革命之精神,以更大努力承接战区扩大后之新局势,期获最后之胜利。①在此期间,蒋介石除于南岳举行军事会议,检讨前期抗战得失,总结第一期抗战的经验教训,召见参会各将领谈话外,还到长沙、南昌等地巡视,与前线各将领会商抗战大计。

11月30日下午,蒋介石一行由湖南南岳出发到衡阳,然后乘火车向广西转移,于12月1日正午到达桂林。蒋介石在桂林期间,驻节旧藩署,其主要任务为筹划设立国民政府军事委员会委员长桂林行营,统筹西南地区的对敌防御事宜。

早在武汉期间,蒋介石就有"万一武汉失陷,退守川黔"的打算。为此,他对四川做了种种布置与打算,如"先派兵入川,安定后方,并令加强川、滇、黔之食粮棉布生产,又令西安收买棉花,存于川北及汉中"。当1938年1月20日得知刘湘逝世的消息后,蒋介石在日记中写下了"从此四川可以统一,抗战基础定矣,未始非国家之福"的感慨。他先是任命张群继刘湘为四川省政府主席,在遭到四川军人的激烈反对后,又不得不"缓和处之",改任张群为国民政府军事委员会委员长重庆行营主任,同时任命四川人刘文辉为重庆行营副主任,傅常为重庆行营参谋长,邓锡侯为川康绥靖公署主任,潘文华为川康绥靖公署副主任,王缵绪为

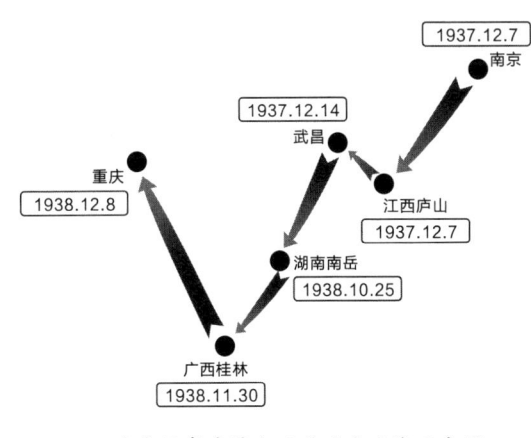

国民政府军事委员会迁移重庆路线示意图

---

① 《蒋中正总统档案·事略稿本》(42)(1938年7月至12月),台湾2010年版,第499—500页。

四川省政府主席，从而让因刘湘逝世动荡不安的川局安定下来，为日后军事委员会迁移重庆奠定了基础。有了这些铺垫与处置，所以在武汉失陷后第三天的1938年10月28日，在四川负责主持党政军大计的主要负责人——国民政府军事委员会委员长重庆行营主任张群、副主任贺国光，川康绥靖公署主任邓锡侯、副主任潘文华，国民党四川省党部主任委员陈公博，四川省政府主席王缵绪，西康建省委员会委员长刘文辉及川籍各集团军总司令杨森、唐式遵、王陵基、孙震等，遂联名致电蒋介石，吁请蒋介石莅川驻节，以统筹全局。电称：

蒋委员长钧鉴：△密。粤汉阵地转移，四川实为南北枢纽，且人力物力，为西南各省之冠，复兴根据，责任重大。拟请钧座莅临驻节，以便统筹全局，对于发动全民力量，收效更迅。[①]

蒋介石也在处理完前线有关军务后，顺理成章地于1938年12月8日上午十一时由桂林起飞，下午二时飞抵重庆，驻重庆南岸之黄山，官邸则设在市区曾家岩之尧庐。

至此，中国近现代史上一次最大规模、也是唯一的政府首脑机关与国家都城自东向西的大迁徙，也就随着集中国国民党总裁、国民政府军事委员会委员长、国防最高会议主席等多种要职于一身的蒋介石及其所率领的军事委员会大本营的迁抵重庆，宣告结束。

---

① 周开庆编：《民国川事纪要》（下），四川文献月刊社1972年版，第59页。

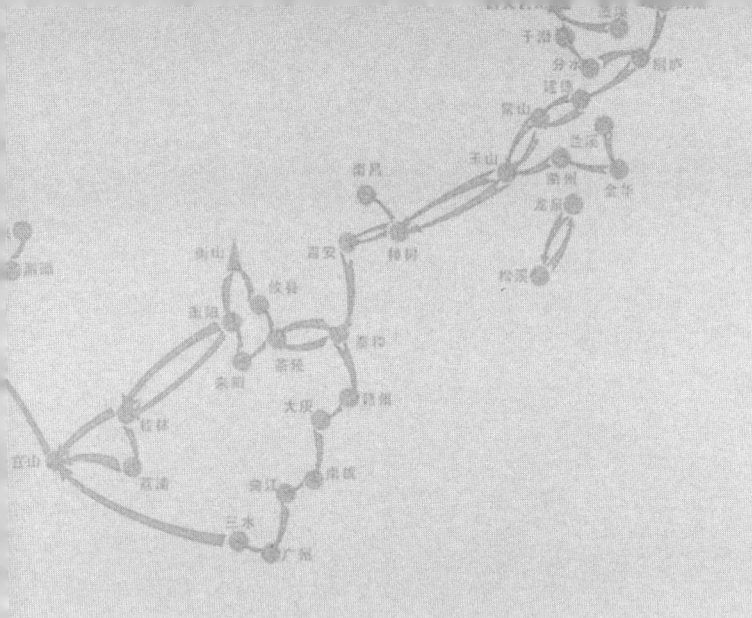

第七章
各方优势终定渝

　　直到1937年11月12日蒋介石与林森晤面会商并决定迁都重庆之前，都没有国民政府究竟会将首都迁到某一具体地点的记载和说明。因此，国民政府迁都重庆，是在1937年11月12日才决定的，而且是毅然决然、一次决定，没有讨论，也没有徘徊。那么，重庆为什么能在四川众多的城市中脱颖而出，成为国民政府定都的不二选择呢？这不仅在当时的官方档案中没有记载，也没有当事人或知情者对此加以阐述和说明，而且直到现在，即便学者对此有所论述，也均不深入和全面。而网上有关抗战时期国民政府迁都重庆原因的分析与讨论，也是五花八门，没有定论。

自然环境上的优势

重庆位于中国西南地区四川盆地的东南部，它西连三蜀，北通汉沔，南达滇黔，东接荆襄。在今天中国的版图内，重庆在地理上实际处于中国的"腹心"位置，距祖国的最东端、最西端分别为3186公里、3150公里，距祖国的最南端、最北端分别为2934公里、2925公里。[①]因此，重庆既是中国西部与中部、东部的结合点，又是联结中国西部地区西南、西北的枢纽。这种"腹心"位置，既有利于沿海地区工厂、学校、机关、人员向重庆的迁移和疏散，也有利于大后方各地兵员、物资向前方的运送。

在空间上，重庆距上海的直线距离为1400余公里，距南京的直线距离为1200余公里，距武汉的直线距离约700余公里。而从大后方的门户——宜昌到重庆的实际距离，则为580余公里。在此500余公里至1450余公里的空间范围内，除水路和空运外，是没有其他交通方式可通的。即使是长江，大型船只也只能航行到宜昌，宜昌以上至重庆段的川江，夏季洪峰时波涛汹涌，冬季枯水时暗礁凸现，被人们称为航运中的"绝地"，航行十分困难和危险。时人对此描述称：川江"江流萦回于万山中，来去之路，均为山锁，以致激荡咆哮。江峰宽到三百五〇码，狭到一百五〇码。水深，在涸季最深六十浔（每浔六尺），最浅又仅六浔。涸季江流尚缓，洪水则急流如箭，漩沫飞天，以七八九数月最猛。其间

---

① 重庆市经济地理编辑委员会编：《重庆市经济地理》，重庆出版社1987年版，第4页。

险滩极多，水中巨岩，或隐或现，舟行奇险"[1]。

更为重要的是，在重庆以东直到湖北宜昌，均为崇山峻岭，其北部、东部及南部分别有大巴山、巫山、武陵山、大娄山环绕，地势特别险要，易守难攻，且无公路、铁路相接，仅有的长江水道，也是水急、弯多、滩险。在当时的条件下，要从地面攻到重庆，是根本不可想象的。所以蒋介石在1935年3月2日抵达重庆的当日，就有"不到夔门巫峡，不知川路之险也"的感慨。

长江三峡风貌

数百上千公里的直线距离，使得重庆能与战争、战区，以及前线保持足够的战略纵深距离，从而保障首都的绝对安全。这也就是国民党中央委员、中山大学校长邹鲁1937年12月4日抵达重庆时在回答记者"我们为什么要迁都重庆"这一问题时，所回答"大家都知道，中国的沿江沿海岸的防御武力，皆不及日本。因此，我们要求一个敌人的海军、陆军和空军都不能来的完善地方，作我们政府的根据地，这是中央政府迁

---

[1] 易君左：《长江三峡今注》，载《川康建设》1943年第1卷第2、3期合刊。

渝主要原因"①的最好诠释了。

事实上,抗战全面爆发后国民政府如此坚定地决定将首都远迁数千里之外的重庆,应该是抗战初期国民政府的一个重大、正确的战略性决策。因为在重庆成为中国的战时首都之后,无论是1940年5—6月日军发动枣宜会战,西犯攻占四川的门户宜昌,或是1944年4—12月日军发动"一号作战",南下攻占了作为重庆屏障的贵州独山、八寨,虽然都造成过一定的危险与震动,但日军地面部队始终未能进入四川,更没有到达重庆。试想,如果当时国民政府接受汪精卫关于"如需迁都,应以武汉或广州为宜"的建议,而武汉、广州在抗战全面爆发不到一年的时间即告陷落,那么,此时的国民政府,要么屈服,要么再次迁都,对国人、对抗战的负面影响,远远超过国民政府宣布从南京迁都重庆时的种种情形。因此,国民政府主席林森在1937年11月16日国防最高会议上关于"国民政府迁移是为战略决策,且只可迁移一次"的说法,是完全正确的。

重庆位于北半球副热带内陆地区,气候温和,属典型的亚热带季风性湿润气候,其气候特征犹如民间俗谚所称的那样:"春早气温不稳定,夏长酷热多伏旱,秋凉绵绵阴雨天,冬暖少雪云雾多。"温和的气候,不仅适宜人的居住,也适宜粮食和蔬菜的生长,所谓的"四季宜农"是也。

重庆又是世界上有名的"雾都",每年秋末至次年春初,大多处于浓雾之中,年平均有雾的日子多达近一百天。每逢雾日,满城云缠雾绕,大街小巷缥缈迷离,数百米之外不见人影。著名作家张恨水在《重庆旅感录》一文中写道:凡游历四川者,虽是走马看花,但却有两点不可磨灭的印象,"其一为山,其二为雾"。他在描写重庆的雾时,这样写道:

就愚在川所经历,大抵国历十一月开始入雾瘴时期,至

---

① 原载《国民公报(重庆)》1937年12月5日。

明年三月渐渐明朗。即明朗矣，亦阴雨时作，不能久晴，苟非久惯旅行，贸然入川，健康必难久持。其在雾罩时期，昼无日光，夜无星月，长容作深灰色，不辨时刻。晨昏更多湿雾，云气弥漫，甚至数丈外混然无睹。①

重庆这种浓雾弥漫的天气，在今天可能算不上是好天气，但在抗战时期，在对付日本因陆军地面部队不能到达只能靠空军进行轰炸时，这种浓雾则形成了天然保护的绝好屏障，在抗战时期日机对重庆所实施的长达五年半的疯狂轰炸中，每年只能在4—9月间进行，而在当年10月至次年3月，则要留下一段让重庆人民休养生息、重建家园的空隙。证之以抗战时期日机对重庆的轰炸，1939年的轰炸从1月7日始至10月5日止（1月的3次轰炸为试探性轰炸，大规模的轰炸是从5月3日开始的）；1940年的轰炸从4月24日起至10月26日止（日军是年所制定的大规模轰炸重庆的"101号作战计划"，其预定的时限也是从4月到9月）；1941年的轰炸从1月22日起至9月28日止（其中1月1次，3月1次，大规模的轰炸也是从5月开始的）。虽然其轰炸疯狂、残酷、野蛮、无差别，但几乎每年都要给重庆留下半年喘息的机会，这在残酷的战争环境下，一年之中还能得到半年的喘息机会，其珍贵价值，是不言而喻的。相信带兵打仗又颇重视防空的蒋介石，在考虑迁都这一重大问题时，对此也是有所考虑的。

在地理位置上，重庆坐落在四川盆地东南部、青藏高原与长江中下游平原的过渡地带，居于川东南延行的平行岭谷与川中丘陵、川南山地的结合部，地势地形变化极大，不仅在重庆城这一狭小的范围内是"山高路不平，出门就爬坡""城在山中，山在城中"，而且在重庆近郊的江北、巴县等地，因为地质及地势上的原因，也是关隘林立、群山环抱，仅巴县境内，即有著名的关隘150余处，如城南的南平关、涂山、南山、黄山、文峰山等，城东南的黄桷垭、拳山垭，城东的亮风垭，

---

① 张恨水：《重庆旅感录》，载《旅行杂志》1939年第13卷第1期。

城北的铁山坪、铜锣峡，城西的佛图关、二郎关、青木关、歌乐山、中梁山、缙云山，等等。它们或互为表里，或互为犄角，步步设隘，层层拱卫，形成了防御重庆绝好的天然屏障。所以清乾隆《巴县志》在描述重庆的军事地位时称，全蜀"四塞之险，甲于天下。渝州虽东川腹壤，而石城削天，字水盘郭。山则九十九峰，飞挖攒锁于缙云、佛图之间。……昔人以地属必争，置重镇，间为制抚军驻节，良有以也"，以及"惟渝城会三江，冲五路，鞭长四百三十余里，俯瞰夔门，声息瞬应。而西玉垒，北剑阁，南邛崃、牂牁，左挟右带，控驭便捷。故渝城能守，可俾锦官风雨，坐安和会矣"①的记载。而民间也有"天生的重庆铁打的泸州"之说。所有这些，都说明了重庆地理形势的险固与军事地位的重要。

抗战爆发前的重庆

不仅如此，重庆还是我国著名的山城，其地下是坚硬的岩石。这在"现代战争乃立体战争，无前后方之分""无空防即无国防"等理念已普遍为广大精英阶层和高官所认识和接受的时候，有这样一个有利于建

---

① 彭伯通：《古城重庆》，重庆出版社1981年版，第11页。

筑防空避难设施的地方，当然是再好不过了。在此方面，蒋介石虽没有留下什么记载，但与蒋介石过往甚密、时任中央大学校长的罗家伦，则留下了他自己的看法。

1935年5月下旬，罗家伦"为了商量冀察事变的问题"，同时表述自己有关"对日问题"的态度和看法，乘专机自南京经重庆飞成都，向时在四川指挥"剿共"的国民党最高领袖——蒋介石进行陈述和请示。对重庆来说，罗家伦只是一个匆匆过客，他在重庆仅待了一天即飞赴成都，对重庆的认识，也犹如重庆五月的天气一样，尚不明朗，更谈不上深入的了解和认识。三天之后，罗家伦因急于赶回南京主持中央大学的毕业典礼，乘蒋介石的专机经重庆转飞南京，因恰遇大雾，不能飞行，只能滞留重庆，等待天气好转。在重庆滞留的两天半中，罗家伦对重庆及附近地区做了考察，从而加深了他对重庆的认识和了解，也更仔细、更深远地考虑了未来战争爆发后中央大学的去留及迁至何处等重大问题，后来，罗家伦回忆道：

> 因为气候不好，我们在重庆耽搁了二天半，我就利用这段时间在重庆观察地点。因为我从汉口飞重庆的时候，观察过了宜昌以后山地的形势，便感觉到若是中日战事发生，重庆是一个可守的地点。回程到了重庆，我便存了一个心，为中央大学留意一块可以建设校址的地方。我亦了解在中日战争的过程中，空袭是一个重要的战略。重庆山势起伏，层岩叠嶂，易于防空，觉得这是一个战时设校的理想地点，像沙坪坝、老鹰岩，也是我游踪所到地方。可以说我这二天半在重庆的游览，赋给我对于重庆的形势一种亲切的认识。①

罗家伦这样的文人，只在重庆待了两天半，就能有这样的认识，那么，作为行伍出身又长时期带兵打仗、时为全国最高军事长官的蒋介石，1935年在重庆待了数月之久，足迹又遍布重庆各关隘，其对重庆在

---

① 罗家伦：《抗战时期中央大学的迁校》，见《罗家伦先生文存》第8册，台湾"中国国民党党史委员会"1989年版，第443页。

未来战争中重要地位与作用的认识,当远在罗家伦之上。在蒋介石档案中,于1935年3月7日则留下了"甲、军事以利用天时、气候、地利、山河、道路与敌人阵势,以了战事。乙、须争先着,不争小利"[1]的记载。而且凭着罗家伦与蒋介石的特殊关系,罗家伦的这种认识一定会影响到蒋介石。事实上,重庆城区的坚硬岩石及周边的崇山峻岭,对战时首都重庆的护卫都发挥过巨大作用。坚硬的岩石,有利于建筑防空避难设施,从1937年到1942年,重庆的防空避难设施从54个增加到1603个,其容量也从7208人增加到427,673人,短短的六年间分别增加了29.69倍、59.33倍,[2]为抗战时期重庆在遭受日机长时期、大规模、残酷、野蛮的无差别轰炸下,保卫战时首都人民的生命财产安全,保障国民政府各院部会正常地行使职能,发挥过重大、积极和特殊的作用。

---

[1] 《蒋中正总统档案·事略稿本》(30)(1935年3月至4月),台湾2008年版,第63—64页。
[2] 参见《重庆防空司令部防空史料》(1944年),重庆市档案馆馆藏档案,全宗号0044,目录号1,卷号81。

交通及经济上的优势

　　重庆地处长江上游，城区又恰恰位于长江、嘉陵江的汇合处，水运交通十分便利，借助长江水运，重庆向东可直达湖北、江西、安徽、江苏、上海等省市，由此再通联于世界各地，把长江中下游及沿海各地紧密地联系起来；向西又可通过长江、嘉陵江及其众多的支流，如渠江、涪江、沱江、岷江、乌江等，沟通与四川各地以及贵州、云南、陕南、甘南等地。而在四川盆地内部，大多数河流均漏斗式地汇合于长江，长江流经四川境内的长度虽然达到2800公里，但其中心点和枢纽，则是位于长江与嘉陵江交汇处的重庆。重庆不仅可以通过长江直接沟通长江沿岸城市，而且以长江为主干，在涪陵接纳乌江，在江津接纳綦江，在泸州接纳沱江，在宜宾接纳岷江，并通过它们与川东、川南和黔北地区、川中特别是富庶的川西平原发生联系。特别是长江的重要支流嘉陵江，总长800余公里，流域面积达16.3万平方公里，通过嘉陵江的支流渠江、涪江，还连接了广大的川西北、陕南、甘南地区。在近代铁路、公路、航空等现代交通工具出现之前，四川及整个西南地区的绝大部分物资，都是通过纵横交错的水路，源源不断地运到重庆，再由重庆运往长江中下游地区。长江中下游的货物也以重庆为集散地，再通过水路纷纷转运到广大的四川及西南、西北各地。据不完全统计，抗战爆发前，民船在川江及其各支流航行的总里程，多达10,000余公里，而重庆恰恰成为中国西部地区最大水道运输网的总枢纽，是仅次于上海、汉口的第三大商埠。故有论者在论述重庆地位之重要时，有"隐握长江上游之牛耳,西南诸省之锁钥"[①]之谓。

重庆的这种交通优势,在20世纪30年代中期铁路运输缺乏,公路、航空运输刚刚起步之际,显得特别重要,对国民政府决定迁都重庆也不无影响。因为迁都重庆,既方便国民党中央依托长江水运将重要的人员、设施设备及档案卷宗和大批工厂、学校等移至重庆,又方便西南各省的兵员、粮食、枪炮弹药等前方急需品通过重庆上游长江、嘉陵江及其众多的支流向重庆集中,然后再通过长江东下,源源不断地补充前线。事实上,在国民政府迁都重庆的历史过程中,水运的优势发挥得十分明显,所起的作用也巨大。当时内迁的国民政府官员,除极少数是乘飞机到达、极个别从陆路乘车辗转抵达重庆外,90%以上的人都是通过长江乘船抵达重庆的;内迁的机器、物资与设备则几乎都是通过长江到达重庆,然后再通过重庆分转各地。在内迁的机器设备中,"其中或有一件即重十余吨至二三十吨者",这在当时的运输条件下,陆运、空运是根本不可能搬走的,但通过长江水运,却将这30吨重的庞然大物,完整地运到了重庆。而战时西南各地的数百万壮丁,数不胜数的粮食以及以重庆为中心生产的枪炮、弹药等其他军需品,也主要是通过长江运往前线战场的。对此,主持当时内迁运输事宜的民生公司总经理卢作孚于1943年写道:

> 对日作战以后,……那时自己正在南京帮助中央研究总动员计划草案的时候,告诉民生公司的人员:"民生公司应该首先动员起来参加战争。"这个期望,公司实践了。四川需要赶运四个师,两个独立旅到前方,公司集中了所有的轮船,替他两个星期由重庆、万县赶运到宜昌。上海、苏州、无锡、常州的工厂撤退,民生公司的轮船即以镇江为接运的起点,协助撤退。接着又从南京起,撤退政府的人员和公物,学校的师生、仪器和图书。从芜湖起,撤退金陵兵工厂,从汉口起,撤退所有兵工厂及钢铁厂。……其总量又远在八万吨以上。大半年间,以扬子江中下游及海运轮船的全力,将所有一切人员和器材,集中到了宜昌。扬

---

① 袁著:《重庆都市发展之地理的根据》,载《四川经济月刊》1938年第9卷第5期。

子江上游运输能力究嫌太小，汉口陷落后，还有三万以上待运的人员，九万吨以上待运的器材，在宜昌拥塞着。……因为扬子江上游还有四十天左右的中水位，较大轮船尚能航行，于是估计轮船四十天的运输能力，请各机关据此分配吨位，各自选运主要器材，配合成套，先行起运，……一位朋友晏阳初君称这个撤退为"中国实业上的敦刻尔克"，其紧张或与"敦刻尔克"无多差异。①

在这里，卢作孚虽然主要是说明民生公司在抗战爆发后对抗战的贡献，但也说明了当时内迁人员与物资数量之巨大，运输条件之艰苦以及运输之繁忙；同时，还从另一个侧面反映了长江这一联贯东西的交通大动脉对抗战爆发后政府西迁时运送人员与物资的巨大贡献，因为只有长江"黄金水道"这个载体，轮船、木船才可以在上面航行，人员与物资才可以较顺利地运往目的地。试想，在当时的条件下，如果没有长江这个水上交通大通道，而是靠汽车或飞机将这么多的人员和物资运到远离南京数千里的重庆，是根本不可能的，因为要运走的人员、物资，实在是太多太多，据国民政府军事委员会军政部部长何应钦称"仅军政部之要品，须一百列车方能运走"②。当时的四川，尚无一条通向外省的铁路，虽然有连接华中地区的川湘及川黔公路，但路线长，路况差。而作为陆路运输主要工具的汽车，更是十分缺乏。据统计，在1937年7月，四川公路局总共掌管的车辆只有279辆。计客车132辆，游览车3辆，轿车31辆，行李车24辆，货车31辆，邮车58辆，③其分配于川黔路者230辆，川陕路者34辆，川湘路者6辆，川鄂路者9辆，但因各机关的借用，实际营业者只有不到160辆。如此的公路交通、运输状况，要将东部地区数以万计的人员以及数十万吨的物资，在短短的一年内运到数千里外的重庆，是根本不可能的。

重庆在交通运输上的优势与便利，也应是国民政府迁都重庆的重要

---

① 凌耀伦、熊甫编：《卢作孚文集》，北京大学出版社1999年版，第566—567页。
② 徐永昌：《徐永昌日记》第4册，台湾"近代史研究所"1991年版，第181页。
③ 《四川公路局局长魏军藩谈话》，载《国民公报（重庆）》1937年7月8日。

原因之一。

重庆于1891年开埠，虽比沿海地区的上海、广州等大城市晚了近半个世纪，但却是西部地区开埠最早的。各个帝国主义资本主义对重庆的种种侵略，在加剧重庆半殖民地半封建社会的同时，却促进了重庆资本主义的萌芽。加之重庆优越的地理环境和交通优势，经过四十余年的缓慢发展，到抗战爆发前夕，重庆已发展成为整个西部地区人口最多且最具规模的近代城市，是四川乃至整个中国西部地区最大的工业、金融和商贸中心，城区交通、港口码头、供水供电、邮政电讯、文教卫生等近代城市设施，也有了一定的规模和基础。所有这些，都为国民政府迁都重庆奠定了坚实的基础。

在工业方面，重庆的近代工业产生于1891年，经过四十余年的发展，到蒋介石入川统一川政的1935年，重庆的工业已有一定基础，如机器厂、制革厂、面粉厂、染织厂、肥皂厂、罐头厂、油漆厂、电池厂、火柴厂、玻璃厂及其他一些手工工场。[①]嗣后，随着四川抗战基地的逐步确立，国民党中央又对重庆的经济进行了一些调整，将之纳入全国经济的运行体制之中，从而促进了重庆经济的发展。到抗战全面爆发前夕的1937年，据有关专家研究，重庆已有上万元资本的工厂77家，总资本818万元，分别占当时全国总数的1.96%和2.42%。重庆工厂数在全国所占比例虽少，但在四川，则是处于绝对的中心和领导地位，其工厂数占全川工厂总数115家的66.96%。[②]不仅数量在四川全省占绝对优势，而且在技术上也占优势，在重庆已出现一些先进的工业企业，作为大工业标志的钢铁、电力、兵工、煤矿、水泥、航运等大型企业已初露端倪。城市基础设施如道路、自来水、电灯、电话等也略具规模，故有论者称"四川都市仅重庆略具市政规模，其他均不足一述"[③]。所有这些，都为战时国民政府内迁重庆奠定了较坚实的物质基础。

---

① 参见《重庆工业调查》，载《四川月报》1935年第6卷第2期。
② 参见隗瀛涛：《近代重庆城市史》，四川大学出版社1991年版，第209页。
③ 叶翔之：《四川现实政治调查》，载《复兴月刊》1935年第3卷第6—7期。

在商业方面，重庆拥两江之利，舟楫之便，商贾辐辏，是全川的商业中心，故有学者誉"重庆一埠，尤为西南诸省之锁钥，全川商务之中枢"[①]；"重庆以地当水陆交通要冲，不特全川之进出口贸易，几全恃以为集散之中心，即滇、黔、甘、陕等省附近川省各地，其商品之进出，亦多以重庆为转输之口岸，易以其商业之隆盛，为西南各都市冠。"[②]特别是到了近代重庆开埠、航运业兴起之后，重庆商业中心的地位更显重要和突出，"仿佛为盆地中之漏隙，故四川全省之对外贸易，均将以盆地边缘之重庆为集散之枢纽，最近四十五年来四川全省进出口货值总数统计，重庆恒占80%以上"，即使"在全国各商埠之贸易总额"[③]中，重庆也占约3%。其中，经营棉纱业的就有字号22家，商铺26家，棉纱铺29家，水客17家。[④]到抗战全面爆发前的1936年，重庆城内已有商业行业27个，店铺字号3058家；其中拥有100家以上的行业有绸缎、布业、苏货、山货等8个行业，共2209家，占总数的72%；[⑤]从事商业的人口多达数万人。繁盛的商业，与便利的交通紧紧联系在一起，为重庆城市提供了重要的保障，也有利于战时各种物资的输入与供应。

在金融业方面，清代时成都是四川的政治中心，也是金融中心。但进入近代以后，因为商业繁盛，加之人口众多，重庆在金融业方面发展迅猛，迅速超过成都而成为四川乃至整个西南地区的金融中心。早在1891年开埠时，重庆即拥有山西票号16家，到1894年，全川共有票号27家，其中绝大部分是在重庆。随后，作为近现代金融机构的钱庄、银行相继出现，重庆也始终是其主要活动舞台。据1937年的调查，四川全省共有钱庄55家，其中重庆为23家，成都、自流井（今四川自贡——作

[①] 张肖梅：《四川经济参考资料》第21章《贸易统计》，中国国民经济研究所1939年版，第U1页。
[②] 平汉铁路管理局经济调查组编：《重庆经济调查·概述》，平汉铁路管理局经济调查组1937年版，第4页。
[③] 袁著：《重庆都市发展之地理的根据》，载《四川经济月刊》1938年第9卷第5期。
[④] 张肖梅：《四川经济参考资料》第19章《进口业》，中国国民经济研究所1939年版，第S3—S5页。
[⑤] 参见《重庆市工商行政管理志资料汇编》，重庆市工商行政管理局1988年编印，第9页。

四川美丰银行系重庆第一家中外合资银行

者注）各12家，其他各地8家。[①]全川共有银行18家，其中重庆12家，占全川总数的66.67%；全川共有各种银行的总分支行处130个，其中位于重庆及重庆银行的派出机构即达120个，占全川总数的92.3%。[②]除此之外，重庆还有保险公司11家，占全川总数的90%以上，还有四川独一无二的信托公司、证券交易所、票据交换所等新型金融平台。完善的金融体系与网络，可以为战时首都提供资金运营及技术上的保障。

除重庆本身经济的发展外，其经济体的外延不仅包括川西、川南、川北全部以及川东的绝大部分地区，而且还包括与四川接壤的各县区。

上述抗战全面爆发前重庆的经济发展、拥有的城市基础设施，以及广阔的经济范围等方面的优势，在当时的中国西部各城市中，是绝无仅有的。这既为国民政府迁都重庆提供了坚实的经济物质基础，又为战时国民政府将重庆发展建设成为中国抗战大后方的经济中心以支撑长期、艰苦的抗战提供了有利条件。

[①] 张肖梅：《四川经济参考资料》第4章《银钱业》，中国国民经济研究所1939年版，第D46页。

[②] 隗瀛涛：《近代重庆城市史》，四川大学出版社1991年版，第292—293页。

政治上的优势

近代以来，重庆优越的地理位置、其所拥有的军事战略地位、便利的交通、发达的商贸、兴盛的金融等，使得其在民国时期一直成为各路军阀争夺的焦点，号称"巴壁虎"的刘湘，就是依托重庆的便利与富庶，打败其他各路军阀，成就其"四川王"的霸业的。因此，在1935年1月国民政府军事委员会委员长南昌行营参谋团入川之前，重庆一直为刘湘控制。1935年2月新一届四川省政府成立，刘湘也一改先前省政府设于成都的惯例，将新的四川省政府设在了其控制的老巢——重庆。

正是因为认识到重庆地位的重要，重庆成了国民党中央势力进入四川和整个西南地区的桥头堡，也是蒋介石1935年西南行的首站。1935年1月参谋团入川后，国民党中央的各种势力开始渗入重庆并以重庆为据点，向四川及西南各省大肆拓展。为了控制重庆这个军事上的重镇，扫除国民党中央"军令""政令"执行中的障碍，减轻地方势力的干扰，国民党中央频频给刘湘施加压力，要其将四川省政府迁往成都。迫不得已，刘湘只得于1935年7月将成立不到半年的四川省政府由重庆迁往成都，从而离开了他苦心经营、盘踞了十余年的老巢。

四川省政府迁离重庆后，刘湘所部独立第161师许绍宗部仍留驻重庆，重庆市市长、重庆市警察局等地方实力机关也在刘湘的控制之下。因此，省政府西迁成都后的刘湘，仍在重庆保有一定的实力。到了1935年8月1日，国民党中央又以重庆戒严司令部撤销，重庆自是日起宣布解严为由，迫使刘湘令许绍宗部离开重庆，专负维持下川东各县秩序与防务之责,从而使刘湘在重庆的力量进一步被削弱。同年11月国民政府军事委员会委员长重庆行营成立后,不仅掌管四川、云南、贵州等西南诸省的政治、经济、军事和人事大权,而且西北的陕西、甘肃、宁夏、青海各省军政,也受其节制指挥,其实质就是国民党中央控制西南、西北诸省的代行机构。与此同时,国民党中央借"追剿"中国工农红军之名,调遣中央军薛岳、李抱冰、万耀煌、徐源泉、周浑元、上官云相、郝梦麟、吴奇伟等部,相继进入四川、云南、贵州诸省,并受重庆行营的指挥。这些中央军,其实力在人数、装备、给养上,都远远超出刘湘的川康绥靖公署部队。不久,国民党中央军第16军军长李蕴珩、第36军军长周浑元,又率所部相继进驻重庆,使得国民党中央对重庆的控制进一步加强。从此以后,直到1949年重庆解放,重庆一直是国民党中央控制西南各省的总枢纽。

与此同时,国民党中央其他各机关,也纷纷在重庆设立派驻分支机构,到1936年,在重庆的国民党中央分支机构除最具实权的国民政府军事委员会委员长重庆行营外,还有外交部川康视察专员办事处、财政部四川财政特派员公署、财政部重庆盐务稽核所、财政部四川印花烟酒税局、财政部四川印花烟酒税局江北稽征所、交通部航政局、交通部无线电台、交通部川滇黔三省材料处、交通部巴县无线电发报台等。[①]由此一来,不仅重庆而且四川乃至整个西南各省的政治、经济、军事、人事等大权,均牢牢控制在代表国民党中央的国民政府军事委员会委员长重庆行营手中,重庆行营也以其全力,加大对四川乃至西南各省的控制与经营,从而为抗战爆发后国民政府西迁重庆,奠定了可靠的政治基础。正因为如此,抗战爆发后特别是1938年1月刘湘逝世后,虽然国民党中央与四川地方军人暗流潜生,四川局势发生动荡,但在国民党中央与重庆行营的斡旋下,最终保持了川局的稳定,直到抗战胜利结束。

[①] 重庆市公安局警察训练所:《重庆各机关法团名称》,1936年版,第3页。

"川军国家化"的成功

军队是一个国家的柱石，也是各个军阀赖以生存的基础。作为行伍出身、又长时期带兵打仗的蒋介石来说，当然深知军队的重要。所以当他1935年入川之际，就抱有利用川军"剿共"、削弱川军图川、控制川军以建设四川抗战基地的思想。为此，他明确提出了"川军国家化"的口号，并于1935年8月对既庞杂又庞大的四川军队进行了首次整编。此次整编，虽然四川各军均被冠以全国陆军的统一番号，也裁汰了一些军队，但并没有达到国民党中央所期望的裁减川军三分之一或五分之二的目的。因此，蒋介石对川军的此次整编并不满意，积极寻找机会，对之进行再次整编。

在1936年夏的两广事变以及12月的西安事变中，刘湘均有异动，这引起蒋介石的极大不满。到了1937年春，"川局谣言突兴，刘湘所部与驻川中央军发生互相警戒现象，刘部与其他川军间亦有暗潮"[1]；加之1937年四川大旱，灾情严重，物资奇缺，物价高昂，人民生活痛苦，刘湘所部士兵的生活难以为继；与此同时，日益严重的中日局势与民族危机，全国人民要求团结一致、共同抗日的呼声；所有这些，都为蒋介石对四川军队实施再次整编创造了条件。1937年3月18日，重庆行营代主任贺国光，偕刘湘之代表邓汉祥（四川省政府秘书长）、卢作孚（四川省政府建设厅长）等由重庆飞抵南京，第二天（19日）即晋谒蒋介石，

---

[1] 周开庆：《四川与对日抗战》，台湾商务印书馆1971年版，第30页。

报告川省军政情形。邓汉祥代表刘湘表达了拥护国民党中央之诚意，同时解释了中央军与川军对峙谣言之起因，并表示此行的主要任务为"研究中央与地方精诚团结办法，即促进军队国家化，政治统一化"①。随后，国民政府军政部部长何应钦秉承蒋介石意旨，与贺国光、邓汉祥、卢作孚等多次商量，最后提出了改善四川军事、政治的六项办法，电告刘湘，刘湘表示同意。随后，双方又于1937年春夏之间经过反复多次的磋商、谈判，最终达成了整理川康军队的协议。6月29日，国民政府军事委员会令颁《川康军事整理委员会组织大纲》七条，7月1日，刘湘接见中央社记者并发表谈话，表示拥护国民党中央所制订的《川康整军方案》。

1937年7月6日，国民政府军事委员会在原参谋团对川康各军进行整编的基础上，再次于重庆召开川康整军会议。会议第二天，卢沟桥事变爆发，与会者鉴于卢沟桥事变的爆发及日本帝国主义对我国侵略的加剧，纷纷表示拥护国民党中央的整军方案，并愿意出兵抗日。由此一来，会前预计困难重重的川康整军会议，只开了短短的四天，即基本达到了国民党中央的要求，实现了蒋介石梦寐以求的"川军国家化"的目的，而且迅速彻底，不仅将川康各军的建制合并、数量大大裁减，将川康各军由先前的8个军26个师171个团，整编为7个军21个师105个团，还将有关军队的经理、卫生、人事任免、部队训练、政治教育，以及其他所有有关军事的航空、防空、军需、兵工等，均收归于国民党中央及有关部会，或由国民政府军事委员会委员长重庆行营代为管理与指挥。更为重要的是，此次整编贯彻落实得也十分迅速，到8月底即告完毕。9月1日，整编就绪的川军出川抗战先头部队，即分东、西两路，奔赴抗日前线，从而开始了川军历史上最为光荣、惨烈的"打国仗"②。

"川军国家化"的成功、川军出川抗战的实现，以及四川各将领特别是四川省政府主席、川康绥靖公署主任刘湘对抗战所表现出来的积极

---

① 周开庆：《民国川事纪要》（上），四川文献研究社1972年版，第5页。
② "打国仗"系当时川军的语言，主要是针对其先前的"打内战"而言。

态度，消除了国民党中央内迁重庆的后顾之忧，为抗战爆发后国民政府的迁都重庆提供了心理上和精神上的支持。

上述重庆成为国民政府迁都唯一选择地的原因，如果单个的讲，可能当时中国的许多城市都具备或者超越重庆，但如果综合考察，则非重庆莫属。所以，抗战时期国民政府迁都重庆，是多种历史因素综合的结果，是当时国际、国内情势与重庆自身各种优势相结合的必然，是中日全面战争爆发前，国内仁人志士有关对日侵略采取"拖"和"向中国内陆发展"方略、抗日战争爆发后国民党中央"积小胜为大胜，以空间换时间"战略方针，以及"迁都必须作长远打算而且只能迁一次"政策的实践与实现。

第八章

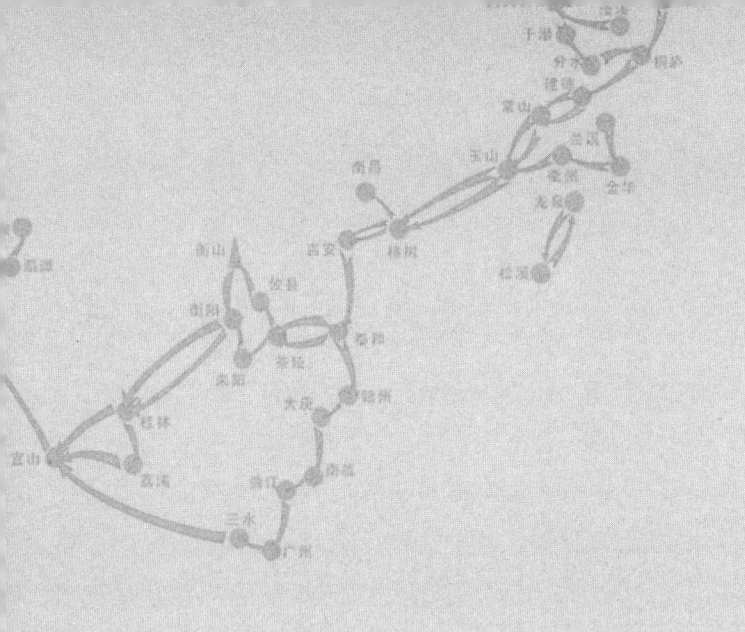

巴山渝水留辉光

抗战时期的国民政府迁都重庆，是国民政府、国民党中央依据其既定国策，在敌强我弱的形势下，为免做"城下之盟"和坚持"长期抗战"而采取的一项毅然决然的重要举措；也是国民党中央和国民政府在综合当时国内各种情形、条件，经过多方面分析与抉择而做出的一项重大、必要和正确的战略性决策。它对当时的抗日战争乃至整个中国近现代历史，都产生了重大且深远的影响，具有巨大的现实意义和深远的历史意义。

稳定人心，鼓舞士气

国民政府迁都重庆，打破了日本帝国主义威逼我首都、迫使国民政府签订城下之盟的阴谋，表明了国民政府坚决抗战、长期抗战的决心和信心，从而大大激发了沦陷区、战区及大后方人民的抗日决心、信心与斗志，在人民的心理上、思想上起到了稳定人心、鼓舞士气的重要作用。

中国人重土安邦、故土难离，人们非到万不得已时，是不愿意离开故土远走他乡的。而首都所具备的"国家象征"作用及其作为一个国家政治、经济、军事、文化、社会统治与活动中心的特殊性，使它一旦建立，非特殊情况下不能迁移，又使它在广大人民心目中的地位和影响，远非其他城市可以比拟。自1927年南京国民政府建立以来，即逐渐作为一个国家的合法政府为国际社会所承认，作为首都的南京，在全国人民的思想意识中也处于一种崇高地位。中国历史上千百年形成并流传下来的正统思想，使得首都南京在全国老百姓的心目中具有非同寻常的地位和影响。正因为如此，所以即使是长时期独霸一方、自己统治区域内的车轨也与全国不一样的"山西王"阎锡山，在1937年11月30日南京危急时，也致电国民党中央要员徐永昌，表明其对首都沦陷后的忧虑。阎锡山在电文中说："山西人怕山西败，尚没有怕南京败厉害。盖山西败尚有南京，若南京败则全国败矣。"[1]阎锡山的此种见解，虽然有失偏

---

[1] 徐永昌：《徐永昌日记》第4册，台湾"近代史研究所"1991年版，第192页。

颇，但却代表了当时中国绝大多数老百姓的想法。同样缘于此种认识，日本侵略者才要在占领上海后，急不可待地向南京进攻，以占领中华民国的首都，使国民政府屈服，早日实现其"三月结束中国战事"的企图。当时的日本军队就曾信誓旦旦地向其最高统帅部及日本政府担保："'中国事变'该结束了，南京一丢，蒋介石就会屈服。"①

在首都南京即将失守的历史背景下，国民党最高当局依据古今中外在战争初期失利、迫不得已迁移首都以积蓄力量，最后达成胜利的诸多成功范例，按照其早已决定的国策，顺应中日战争的发展规律及广大人民的意愿，不失时宜地将首都远迁西南大后方的重庆，使之置于绝对安全的地带，以此抗击日本侵略者"积极西犯，图袭我首都，迫订城下之盟"②的阴谋，同时表达政府当局"贯彻持久抗战之主旨，打破日寇速战速决之迷梦"③的决心。关于国民政府迁都的重要意义，除国民政府在迁都宣言中已有明确揭示外，当时各党政军要员也多有论述。如1937年11月21日，监察院院长于右任对记者发表谈话时，即称：

> 此次政府移驻，实为贯彻抗战精神起见，诚为宣言所云，一则防为城下之盟，一则更坚定抗战之决心，俾便从容为广大规模之筹计，使前方将士、后方民众咸知政府无苟安求和之意念，愈加奋励。

11月22日，行政院副院长孔祥熙对记者发表谈话时，也说：

> 敌人逞其暴力，威胁我首都，认为我国即以此屈服。不知我最大之决心早经确立，此次国府移驻之举，初非放弃首都，实不过就长期抗战之阶段上，对于国民及友邦表示其更坚决之意志，予敌人以警觉而已。④

11月24日，西迁重庆的国民政府主席林森一行抵达万县后，国民政府参军长吕超代表林森对新闻界发表谈话时也特别指出，国民政府移渝

---

① [日]前田哲男：《重庆大轰炸》，李泓、黄莺译，成都科技大学出版社1989年版，第36页。
② 《蒋介石1937年11月26日对外籍记者之谈话》，载台湾《近代中国》第18辑。
③ 《蒋电川省府策励部属挽危亡》，载《国民公报（重庆）》1937年11月24日。
④ 载《国民公报（重庆）》1937年11月23日。

的重大意义是"表示长期抗战，政府已下最大决心"。他说，自中国与暴日抗战以来，已历时数月。中国在海军、空军和陆军方面虽然赶不上日本，但：

> 我们之所以必战者，为最后之胜利。最后胜利如何取得？在能长期抗战，无论如何威胁，都不屈服。国府移渝，是表示了对抗战已有持久的决心，凡地方得失，是不足忧虑的。假使不幸南京失守，以至于汉口都为敌人占领，只要我们坚决到底，毫不屈服，敌人自必崩溃，最后胜利必属我们。①

12月6日，吕超又代表国民政府在首次招待重庆各报社、通讯社的代表时称："国府移川，系不惜牺牲到底而求长期抗战之最后胜利的一种坚强表示。"②12月5日，国民党元老、中央委员、中山大学校长邹鲁抵达重庆后，在回答记者"我们为什么要迁都重庆"这一问题时也称：

> 第一，局势到了今天，我们不能不长期抗战到底，牺牲到底。第二，我们要求取得最后的胜利，惟一的策略，就是一个"拖"字，多拖一天，多损失敌人一份力量，只要我们团结赴难，拖到一年或二年，胜利就不成问题了。

与邹鲁一同抵达重庆的国民政府司法院副院长覃振也对记者发表谈话称：

> 国府移渝的主要目的，在使政府立于长期不败地位。国人既不受威胁，就永远不妥协屈服。③

正因为国民政府迁都重庆之举是为了不做城下之盟，是为了长期抗战，是为了挽救危亡、收复失地，获取最终的胜利，所以它得到了全国各阶层及前方将士的热烈拥护与坚决支持。自1937年11月20日国民政府公开发布迁都重庆的宣言后，全国各地各界拥护国民政府迁都、誓为后盾的函电，如雪片一样飞往国民党中央、国民政府及国府主席林森。就

---

① 《三万民众欢腾声中林主席过万未登岸，民众高呼口号致最敬礼，吕超代主席发表谈话，中央对四川依畀甚重》，载《国民公报（重庆）》1937年11月26日。
② 《国府参军长昨在国府招待报界》，载《国民公报（重庆）》1937年12月7日。
③ 载《国民公报（重庆）》1937年12月5日。

在国民政府发布移驻重庆办公宣言的同一天（11月20日），作为地主的刘湘即以四川省政府主席的身份，首先发布拥护国民政府迁都重庆的函电，内称：

> 顷读我政府宣言，知为适应战况、统筹全局、长期抗战起见，移驻重庆。有此坚决之表示，益昭抗敌之精神；复兴既得根据，胜算终自我操。不特可得国际之同情，抑且愈励川民之忠爱。欣诵之余，谨率七千万人，翘首欢迎。①

11月21日，重庆大学校长胡庶华也率全体教职员工与师生致电尚在宜昌的国民政府主席林森，称："顷读政府宣言，敬悉钧座移节重庆，坚抗战之决心，振全国之民气，士林兴奋，学子腾欢，永矢忠贞，同济难危。"②位于重庆大溪沟的四川省立重庆高级工业职业学校，除遵令迅速拆迁，将自己的校址及部分设备移作国民政府在渝办公之用外，也于11月23日致电尚在西行途中的国民政府主席林森，称国民政府迁都之举是"昭告世界以持久抗战之决心，提励国人愈鼓发长期之奋斗，众志成城，无坚不摧，胜利在终，可为预卜"③。11月24日，重庆市各界抗敌后援会致电国民政府主席林森称："节麾莅渝，统筹全局，坚决长期抗战，胜算终属我操。"同时代表全市民众，对国民政府迁都之举"肃电欢迎"。④

与此同时，重庆市各界抗敌后援会为了纠正一般人民对国民政府迁都重庆的错误认识，同时表达对国民政府主席林森莅临重庆的欢迎，还专门印制了《欢迎国府主席暨各委员莅渝告民众书》（简称《告民众书》）、《国民政府移驻重庆宣传纲要》、欢迎国府主席莅渝标语等，广为散发和宣传。《告民众书》说明了国民政府迁都重庆的原因和意义，也指明了国民在新的历史条件下的奋斗目标和方向。其中在说明国民政府迁都重庆的原因时写道："日本帝国主义者为了他的'大陆政策'受到严重的威胁，近乃恼羞成怒积极向我进攻，企图袭击首都，迫

---

① 周开庆编著：《民国川事纪要》（下），四川文献研究社1974年版，第31页。
② 《重大校师生电迎林主席》，载《国民公报（重庆）》1937年11月23日。
③ 《高工校全体师生电迎林主席》，载《国民公报（重庆）》1937年11月23日。
④ 《重庆抗敌后援会欢迎国民政府主席林森电》，载《国民公报（重庆）》1937年11月25日。

我订城下之盟。我贤明的中央当局为策应万全计,已将国民政府移来重庆。这种非常措置和奋斗精神,实值得我全体民众的竭诚拥护和热烈欢迎。"《告民众书》进而向重庆市民指出了国民政府迁都重庆的意义:"一方面是将最高政府暂时避开,以免受敌人的暗算;一方面是表示不屈不挠,长期抗战,奋斗到底。所以,国民政府移渝,不是消极的示弱,正是积极的表现了与敌偕亡的决心。"最后,该会号召重庆市民,"在'长期抗战'的决策之下,有钱的出钱,有力的出力,去和日本倭鬼拼个死活,以争取国家民族最后生存的胜利"。[1]

重庆各界恭迎国民政府主席林森到重庆

11月24日,中国国民党广九铁路特别党部、广九铁路员工抗敌后援会、广九铁路工会及全路员工联合致电国民党中央党部、国民政府及军事委员会称:"……恭聆宣言,益感兴奋,誓率全路员工竭诚拥戴,愿以热血为政府抗敌后援。"[2]11月25日,汕头市救亡会致电国府主席林

---

[1] 重庆市各界抗敌后援会编:《重庆市各界抗敌后援会工作概述(九)本会一年来工作概述》,七七书局1938年版,第19—20页。
[2] 《中国国民党广九铁路特别党部等为欢迎国民政府移渝办公事致国民党中央党部电》(1937年11月24日),中国第二历史档案馆馆藏档案,全宗号1(1),卷号797。

森称："……夫中枢为全国首脑，统筹全局，策划于帷幄之中；指挥作战，决胜于千里之外，用持久作战之略，收聚敌而歼之功。外得国际之同情，内坚国民之团结。职会誓率汕头民众，服从政府命令，参加抗敌工作。"①

四川省立成都实验小学的全体同学，也于1937年11月27日致电林森，说明其得悉国民政府迁都重庆后思想转变的经过，并表达其作为"国家后备兵，前线将士继起者"的愿望。电文内容如下：

我们起初听见国民政府要迁移重庆的消息，心中不胜愤慨。及经我们的先生把国府宣言解释以后，全体小朋友甚为庆幸。因为我们知道，国府的迁移，不是屈服于暴日，是抗战到底的表示，才离别首都，忍痛迁到复兴民族根据地的四川省的重庆。这样，我国府可免受敌人的威胁，作无谓的牺牲，也可巩固抗战的基础。……我们是国家的后备兵，是前线将士的继起者，日日在操场上作抗战的练习，在课室内研究杀敌的方法，将来决定在主席领导之下，为国效力，使我们的旗帜，仍飘扬于白山黑水间，这是我们的愿望。②

全国舆论界也以其在宣传动员方面的独特功用，频频刊发文章，发表评论，高度评价国民政府西迁重庆的作用和意义。作为当时全国最具影响之一的《大公报》，于1937年11月21日在其头版头条中发表了该报主笔张季鸾撰写的《恭读国府宣言》的社评，称国民政府发布的迁都重庆的"此一纸宣言，足以抵百万生力军。因为自失太原，退淞沪，接着敌军一面攻济南，一面攻苏嘉，一部分人心上不免有忧郁之暗影，而这个宣言发表后顿时把这忧郁一扫而空，全国士气之振奋，人心之感激，有不可以言语形容的"。社论认为，国民政府发布迁都重庆之宣言，重申了国民政府"宁为玉碎，不为瓦全"的决心，用事实表明了国民政府

---

① 邢烨、许海芸编著：《长沙会战》，航空工业出版社2016年版，第8页。
② 《中国国民党广九铁路特别党部等为欢迎国民政府移渝办公事致国民党中央党部电》（1937年11月24日），中国第二历史档案馆馆藏档案，全宗号1（1），卷号797。

"持久战斗，到底不屈"的意志，而"政府移驻上游，便利甚多，我们恭读宣言全文。及国府移驻办法，惟有感激钦佩，认为非常适当"。社论最后号召"全国公务员及军民各界一致服膺昨天宣言的精神，共同奋斗！此次抗战，本来要长期，国府在任何地点，发号施令，都是一样贯彻于全国。'重庆'是庆祝复兴，我们谨祝此宣言为中华复兴之开篇！"①

中国共产党出版发行的《解放》杂志，也于1937年第1卷第25期发表时评，对国民政府迁都重庆之举表示肯定和欣慰，内称：

> 政府已迁往重庆并发表宣言。我们读了这个宣言，觉得在沉痛中也还有些欣幸！
>
> 我们之所以欣幸，是南京政府并不因迁都而变动它的坚持抗战的方针！诚如宣言中所说："……我国自决定抗战自卫之后，即已深知此为最后关头……已无屈服之余地！"又诚如宣言中所说："国民政府，兹为适应战况，统筹全局，长期抗战起见，本日移驻重庆。此后将以最广大之规模从事更持久之战斗！"
>
> 占则生，和则亡。处在现在的严重局面下，丝毫无妥协屈辱之余地。中国毫无造成偏安局面的堪察加的可能。从华北到华南，从沿海到内地，无处不陷在暴日侵略的烈火里。只有以坚决的大无畏的抗战来争取民族的解放，只有动员起全国的民众，来保卫我们的国土。此外再无第二条路可走！
>
> 南京政府在迁都的宣言里是认清了这一点，……而且愿意以一切力量协助着实现这个不屈不挠的诺言。

当国民政府迁都重庆的宣言传到前方，在前线作战的"各线将士异常振奋。……佥认为此项宣言，不啻对当前抗战局势作一重大说明。政府早有坚强之决策，士卒益增其必死之决心。大势无论如何，复兴民族之神圣使命，终可达到。……战壕哨兵聆之，有击枪跃马而出者，铜锄

---

① 张季鸾：《张季鸾集》，东方出版社2011年版，第108—109页。

铁锹亦将使敌寒胆,其兴奋热烈之忱,溢于每一字里行间"[1]。

凡此种种,均足以表明国民政府迁都重庆,对当时全国人民的抗日斗志与胜利信心之重要,这正如当代著名史学家、原中国史学会副会长金冲及教授所说:"国民政府在战争开始后不久就断然将战时首都迁到重庆,这对全国人民,是在抗战初期起了有力的动员和鼓舞士气的作用。"[2]

---

[1] 载《国民公报(重庆)》1937年11月23日。

[2] 金冲及:《应当重视抗战时期陪都史的研究——在重庆抗战陪都史学术讨论会上的讲话》,顾乐观主编:《中国重庆抗战陪都史国际学术研讨会论文集》,华文出版社1995年版,第13页。

依托西部富源，夺取抗战胜利

国民政府迁都重庆，使国民政府得以以中国西部广大的土地，以及丰富的人力、物力和财力为依托，源源不断地取之并用之于抗战，从而在长达八年之久、艰苦异常的全面抗日战争中，经受住了各种风险和困难的考验，最终赢得了抗日战争的伟大胜利。

中国西部地区具有土地广阔、资源丰富、人力众庶、市场广大的优势，但少资金、少技术、少人才，使得其固有的潜力得不到开发，丰富的资源得不到利用，从而形成了与中、东部地区发展的巨大差异。抗战爆发后，随着国民政府的西迁重庆，中东部地区众多的工厂、机关、学校、人才、资金等纷纷迁往以重庆为中心的广大西部地区，并与西部地区的资源、市场和劳动力相结合；加之国民政府为支撑抗战及维持、巩固其统治所采取的一系列有利于发展生产、稳定金融、增加收入的方针与政策，这些都大大促进了西部诸省的开发与建设，使得其经济与社会均呈跳跃式的发展。而西部广大地区社会经济的发展与进步，又反过来为伟大、持久、艰苦异常的抗日战争提供了坚实的人力、物力和财力后盾，成为支撑中国抗日战争最为重要的力量和基地，为赢得抗日战争的最后胜利，做出了巨大贡献。

以人力论，西部数省在抗战爆发后，除将已编练好的近百万军队直接开赴前线参加对日作战外，还征募了数百万的壮丁源源不断地补充前线各战场。而且由于东部、中部各省或沦于敌手或处于战区，所以西部各省不仅成了抗战时期国民政府兵员的主要来源地，也是战时政府一切征工的主要承担者。例如四川省在抗战爆发后，除先后调派7个集团军、1个军、1个师、1个旅约40万人开赴前线与日寇浴血奋战外，每年还要向国家输送10万以上、30万以下的壮丁，八年间四川输送的壮丁总数多达2,578,810名。①此数尚不包括各特种部队及机关学校在四川招募的壮丁数及出川各部队自行募补的壮丁在内。除此之外，四川还先后为修筑道路、开凿防空洞、建筑飞机场及其他军事工程征调了数百万的各种工匠与壮丁，其中仅1943年10月开工修筑的B-29空中堡垒飞机场，即征工150万左右。②又如云南省，该省在八年抗战中"共献出自己的子弟37余万人，先后组成第六十、第五十八及新三军，开赴前线杀敌"③。此外，在人力物力极度缺乏、施工条件异常艰苦的情况下，云南还动用民工15万，用短短的七个月时间，即修建成了战时中国对外的重要交通线——滇缅公路，其工程之迅速，深受国际社会的称誉。④除此之外，云南还征调数十万民工，修筑并扩大了沾益、祥云、保山、蒙自及昆明巫家坝机场，"对支援我国和盟国空军掌握空中优势，歼灭日本海陆空部队，起了巨大作用"⑤。再如贵州省，在抗战爆发后，该省除有11个师的黔籍部队约10余万人奔赴前线直接抗战外，还为前线输送了大量的兵员，1938年至1942年五年间即输送了457,278名，若加上1937年、1943至1945年三年间所征募的壮丁，此数当更为庞大。当时贵州人口仅1050万，以此相较，亦可见贵州人民对抗战贡献之巨大了。此外，为修筑公路及建筑飞机场等军事设施，于八年全面抗战期间贵州共征用3000多万个民工，民工在工作中受伤者超过20,000名，死亡者2000名以上。⑥这充分体现了贵州人民的爱国主义精神及其对抗日战争的伟大贡献。

---

① 周开庆：《四川与对日抗战》，台湾商务印书馆1971年版，第246页。
② 周开庆：《四川与对日抗战》，台湾商务印书馆1971年版，第258页。
③ 邹硕儒：《三迤黎庶拯危难——抗战中的云南民众》，见中国人民政治协商会议西南地区文史资料协作会议编：《西南民众对抗战的贡献》，贵州人民出版社1992年版，第19页。
④ 参见中国工程师学会编：《三十年来之中国工程》，京华印书馆南京厂1946年版，第95页。
⑤ 邹硕儒：《三迤黎庶拯危难——抗战中的云南民众》，见中国人民政治协商会议西南地区文史资料协作会议编：《西南民众对抗战的贡献》，贵州人民出版社1992年版，第22页。
⑥ 宋洪宪：《贵州民众对抗战的支援》，见中国人民政治协商会议西南地区文史资料协作会议编：《西南民众对抗战的贡献》，贵州人民出版社1992年版，第38页。

修建川西机场的四川人民

以物力论，抗战爆发后，由于我国开发最早且最为富庶的华北、华东及华南等地迅速沦陷，中原、华中广大地区又相继沦为战区，广大的西部大后方就理所当然地成了国民政府"军需民用"的主要生产地与供给地，而中国西部特别是西南数省，它们经过国民政府的开发，经过各省人民的建设，成了战时国民政府赖以支撑、维系战争的支柱。例如粮食供给，西部各省人民在作为主要劳动力的壮丁被征往前线作战及后方做工后，依靠老弱妇孺的努力生产，不仅维持了西部各省人民自身的需要，基本满足了因战争内迁的数以百万计的难民与政府机关职员、工厂工人、学校师生的需要，而且还将大量的粮食交给政府，送赴前方，以满足前方数百万将士的需要。据不完全统计，自1941年国民政府实施田赋征实以来，到1945年止，全国22个省区的田赋征实（包括征借、征购）共得稻谷203,865,925石，小麦41,186,088石，其中西部10个省区即征得稻谷112,977,303石（其中四川77,493,044石，西康2,067,384石，广西8,456,201石，云南14,281,794石，贵州10,678,880石），占总数的55.4%；小麦26,455,110石（其中陕西14,023,169石，甘肃6,250,074石，青海632,521石，宁夏1,971,334石，新疆3,578,012

石），占总数的64.2%。除此之外，作为主要消费城市的陪都重庆，也分别在1944年、1945年被征稻谷26,631石、26,998石。①上面所列数字，尚不包括西部各省人民为前线捐献的粮食在内，而这个数字在八年全面抗战间也是相当大的。以四川为例，仅1941至1945年为改善士兵待遇所献的稻谷，即多达2,344,758石。②

再如军需品的供给，由于我国兵器工业发展的先天不足，使得绝大部分武器及其原材料都要仰仗外国进口。抗日战争爆发后，日军不仅封锁了我国的海岸线，而且向英、法等国施加压力，禁止外国武器从越南、缅甸等地输入中国。在迫不得已的条件下，由东部、中部地区迁到西部大后方的10余家兵工厂及战时在大后方新建的10余家兵工厂，即成了战时支撑我国抗战的重要军火库，广大的兵工厂工人克服种种困难，生产了大量的常规武器，源源不断地补充前线。据不完全统计，在1938年至1945年间，仅四川境内的第10工厂、第20工厂、第21工厂、第24工厂、第25工厂、第50工厂即生产了各种枪弹85,414万发，各种步枪293,364支，轻机关枪11,733挺，马克沁重机关枪18,168挺，各种口径的火炮13,927门，各种口径的炮弹5,982,861发，甲雷424,402颗，手榴弹9,556,611颗，各式掷弹筒67,928具，各式掷榴弹1,546,047颗，炸药包3,764,334个；第24工厂、钢铁厂迁建委员会则生产了各种兵工器材717,469件（生铁、钢材、钢锭、铸品等除外）；第2工厂、第23工厂、第26工厂则月生产发射药24.5吨，氯酸钾炸药9吨，开山炸药3吨，各种特种弹1.5万颗，防毒面具13,200副，防毒衣19,500套，防毒口罩99,000只。③除此之外，刚刚迁到后方的各民营工厂也依照战时"军事第一、胜利第一"的最高原则及"经济建设以军事为中心"的生产建设方针，积极配合各兵工厂的生产，于战争期间生产了大量的军需产品供应前方。早在1939年，内迁重庆、复工不久的顺昌、大鑫、复兴、大公等机器铁

---

① 中华年鉴社编：《中华年鉴》（下），中华年鉴社1948年版，第1340页。
② 周开庆：《四川与对日抗战》，台湾商务印书馆1971年版，第275页。
③ 四川兵工局兵工史办公室：《抗战时期迁川的兵工单位》，见中国人民政治协商会议西南地区文史资料协作会议编：《抗战时期内迁西南的工商企业》，云南人民出版社1988年版，第130—131页。

工厂每月即可生产手榴弹30万个，迫击炮弹7万发，飞机炸弹6000余枚，机枪零件千套，子弹机30部，大小园锹30万把，大小十字镐20余万把，鱼电引信千余个，陆军测量仪器200套，军用炮表10枚，军用纽扣500万枚。[1]嗣后，随着各厂生产规模的扩大及复工厂家的增多，所生产的军需产品数量也就更加庞大。这样，以重庆为中心的西部各兵工厂即成了全面抗战八年供应前方数百万将士常规武器取之不尽的源泉。据军政部兵工署的统计，抗战期间，我国除极少数武器不能制造、仍需依赖外国进口外，一般常规武器均能满足战争的需要，有的武器甚至还略有剩余：如重机枪，战时平均每月损耗119挺，生产195挺；迫击炮每月损耗59门，生产144门；枪、掷弹筒每月损耗267具，生产877具；手榴弹、枪榴弹、掷榴弹每月损耗245,821个（发），生产352,579个（发）。[2]由此可见，如果没有广大的西部地区源源不断的物力补充，要支撑八年之久的全面艰苦抗战，是根本不可能的。

兵工署第50工厂生产的六〇迫击炮

[1] 参见《经济部工矿调整处1939年度上半年推进状况报告书》，重庆市档案馆馆藏资料。
[2] 参见兵工署外勤司制：《抗战期间与（民国）三十六年全年及三十七年一至六月平均每月械弹生产、损耗数量比较表》（1948年7月31日），中国第二历史档案馆馆藏档案，全宗号774，卷号369。

以财力论，抗战初期华北、华东、华南等地迅速陷于敌手，国民政府先前赖以维持国家财政支出的关税、盐税、统税等也因之大大减少；而战争的持续与扩大，又使国家的财政支出剧增。收入的锐减与支出的激增，造成国家财政战时的巨大赤字。为了支撑战争，国民政府在财政税收上制定了一系列的方针政策，诸如增加税种、提高税率、发行公债、增发钞票、倡导节约建国储蓄、节约献金、实施专卖政策等等，而西部各省也就成了这些方针政策的主要实施对象，成了战时国家税收的主要供给地和国家财政支出的主要承担者。全面抗战八年，西部各省究竟负担了多少国家财政支出，迄今虽乏一个准确的统计数字，但我们仍可从一些支离破碎的记录中，证明西部各省是战时国家财政收入的主要承担者这一论点。据不完全统计，财政部直接税署所属40个分局自1937年起到1945年止，共征收直接税38,929,078千元，其中西部的川康、陕西、广西、云南、贵州等13个分局所征直接税即达25,349,306千元，占总数的65.1%。①其他货物税、关税、盐税等，西部诸省也承担了绝大部分。而各种公债、粮食库券，西部各省人民仍是主要承担者，例如1942年国民政府所发行的美金节约建国储蓄券1亿元（以法币100元折合美金5元之比率，由储户以法币折购），自该年4月1日开始发行起，到1943年7月底止，共收法币146,109万元（折合美金7300余万元），其中西部的重庆、四川、陕西、云南等10省市即认购了1,399,345千元，占认储总数的95.7%。②再如1940年，全国征募寒衣运动委员会预计在国内征募寒衣代金600万元，其中分配给西部各省的数字是340万元，占总数的56.7%，其中，仅四川省和重庆市即达120万元，占总数的20%。③又据孙震所著《四川进一步统一与抗战》记载，1938年，仅四川一省即向中央国库解交盐税2300多万元，田赋2000多

---

① 中华年鉴社编：《中华年鉴》（下），中华年鉴社1948年版，第1094—1095页。
② 《美金节约建国储蓄券发行情形》，载《金融周刊》1943年第4卷第39期。
③ 《全国征募寒衣运动委员会总会请协助1940年度寒衣征募致重庆市临时参议会函》（1940年8月13日），见《中国战时首都档案文献：战时动员》，重庆出版社2014年版，第557—562页。

万元，禁烟收入2000多万元，统税、烟酒税1000万元以上；1939年、1940年上缴数亦大致相同。①而且此数仅限于正税，所承担的其他各种公债、节约建国储蓄、摊派与各种献金数均未计算在内。而所有这些，又是一个十分庞大但却难于准确统计的数字。仅以献金为例：1939年3月重庆市举行节约献金，预计70万元，结果达近230万元，超过预定数3倍以上；②1943年全国慰劳总会举行湘鄂劳军献金运动，仅重庆市献金即达600余万元，占总数2000万元的近三分之一；③1944年冯玉祥先生发起的全川性节约献金运动，获得了献金4至5亿元法币；④抗战胜利后，重庆市于1945年9月25日举行了规模空前的胜利劳军献金大会，仅此一天，重庆各界献金即达2亿元之多。⑤至于其他的出钱劳军、春礼劳军、慰劳抗战将士献金、慰问伤亡将士献金、节约献金、七七献金等等，四川及西部人民无不表现出其高度的爱国主义精神与自我牺牲精神，"一有机缘，莫不争先恐后，贡献国家"。

对于西部抗战大后方各省区特别是四川人民在人力、物力、财力上对抗战的支撑与支持，无论是国民党或是共产党，都给予了充分的肯定和高度的评价。1944年6月7日，四川省临时参议会第二届第三次大会在成都开幕，时任中国国民党总裁、国民政府主席、国民政府军事委员会委员长的蒋介石，特致电四川省临时参议会，对历年来四川人民出钱、出力支持抗战表示赞许，内称：

> 抗战军兴以来，中央本既定之策，应战局之需要，统筹长期作战之方略，而以四川为抗敌之重要根据地。我川省同胞，尊奉"国家至上"与"军事第一"之要旨，忠诚奋发，同心勠力，以收动员人力财力之功。每年粮政兵、役所负担之数量，均属甲于各省。输将慷慨，缴纳必先；丁壮从戎，踊跃恐后。

---

① 周开庆：《四川与对日抗战》，台湾商务印书馆1971年版，第278页。
② 新生活运动总会编：《新运十年》第1卷第3章（乙）《战时重要工作概述》1944年版，第56页。
③ 《劳军献金总额近两千万》，载《中央日报（重庆）》1944年1月5日。
④ 周开庆：《四川与对日抗战》，台湾商务印书馆1971年版，第287页。
⑤ 载1945年9月26日《国民公报（重庆）》。

推而至于增产输将、募债献金等一切有关抗战之工作，莫不有极优良之表现。军实资以供应，兵源赖以补充。[1]

1945年8月抗战胜利后，中国共产党在国统区公开发行的唯一机关报《新华日报》，也于10月8日发表题为《感谢四川人民》的社论，对四川人民于八年抗战中在人力、物力、财力等方面对抗战的贡献，表示感谢。社论称：

在八年抗战之中，这个历史上最大规模的民族战争之大后方的主要基地，就是四川。自武汉失守之后，四川成了正面战场的政治军事财政经济的中心，随着正面战线内移的军民同胞，大半居于斯、食于斯、吃苦于斯、发财亦于斯。现在抗战结束了，我们想到四川人民，真不能不由衷地表示感激。

《新华日报》发表《感谢四川人民》社论

四川人民对于正面战场，是尽了最大最重要的责任的：直到抗战终止，四川的征兵额达到三百零二万五千多人；四川为完成特种工程，服工役的人民总数在三百万人以上；粮食是抗战中主要的物质条

---

[1] 秦孝仪编纂：《总统蒋公大事长编初稿》卷5（下册），第541页。

件之一，而四川供给的粮食，征粮购粮借粮总额在八千万石以上，历年来四川贡献于抗战的粮食占全国征粮总额的三分之一，而后征购与征借亦自四川始。此外，各种捐税捐献，其最大的一部分也是由四川人民所负担。仅从这些简略统计，就可以知道四川人民对于正面战场送出了多少血肉，多少血汗，多少血泪！

更有研究者称："在战事艰苦阶段，据一般估计，四川负担当在百分之五十以上。唯做最保守之分析，以四川田赋征实占全国百分之三十以上为基准，应非过甚之论。由此可知抗战八年中，四川对于国家总支出之负担，为数达法币四千四百亿元左右，贡献之大，自不待言。"[①] 倘若加上西部其他各省在财力上的支持，那么，西部大后方在人力、物力、财力诸方面对抗战的贡献，既是巨大的，又是抗战时期国统区其他地区不可比拟的。

---

① 周开庆：《四川与对日抗战》，台湾商务印书馆1987年版，第280页。

开发西部，泽及后世

国民政府迁都重庆，将密集于我国东部地区相对先进的思想、文化、科学技术、管理手段、各种人才及众多的工厂、学校、文化教育机关、科学技术团体等移植到了西部广大地区，并使之得以保存、运用和发展，从而大大促进了中国西部地区的开发，改变了西部地区落后的思想文化和社会经济状况，在一定程度上缩小了中国东西部之间的差距，有利于整个中国社会的进步。

由于中国社会发展的特殊性，当时代的脚步跨入近代以后，中国繁荣的政治、经济发展、昌盛的文化、社会等，均集中在华北、华东及华南地区，广大的西部地区则处于一种封闭、保守、落后的状态。这种在地理分布上的不平衡，造成了我国东西部地区社会经济发展的巨大差异。以工业为例，到1937年年底止，依据官方的统计，全国之工厂总数为3935家，资本总数为37,700余万元，工人45万余人。工商重镇上海，即拥有工厂1235家，工业资本14,846余万元。分别占总数的31%、39%强；其他的浙江、江苏、福建、广东、天津、青岛、山东、威海卫、河北等9个东部沿海省市共有工厂1763家，占总数的45%，有工业资本11234余万元，占全国总数的29%；而在剩余的937家工厂中，有南京市的102家，北平（今北京）市的101家，湖北省的206家，河南省的91家，山西省的91家，安徽省的2家，西部11个省区，共344

家，西北工厂数仅占全国总数的8.7%强。①至于西部各省所有工厂的工业资本，虽没有具体的统计数字，但因这些西部工厂大多是一些手工业工厂，故其在全国工业资本中所占的比例，当比其工厂数在全国所占的比例更小。

抗战爆发后，东部沿海地区的工厂，不是被炮火摧毁，便是沦陷敌手；而作为中国对日抗战复兴基地的广大西部地区，其固有的经济基础和力量，显然是不能承担支撑抗战的重任。面对此种不利局面，国民党中央政府在抗战爆发后采取的一项重要经济措施就是"密者疏之"，即将密集于沿海沿江一带的工业，"设法迁移内地，使其疏散于西南西北广大区域"内，以实现西南西北地区工业经济的"无中生有"②。为此，国民党中央于抗战之始即成立专门机构，并在战火纷飞之际以大量人力、物力来组织实施东部沿海地区工矿企业的内迁。这当中，国民政府所采取的一系列有效措施为各行业的内迁创造了条件，而素抱爱国热忱、不甘沦于敌手为敌利用奴役的各界爱国人士所表现出的积极态度和牺牲精神，则是内迁得以实现并获得较好结果的有力保障。经过政府与社会各界的共同努力，不仅政府的各级管理机关和大部分直属单位迁到了以重庆为中心的大后方各地，而且一些重要的厂矿，也辗转迁移到了大后方各省。据不完全统计，到1940年年底内迁厂矿暂告一段落时，经工矿调整处协助内迁的民营厂矿即多达448家，机器材料70,900吨，技工12,000余人。此数尚不包括未经该处协助而自行内迁的其他200余家民营工厂和资源委员会、兵工署所经营管理的大型国营厂矿。内迁的国营厂矿虽然在数量上远远不及民营厂矿，但他们的生产规模、技术力量，拥有的资金和机器设备，则是民营厂矿望尘莫及的。这些内迁厂矿，除小部分迁到中部的湖南外，其余大部分迁到了广大的西部地区特别是以重庆为中心的西南地区，仅以工调处协助内迁的448家工厂

---

① 简贯三：《中国工业建设的分区问题》，载《财政评论》1946年第14卷第1期。
② 经济部工业司编：《西南西北战时经济建设方案·工业部分》(1938年)，中国第二历史档案馆馆藏档案。

由郑州迁重庆的纱厂女工

为例，四川即占总数的54.1%，湖南占29.2%，陕西占5.9%，广西占5.1%，其他贵州、云南等省占5.7%。[1]

大规模的工矿内迁，无疑给先前落后的西部大后方播下了"开发"的种子；而抗战时期国民政府为开发建设大后方经济所制定、采取的一系列法律法规、方针政策、计划措施，则是对大后方经济开发和建设的一种培植与耕耘；大后方固有的丰富资源、廉价劳动力和因战时巨大军需民用所形成的广阔市场，则是战时大后方经济开发和建设的适宜土壤。各种因素合力，共同促使大后方各地工业经济的迅速勃兴和繁荣进步。到1940年年底，大后方各地的工厂总数已达1354家，形成了11个工业区域，其中除沅辰区(共有工厂69家)在中部的湖南外，其余10个工业中心1285家工厂均在西部大后方。[2]此数与战前西部诸省的334家工厂相较，已于短短的三年间增加了近4倍。西部大后方工业的始基，遂于兹奠定。

这以后，为满足战时军需民用的需要及受战时投资工业高额利润

---

[1] 《抗战时期的经济部及其工作》（1948年），见唐润明主编：《抗战时期国民政府在渝纪实》，重庆出版社2012年版，第125页。

[2] 翁文灏：《战时经济建设》，《中央训练团党政训练班讲演录》，1940年。

的刺激，国民党中央政府和西部各省地方政府，以及社会上的各种官僚资本、商业资本、金融资本、土地资本等，都热衷于工业的投资和生产。据不完全统计，到1942年，由国民党控制的大后方20个省区的工厂数已增加到3758家，资本1,939,026,035元，工人241,662人，动力设备14,391,575匹，其中西部的四川（重庆包括在内）、西康、贵州、云南、广西、陕西、甘肃、青海、宁夏等9省，拥有工厂2715家，资本1,711,370,716元，工人180,114人，动力设备10,622,525匹，分别占总数的72.24%、88.26%、74.53%、73.81%。[①]抗战时期大后方工业经济的发展及其所取得的成效和进步，于此可见一斑。

抗战时期大后方经济的发展，到1943年达到其顶峰，1943年以后则开始走向衰退和停滞不前。这期间，虽然国统区的经济总体上呈倒退和衰败趋势，但西部各省因国民政府西迁所带来的大后方工业经济的发展基础，则牢固地扎根下来，其工厂数目仍在不断增加和扩大，到1944年底，大后方20个省区的工厂进一步增加到5266家，资本达4,801,245千元，其中仅西南的四川、西康、云南、贵州、广西五省，即有工厂3156家、资本3,502,722千元，分别占总数的59%和72%。[②]此时西南地区的工厂数，略等于战前全国的工厂总数。

抗战胜利后，随着政治、经济、军事、文化重心的东移，日伪控制企业的接收，先前内迁大后方及战时在大后方的新设工厂，或迁返原地，或缩小生产规模，或关闭破产，使得整个大后方的工业经济在全国的比重与战时相比，有所下降；人们在大后方经营工厂的热情，也大为降低。但是，国人并未停止在西部各地投资建工的步伐。据国民政府经济部工业司的统计，在1946年，全国26个省市共新设立工厂1808家，实缴资本44,056,489千元，西部的四川、陕西、甘肃、广西、云南、贵州、重庆等7省市共新设立工厂212家，实缴资本2,237,660千元，分

[①] 经济部统计处：《后方工业概况统计》（1942年），1943年编印，第11—13页。这里应特别提醒的是：统计表中的东部沿海和中部地区，国民党控制的地域只是少数的边远地区，而作为工业集中地的大中城市，大多控制在日伪手中，其工厂数目当然不在此统计表内。

[②] 《工业统计资料提要》，中国工业经济研究所1945年编印。

别占全国总数的11.72%、5.07%。①此数虽然不能和战时西部地区工业建设高潮时的繁荣景象相比，但若与战前1936年全国17个省市新设立工厂193家，西部地区只设立5家，所占比例仅为全国的2.59%相比②，其在全国所占的比例则增加了近10个百分点，这不能不说是经过战争洗礼后，中国西部地区工业的一种进步。

经过抗战洗礼后中国西部各省工业的进步，还不只是表现在新设工厂在全国比重的增加上，更表现在其在战后所拥有的工厂数，再也不是在整个国家工业经济中处于一种微不足道、忽略不计的尴尬境地，而是成了中国工业的一个重要组成部分。据国民政府经济部统计，直到1947年6月，全国38个省市（包括已收复的东北诸省和台湾）共有工厂11,877家，资本222,606,263元，工人（包括职员）705,640人。其中中部、东部28个省市共有工厂8068家，平均每省市为288家；资本210,672,118千元，平均每省市为7,524,004千元；工人414,279人，平均每省市为147,956人。西部10省市则共同拥有工厂3809家，平均每省市为380家；资本11,934,145千元，平均每省市为1,192,414.5元；工人291,361人，平均每省市为29,136人。不仅其工厂的绝对数量是战前的10倍以上，而且在全国工业经济中所占的比例，也从战前的8.7%上升到战后的32.07%，与全国的工业发展水平基本持平，在全国的工业格局中也形成了"三分天下有其一"的局面。③

上述史实表明，经过抗战举国上下对中国西部大后方的开发和建设，战前工业经济远远落后于全国平均水平的西部地区，工业经济在战后已有了明显进步，这种进步不只是表现在工业厂家数量的增加方面，更表现在其工业经济在全国比重的大大提高；也不只是表现在一般工业的增加方面，而且表现在国营大型重工业的增加方面。其开发之快捷与进步之神速，都是前所未有的，它不仅最大限度地满足了战时军需民用

---

① 《经济统计》，经济部统计处1946年编印。
② 实业部统计处：《民国二十五年全国实业概况》，1937年编印，第50—51页。
③ 载《经济统计月报》1948年第4期。

的需要，有力地支撑了中国长达八年之久、艰苦卓绝的全面抗日战争；而且也奠定了中国西部工业发展的基础，现在西部地区的许多大型工厂，都可以追溯而且也只能追溯到抗战时期。所以有论者当时就指出，抗日战争，使中国西部"各省的工业化，提早了几十年。因为假如没有这次抗战，我们很难想象在这几年内，四川会有规模宏大的钢铁厂，云南会有簇新设备的机器厂。然而这些钢铁厂、机器厂，以及其他不可胜数的各色厂矿，均在内地建设起来了，这是抗战对于建国的一个重大贡献"[①]。这是当时亲历其事者的切身感受。我们今天则要说，抗战时期中国西部地区工业经济的快速发展，不仅完成了平时需要数十年乃至百余年才能完成的历程，而且在相当程度上改变了战前中国工业经济偏重沿海地区的畸形发展状态，缩小了中国东西部地区之间的发展差异，有利于整个中国历史的前进和进步。

再如金融业，和战前工业一样，抗战爆发前中国西部地区的金融业，也极为落后——整个西部地区除重庆金融业较为发达外，贵州、甘肃等省甚至没有一家银行总行，分支行也只有可怜的4家。据有关方面统计，到全面抗战爆发后的1937年底，全国27个省共有银行总行164家，分支行1627家，其中仅江苏、浙江两省，就有总行90家，分支行572家，分别占总数的54.88%和35.16%，西部的四川、云南、陕西等10省区则只有总行23家，分支行241家，各只占全国总数的14.02%和14.81%。[②]不仅如此，战前中国西部地区落后的金融业，还始终与其他各行业处于一种互相制约的恶性循环之中。一方面，其他各业如工业、农业、交通运输、公用设施、市政建设等业的落后，限制了金融业的资本积累和扩大；另一方面，本小利薄的金融业不敢也不愿意将其有限的资金投入到各个生产事业中，而是投向投资少、见效快的商业。战前中国西部地区金融业与其他各业的互相掣肘，既是各业感到资金缺乏、不

[①] 吴景超：《抗战与经济变迁》，载《西南实业通讯》1941年第4卷第5、6期合刊。
[②] 中国银行经济研究室编：《民国丛书续编·第一编，年鉴专辑·全国银行年鉴（1937年）》，上海书店出版社2012年版，第29—30页。

能发展的一个重要原因，也是整个西部地区落后的一个重要原因。

抗战爆发后，随着国民政府迁都重庆及全国政治、经济、军事、文化中心向大后方地区的大转移，原集中于东部地区以中央、中国、交通、中国农民等国有银行为首的一大批国营、省营、商业银行，均纷纷将其总行向以重庆为中心的中国西部大后方迁移；未能西迁者，也相继在大后方各地设立分支行处；再加上政府当局采取的以扶植大后方农矿工商各业发展为中心任务的金融政策的实施，以及有关健全、发展西南西北金融网方针政策、法规法令、计划措施的制定和施行，使得战时大后方各省金融业的发展十分迅速。例如四大国有银行，不仅将其总行全部迁至重庆，而且随总行内迁的四行分支行处，也多达200余处。随后，四大国有银行不仅在重庆成立了全国金融业的最高指导决策考核机构——中央、中国、交通、中国农民四银行联合办事处总处——"四联总处"，而且还遵照财政部制定的"贯通内地金融脉络，发展内地经济力量"的方针，先后通过了《关于加速完成西南西北金融网的决议》《完成西南西北金融网方案》等决议，决定在大后方各省有关军事、政治、交通、货物集散地，以及人口众多的地方遍设分支机构，以达到"一方面在适应军事交通运输之需要，同时负有活泼内地金融，发展后方生产之使命"①的目的。

经过数年苦心经营，到1941年12月31日止，四行在国民政府控制的17个省共设立分支机构450个(不包括国外的19个)，其中设于大后方9省的为264个，占总数的58.67%；中东部其他8省为186个，占总数的41.33%。②嗣后，四行继续完善其建立西南西北金融网的政策，在各地设立的分支机构也进一步增加，到1943年12月底，在国民政府控制的19个省市之分支机构已多达895个(不包括国外的11个)，总数比1941年增加了近一倍，其中大后方10省(与1941年相较，增加了新疆)为550个，占总数的61.45%，较

---

① 《完成西南西北金融网方案》(1940年3月30日)，见重庆市档案馆、重庆市人民银行金融研究所合编：《四联总处史料》(上册)，档案出版社1993年版，第191页。
② 参见《四行分支机构1941年分布表》(1941年)，见重庆市档案馆、重庆市人民银行金融研究所合编：《四联总处史料》(上册)，档案出版社1993年版，第197—198页。

1941年增加了一倍有余，其平均增长速度高于整个国统区的增长速度。①抗战胜利后，虽然原内迁的大批金融机构迁返原地，四行又于新接收的台湾、东北地区设立了一些新的分支机构，但直到1946年年底，"四行二局"（包括中央信托局、邮政储金汇业局）在全国27个省（国外的25个分支机构未计算在内，东北9省作为一省统计）的分支机构有908个，平均每省约为33个，其中西部10省为263个，占总数的28.96%。②虽然其平均水平略低于全国平均，但与战前相比，在全国所占的比例则已大大提高，在全国金融业中，也形成了"三分天下有其一"的局面。

与此同时，随着抗战爆发后沦陷区各类资金的大量转移而涌入后方，以及西部各地各种生产建设对资金投入的迫切需要，一大批省营、商业和私营银行及其分支行也于大后方如雨后春笋般地出现，作为战时首都的重庆，在金融业繁荣发达时，几乎每月都有好几家新的银行或分支行开业；其他各地的金融业虽不及重庆发达，但与战前相较，也都有长足进步。这样，终整个抗战时期，大后方便成了整个战时中国金融业集中、金融资本活跃的地区。到1945年8月抗战胜利时，国民党统治区各省金融机构（包括银行、银号、钱庄、信托公司、保险公司、合作金库等）的分布详况如下表③：

■ 全国各省金融机构分布状况表（部分）

省名	合计	总机构	分支机构	省名	合计	总机构	分支机构
总计	3817	1145	2672	广西	131	58	73
浙江	167	80	87	云南	217	58	159
安徽	73	10	63	贵州	181	65	116

---

① 《四行分支机构1943年度分布表》（1943年12月），见重庆市档案馆、重庆市人民银行金融研究所合编：《四联总处史料》（上册），档案出版社1993年版，第208—209页。
② 《四联总处关于1946年度各行局分支机构分布概况及今后筹设调整原则的报告》（1946年），见重庆市档案馆、重庆市人民银行金融研究所合编：《四联总处史料》（上册），档案出版社1993年版，第226—228页。
③ 朱斯煌：《民元来我国之银行业》，见朱斯煌主编：《民国经济史》，银行学会、银行周报社1948年版，第35页。

续表

省名	合计	总机构	分支机构	省名	合计	总机构	分支机构
江西	175	19	156	河南	142	101	41
湖北	96	34	62	陕西	314	143	171
湖南	166	27	139	甘肃	183	29	154
四川	1481	485	996	青海	4		4
西康	66	17	49	宁夏	18	1	17
福建	175	12	163	绥远	7	1	6
广东	175	4	171	新疆	46	1	45

由此可见，到抗战胜利时，中国西部10省的金融机构已多达2641家，占国民党统治区总数的69%；其中仅银行就有总行416家，分支行1784家，分别为战前的18倍、7倍强。抗战胜利后，因回迁和接收、新建等使得中国西部地区的金融水平较战时有所降低，但与抗战前相比，仍有明显进步和大幅提高。到1946年11月底，在全国39个省市所拥有的5274家金融机构（其中总机构1808家，分支机构3466家）中，中国西部的15个省市仍拥有金融机构2050家（其中总机构697家，分支机构1353家），各占总数的38.7%、38.6%、39%。其在全国所占比例，已较战前大大增加。若以全国各省市平均数计，则东部、中部24个省市平均拥有134.3家，西部15个省市的平均数则为136.7家，略高于东部、中部的平均数。①因此，因抗战和国民政府迁都重庆所带来的中国西部地区金融业的发展与进步，也是显而易见的。

抗战时期大后方金融机构的增多，是战时大后方地区银钱、保险、信托诸业繁荣进步的标志，而金融业的繁荣，必然带来资金总额的大幅增加与频繁流通。而所有这些，都对战时大后方其他之工矿、农商、交

---

① 朱斯煌：《民元来我国之银行业》，见朱斯煌主编：《民国经济史》，银行学会、银行周报社1948年版，第43页。

通、公用等各业的发展与进步，起着积极的保护与促进作用。

在交通运输方面，与抗战时期大后方地区工业、金融业的开发发展不完全一样，在被誉为"中国战时史诗般壮举"的内迁中，西部地区直接从东部沿海地区迁入了大量的工厂和金融机构，于大后方直接播下了开发与发展的种子；而交通运输方面则不能将东部沿海地区的公路、铁路迁入内地，内迁大后方各地的只是部分的机车、铁轨等交通器材，以及主管交通运输的管理机关及其所属技术员工和用于交通建设的大量经费。但大力开发、建设大后方各地的交通运输，则是战时主张大后方开发的众多官员、专家、学者共同的认识。在此理论的指导下，加上战时军需民用对交通运输的特殊要求和实际需要，共同促使抗战时期大后方交通运输的不断发展和进步。

抗战爆发前中国西部地区的交通受地形复杂、气候多变、山高河险等客观条件的制约，加上西部各省长时期的政治动荡和经济窘境，不仅建设交通的人力、财力及器材十分缺乏，而且建设的计划、工程标准也是各有标准。因此，虽然国民党中央政府早在1931年九一八事变后就开始注重中国西部地区的交通建设，于铁路建设方面有五年内建成8500公里之计划并特别注重长江以南及西南西北诸干线的建设，以期脉络贯通；于公路建设方面设有公路专管机构——西北西南公路管理局，由中央负责经营运输，以示倡导；于航空运输方面则督饬各航空公司在内地预为部署站场，储存机械油料，建筑油库，并开辟新的航线的计划。[1]经国民党中央的督促，于1934—1936年间在西北、西南地区赶筑了不少的公路，但终因西部地区基础太差，欠账太多，以致直到全面抗战爆发前，中国西部各地的交通运输仍是十分落后。以公路言：到全面抗战爆发时的1937年，在全国30个省区（包括西藏）共有的110,952公里公路中，西部11个省区只有公路28,370公里，平均每省为2579公里，低于全国平均数（3698公里）1000余公里。[2]以铁路言：战前中国西部地区的

---

[1] 俞飞鹏：《十五年来之交通概况》，交通部交通司1946年编印，第1—2页。
[2] 国民政府主计处统计局编制：《中华民国统计简编》，中央训练团1941年版，第61页。

铁路，西南仅云南境内滇越铁路一段约641公里；西北则只有陇海铁路潼关至宝鸡段200余公里，与别处合计长度也不过900公里，这段只占当时全国铁路总数15,000余公里的6%。[1]以航空言：因航空业产生较晚，加之国民政府在1935年之后已确定西南的云、贵、川三省为中国抗战的复兴基地，开始有意识地加强对西部航空场站的部署，所以战前中国西部的航空运输与公路、铁路相较，有较大的进步，不仅设有专门的西南航空公司，而且在中国航空公司、欧亚航空公司所开辟的8条航线中，西部地区拥有宜昌—万县—重庆—成都、重庆—贵阳—昆明、上海—南京—郑州—西安—兰州、北平—归绥—宁夏—兰州、西安—汉中—成都等5条航线，占全国总数的62.5%。[2]

抗战爆发后，国民政府在交通运输方面的两个主要目标和任务：一是"与敌争线，我建设新线，敌封锁，我打破封锁，始终维持国际运输路线，输入国外物资"；二是"为建设西南西北大后方之交通网，开发地方经济，增强国家力量"。[3]为达此目的，国民政府举全国的人力、物力、财力和技术力量，来从事大后方各地交通运输业的开发和建设。在国民政府与社会各界特别是西部广大人民的共同努力下，大后方的交通建设在抗战时期得到了大力开发和长足进步。

在铁路方面，西部地区先后修建了叙昆铁路173公里、滇缅铁路35公里、湘黔铁路175公里、湘桂铁路605公里、黔桂铁路474公里、綦江铁路66公里、宝天铁路155公里，总长达1683公里，占整个抗战时期国民政府所筑铁路2007公里的83.86%，较抗战爆发前增加了近2倍。[4]到1945年抗战胜利时，中国西部地区的铁路总长达3000余公里，虽然仍只占全国（包括东北诸省在内的11,333公里、台湾省的3925公里、海南岛的289公里）铁路总数30,030公里的一小部分，但与战前相较，其数量增

---

[1] 据《中国战时经济特辑续编》第9章《战时之交通》及交通部交通司编印的《十五年来之交通概况》内等数字统计。
[2] 俞飞鹏：《十五年来之交通概况》，交通部交通司1946年编印，第53页。
[3] 俞飞鹏：《十五年来之交通概况》，交通部交通司1946年编印，第2页。
[4] 中华年鉴社编：《中华年鉴》（下），中华年鉴社1948年版，第860页。

长仍是明显的。

在公路建设方面，抗战时期大后方的公路建设，主要是为了加强后方各省之间的联系，同时弥补国际交通运输中铁路运输之不足，达到既能支撑抗战，又能发达、繁荣后方经济的双重目的。到抗战结束，大后方的公路建设，主要采取了以下三种途径：

一是建设国际交通运输线。中国此时半殖民地半封建的社会性质及弱小的海空军力量，决定了我们在中日战争发生之初，必将失败退却；也决定了我们漫长海岸线的不保和制空权的丧失。为保持中国的对外联系，也为了获得更多的外援物资，国民政府在铁路方面耗资巨大，且建设周期过长，航空运输建设条件未备、缓不救急的条件下，以其主要力量从事公路运输建设。这当中，其首要者又为对外国际交通运输线的建设。此间，西南方面建设的战时国际通道有桂越公路、滇越公路、滇缅公路及抗战后期修建完成的中印公路。其中，桂越公路、滇越公路两线均于1938年10月广州、武汉失陷后开始运输，至1940年5月日军占领越南时停运，这两线是抗战前期中国西南地区重要的国际交通运输线。滇缅公路自云南昆明至缅甸畹町，全长959公里，是抗战时期中国历时最久、规模最大的国际陆路交通运输线。该路在战前为云南省道，由昆明至下关，全长412公里。全面抗战爆发后，国民党中央政府鉴于国际运输的重要，于1937年冬令交通部会同云南地方政府共同(中央政府出资金、技术和材料，云南地方政府出人工)修筑并延长至缅甸之畹町。自1938年起动员民工25万余人加紧赶修，经七月余的时间完成，于1938年年底正式通车，是抗战中期中国最为重要的国际交通运输线。中印公路从印度利多经缅甸密支那、八莫到中国昆明，全长约1800公里。该路缘于1942年年初，1942年12月10日正式在利多动工，经过中美两国工兵及当地土著劳工数年间的艰辛努力，终于在1945年1月28日正式通车，成为抗战后期缅甸失守后中国抗战的重要国际通道，被誉为"二战中最伟大的工程奇迹"。西北方面国际交通运输的大动脉是甘新线。该线自甘肃兰州经哈密至新疆迪化(今乌鲁木齐)，是战时中国与苏联间最为重要的通道，全长约2600公里。战前该路已有基本路基但破烂不堪，有的地段不仅不通汽车，就连马车也难以通过。抗战爆发后，为维持中国西北的国际运输，保证该路畅通，国民政府用大量的人力、物力和财力对该路进行维修，更换路基，完善桥梁、涵洞和水道，沿路共建有桥梁260余个，涵渠水道1000余条，车站房屋200余间，使其运输能力大大提高。[①]

修筑滇缅公路的云南人民

二是整理大后方原有旧路。战前中国西部各地的公路，不仅数量少，而且又因行政的紊乱互不统率，更因经济落后破败不堪，加之西部各地本身地形、气候的限制，致已成公路"一切设施，未能悉合工程标准。路线纵坡有大于百分之二十五以上，曲线半径有小至六公尺以下者。路基宽度亦不一律。大部分山路宽仅六公尺左右，甚至宽仅四公尺者。路面每以大块片石与泥土相胶结，缺乏粗细混合之级配材料。桥梁则大多为石拱或半永久式之石台木面，载重既不一律，且皆岁久失修，桥身腐朽，难于负重"。[②] 战前西部地区交通运输的此种状况，显然不

---

① 刘晨：《西北之陆路交通》，载《西北论衡》1940年第8卷第14、15合期。
② 萧庆云：《抗战中成长之西南公路》，载《经济建设季刊》1943年第1卷第3期。

能适应抗战爆发后后方繁重的运输需要，政府当局也深知"非整顿后方公路交通与国际路线，不足以持久抗战"，遂于1937年7月1日由行政院、军事委员会、全国经济委员会、军政部、交通部、铁道部及川、滇、黔、湘四省当局，在南京开会，讨论并修正通过了《川陕滇黔湘五省公路联运办法》，旋即于长沙成立西南各省公路联运委员会，统一办理西南各省公路的运输事宜。与此同时，国民政府还拨巨款对大后方的旧有公路进行改造和完善——减少渡口，增建大桥；拓宽路面，减小坡度；加固路基，完善保养；扩充车辆，增建车站。政府当局在此方面的投入，虽然迄今尚无一准确的统计数字，但我们仍可从一些个案中，窥其一斑。如西南公路全长3000余公里，计有桥梁13余公里、涵洞6000余公尺、渡口20处，其他弯多坡急、路面狭窄之处，更是不可数计。自国民政府统一接收后，于辰溪、海棠溪二渡口添建码头，增加汽划，使其日渡车能力从20余辆增加到300辆以上，其余18个渡口，均改为桥梁；那些路窄坡大、弯急险峻之处，也均加改善；仅负责维护该路的道班，即多达330余班、路工6600余人；此外，还有监工150余人、临时雇佣的捶石工5000余人，使战时运输最为繁忙的西南公路，不仅运输能力大大增加，而且始终保持着一种正常的运输状态。[①]西北六省公路总长约4700公里，是西北地区经济社会发展不可或缺的大动脉，战前仍然存在着屡作屡辍、标准参差、基础脆弱、疲于养护等弊病。抗战期间，国民政府仅1941—1943年间用于改善西北公路工程方面的款项就多达11,4804,000元，平均每公里达24,426元。[②]终整个抗战时期，大后方共改善公路108,246公里。这些改善公路虽不能说全部在大后方，但其绝大部分在大后方，应该是毫无疑问的。由此可以看出：抗战时期大后方的公路建设，无论是资金、技术或是人力方面的投入，都是战前根本不可比拟的，这是抗战时期大后方公路建设得以取得重大进步的一个重要原因。

---

① 薛次莘、莫衡：《抗战以来之西南公路》，载《抗战与交通》1940年第33期。
② 凌鸿勋：《西北公路三年来之工程与管理》，载《交通建设》1944年第2卷第4期。

三是国内重要交通线的新建。此部分是战时公路交通施政的重点，也是联系国际交通运输线与国内各重要城市、地区的主线，是构成战时大后方公路交通网络的骨干。在西南地区，除先前西南地区最为重要的西南公路外，以贵阳为中心，其北达重庆，接成渝线可直通西北，称筑渝线，长488公里；西迄曲靖，与川滇东路滇缅公路及滇缅铁路相接，称筑曲线，长502公里；南抵柳州，称筑柳线，长632公里；东至湖南桃源县的郑家驿，可由水路达长沙、衡阳，称筑桃线，长764公里。先后新建的重要交通干线有：川滇东路，1938年3月开工，自四川泸州至云南昆明，纵贯川、滇、黔三省，全长901公里；川滇西路，1939年秋开始修建，1941年年底完成，由原在四川境内的川中、乐西、西祥三路合并而成，北由内江接成渝路，南由下庄接滇缅路，全长1234公里，为纵贯川、康、滇三省边区的重要交通线；川康公路，联系四川与西康两省的重要通道，全长447公里；川陕公路（又分川陕西路、川陕中路、川陕东路），自重庆至四川广元再接西北公路，全长约650余公里，为重庆通西北的重要公路。[1]此构成了战时西南地区较为完善的公路交通网络。重要的国际通道则有桂越公路、滇越公路、滇缅公路、中印公路，昆筑渝公路、川滇东路、川滇西路等则为各国际通道的辅助线兼国内干线，川黔路、川康路、川湘路、滇黔路和成渝路等，则成了连接西南各省市的重要干线。除此之外，一些省道、县道及延伸至各边远地区的支线，更是遍布城乡，从而形成了远较战前繁荣、发达、通畅的交通网络和运输体系。西北地区的公路，主干是西北公路，该路包括陕、甘、宁、青、新五省路线。此以甘肃兰州为中心，东有西兰路(719公里)达西安；南则华双路(411公里)、川陕路(280公里)接四川广元，汉白路(536公里)至湖北白河；西有甘新路(1179公里)通新疆迪化、甘青路(236公里)至青海西宁；北则甘宁路（380公里）到宁夏；中有宝平路(176公里)连接宝鸡、平凉；甘川路(445公里)接四川绵阳而达成都；除

---

[1] 龚学遂：《中国战时交通史》，商务印书馆1947年版，第67—78页。

此之外，还有支线约81公里，总计约4443公里。①由此可见，抗战时期西北地区的公路交通网，虽不如西南地区齐备、完善，但各省的主要城市和重要地区都有公路大动脉贯通，这不能不说是战时西北地区公路交通的一大进步。

经过抗战时期国民党中央政府、各地方政府以及广大工程技术人员和民工的共同努力，战前一直制约着西部地区政治、经济和社会发展的交通运输，在战时有了突飞猛进的发展，且一直延续到战后。据统计，到抗战胜利后的1947年，在国民政府交通部公路总局所属的9个运输处，管辖的30,334公里公路（营运里程）、597辆完好客车、2245辆完好货车中，西部地区共有5个运输处、17,114公里公路、132辆完好客车、1595辆完好货车，各占总数的55.56％、56.42％、22.11％和71.05％。不仅如此，经过抗战时期的开发与建设，西部地区的运输能力也较战前大幅度提高。在公路总局所属的9个运输处中，1947年度共运输物资378,610吨、旅客11,341,110人次，其中西部地区的5个运输处共运输物资180,751吨、旅客426,402人次，分别占总数的47.74％和3.76％。②以上为国营部分。在省营和商营方面，据不完全统计，1947年度全国22个省共有公路（通车里程）39,846公里，营业客车954辆，营业货车611辆，其中西部7省（即四川、西康、云南、贵州、广西、陕西、甘肃）有公路13,629公里、营业客车88辆、营业货车300辆，分别占总数的34.2％、9.22％、49.1％；全国22个省市共有商用客车3587辆、商用货车11,915辆，平均每省市为163（客）、541（货）辆，其中西部6省市有商用客车680辆，商用货车2659辆，平均每省市为113（客）、443（货）辆，只略低于全国的平均水平。③而战前中国西部地区无论是公路通车里程、营运客车和货车数量，在全国都是微不足道的。

在航空运输方面，战前中国西部地区的航空事业就在全国占有重

---

① 龚学遂：《中国战时交通史》，商务印书馆1947年版，第75页。
② 中华年鉴社编：《中华年鉴》（下），中华年鉴社1948年版，第959页。
③ 中华年鉴社编：《中华年鉴》（下），中华年鉴社1948年版，第964页。

要地位，抗战时期的更是以西部大后方的航空运输为绝对中心。其表现首先是战时我国仅有的两个航空公司——中国航空公司、欧亚航空公司（后改为中央航空公司）相继将其总部迁到重庆、昆明，并于部署稍定后，迅速开辟大后方各主要城市与国外重要城市之间的航线；抗战期间成立的中苏航空公司，所经营的路线也全部在中国西部地区。据不完全统计，抗战期间上述三家航空公司先后开辟航线24条，其中以大后方各重要城市为起讫点的航线就多达23条，占总数的95.83％。即使是到抗战胜利、国民政府基本完成还都后的1946年2月，在中国、中央两航空公司所开辟的13条航线中，西部地区仍多达7条，占总数的一半以上。[①]直到1947年12月底，在两航空公司开辟的34条国内航线中，起飞、飞抵或途径中国西部城市的航线仍多达23条，占总数的67.65％。[②]

　　抗战时期大后方交通运输业的进步，有着十分重要的意义。一方面，保障了战时军需民用物资的供给及国际进出口物资的运输，有力地支撑了中国的抗日战争；另一方面，又大大加强了大后方各省市之间、省内各市县之间的交往与联系，有利于这些地区之间人民的相互了解、交流与物资的往来，从而对促进这些地区的经济发展与社会进步，改变这些地区长时期存在的闭塞落后状况，融合各民族之间的风俗文化，缩小西部与东部沿海地区之间的发展差异。

　　与此同时，随国民政府西迁的众多的文化教育机关、学校、各种社团以及成百上千万的难民，更给整个西部地区的政治生活、思想意识、言行举止、生活习惯、民风民俗等带来了巨大且深远的影响，他们带来了东部地区比较先进的生产技术和思想观念，促进了西部各省区的繁荣与开化，拓展了西部地区的对外交往与交流，开阔了西部各省人民的视野与胸怀，影响并在一定程度上改变了西部地区的生活与习惯，从而大大促进了西部各省市社会经济的发展与进步。

---

① 俞飞鹏：《十五年来之交通概况》，交通部交通司1946年编印，第53—64页。
② 中华年鉴社编：《中华年鉴》（下），中华年鉴社1948年版，第989页。

促进重庆发展，奠定今日始基

国民政府迁都重庆，于重庆数千年的历史上写下了浓墨重彩的一页，使重庆由一座偏处内陆的古老城市一跃成为国民党统治区的政治、经济、军事、文教、外交中心与活动中心，并逐渐发展成为在第二次世界大战中与纽约、莫斯科、伦敦齐名的国际名城；由一座僻居西陲的商埠小城逐渐发展成为一座具有现代化工业基础的经济重镇。我们可以毫不夸张地说，重庆由一座历史悠久的古老城市发展成为今天这样的现代化大都市，全面抗战八年，是其极为重要的一环，而国民政府迁都重庆，则起了重要的推动作用。这主要体现在：

第一，国民政府迁都重庆，促进了重庆政治地位的迅猛提高。

重庆，虽是一座古老的城市，但在长达两千余年的封建社会里，重庆的政治地位并不重要，仅就四川而言，也远逊于成都。直到19世纪末重庆开埠以后，重庆重要的经济、军事、政治地位才日益显现并为各方所重视。进入民国，四川军阀长时期混战，既给重庆带来了深重灾难，也孕育着重庆建市的胚胎：1921年11月，占据重庆的四川各军总司令兼四川省长刘湘设重庆商埠督办，以川军第二军军长杨森兼任督办；1922年8月，杨森败走，邓锡侯进驻重庆并于次年2月改商埠督办为市政公所，办理重庆市政；1926年6月，刘湘以四川善后督办的身份再次进据重庆，又改市政公所为商埠督办公署，先后以唐式遵、潘文华为督办，主持市政建设事宜；此后不久，广东国民革命军北伐，刘湘受命为国民革命军第21军军长，"以商埠督办名义定自北洋政府，遂改重庆商埠督办公署为市政厅"①；1929年2月15日，又改重庆市政厅为重庆市政府，至此，重庆正式建市并于1934年10月15日获得国民政府的批准，定为省辖乙种市。

重庆建市后，以其地位的重要，曾于建市之初的1930年和全面抗战爆发前夕的1936年，两次呈请国民政府改重庆为行政院直辖的甲种市，但均因其条件不符合国民政府颁行的《市组织法》中院属甲种市三项条件中的任何一项，而未获批准。

全面抗日战争爆发后，国民政府在战争的压力下被迫迁都重庆，1937年11月26日，国民政府主席林森率国民政府直属文官、主计、参军三处的部分人员抵达重庆，并迅速于12月1日在重庆大溪沟简陋的新址（现重庆市人民政府办公地）正式办公。在随后的近一年时间里，国民党中央、国民政府、国民政府军事委员会及其所属各中央部门，历经艰辛，辗转迁抵重庆。因应国民政府西迁重庆和战争不断升级扩大这一特殊的历史缘由和需要，以周恩来为首的中共中央代表团也迁抵重庆并在重庆相继成立了中共中央南方局和八路军驻重庆办事处（同时兼新四军驻重庆办事处）；战前不同政见、不同治国主张的各民主党派中央机关和主要领导人也纷纷抵达重庆；先前来往、散居于全国各地的大批豪士俊杰和社会名流，也如百川归海般地荟萃重庆。多种力量、因素综合，共同推动着重庆于抗日战争这一特殊的历史背景下，发生着前所未有、翻天覆地的巨大变化，使其由一座古老的内陆城市、商埠小城一跃而成为国民党中央、国民政府的所在地，国民党统治区政治、经济、军事、文化、外交中心和社会统治与活动中心，以国共两党合作为基础、各党各派参加其中的中国抗日民族统一战线的重要活动舞台，于整个国家政治事务中发挥着首脑、枢纽和灵魂的重要作用，其政治地位的重要，远非昔日可比，也远非战时中国的其他地区和城市可比。

---

① 周开庆：《四川与对日抗战》，台湾商务印书馆1987年版，第67页。

重庆政治地位的提高，市区人口的增加，以及战争所带来的特殊地位——战时首都，使之基本符合了行政院直属市的各项条件，但仍需要与其地位相适应的市政组织。为此，国民参政会参政员胡景伊等21人在1938年7月召开的国民参政会第一届第一次大会上，向大会提交了《建议改重庆市为甲种市案》的提案："改重庆市为甲种市，直隶国民政府行政院管辖，市长由中央简任。"此提案获得了大会同意并决议"原则通过，送政府参考"。①国民政府行政院奉悉后，于1938年10月11日举行第三百八十四次会议，行政院院长孔祥熙于会上提出了改重庆为行政院直属市的提案，会议通过了孔祥熙的提案，决议"重庆市政府暂准援照直属市之组织，将所属局长改为简任待遇，并除原有警察局外，增设社会、财政、工务、卫生四局。市组织法第9条列举各款，除营业税外，均划为市财政收入，并由中央酌予补助。会计应行独立，会计主任由国民政府主计处派员充任。该市仍隶属于四川省政府，惟为增加行政效率，以赴紧要事功起见，该市政府遇必要时，得迳函本院秘书处转呈核示，同时呈报四川省政府"②。两天后的10月13日，国民政府行政院秘书长魏道明将此决议函告重庆市政府并同时训令四川省政府知照。重庆市政府奉令后，即于1939年1月起扩大市政府组织，"将原有社会、教育两科合并改设社会局，财政、工务两科扩大为财政、工务两局，警察局仍旧，惟内部组织亦于扩充，另增设卫生局及会计室，并仍设置秘书处"③。

1939年4月，国民政府行政院向国防最高委员会提议："查重庆市向为西南重要商埠，现已蔚成政治文化中心，该市政府虽系援照直隶市组织，因事务日繁，其行政系统及职权，亟须明确规定，以资运用。兹为促进行政效率，适应实际需要，拟即将该市改为直隶于行政院之

---

① 见《国民参政会第一次大会记录》，国民参政会秘书处1938年编印。
② 参见《国民政府行政院为准重庆市援照直属市组织给四川省政府的训令》（1938年10月13日），重庆市档案馆馆藏档案，全宗号0053，目录号2，卷号274。
③ 参见《重庆市政府报送国民政府年鉴资料之总论》（1943年2月），重庆市档案馆馆藏档案，全宗号0053，目录号11，卷号78。

市。"①该提议得到了国防最高委员会的批准，从而完成了改重庆市为行政院直属市的法律程序，所余的就只是待机公布了。而1939年初夏，日机对重庆所实施的"五三、五四大轰炸"及其给重庆带来的巨大损失以及重庆人民于大轰炸后所表现出来的不畏强暴、坚持抗战的决心、信心和勇气，促使国民政府于大轰炸之次日（5月5日），毅然决然地向全国乃至整个世界发布了"重庆市，著改为直隶于行政院之市"②的训令，用短短的14个字，回答了日机野蛮轰炸，回报了重庆市民的巨大牺牲，表明了政府的抗战决心，同时也大大提升了重庆的行政级别与政治地位。

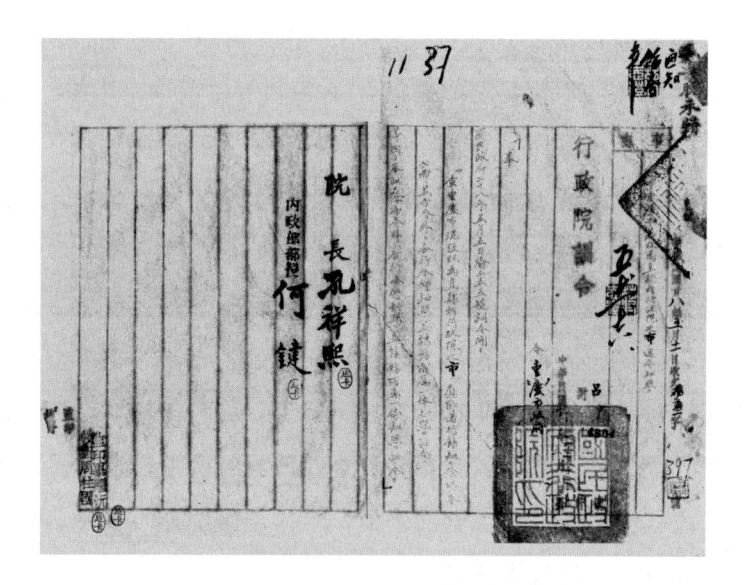

行政院转发国民政府关于改重庆市为直隶行政院之市的训令

升格为直辖市后的重庆，在地位提高、组织健全的同时，各项恢复性的建设也在政府与市民的合力下于大轰炸的空隙渐次开展并见成效，这让重庆市民看到了重庆的发展潜力和未来发展的希望。因此，在1939年10月1日召开的重庆市临时参议会第一次会议上，参议员李奎安、温少鹤、汪云松等人认为："重庆市为目前我国之战时首都，又为惟一重

---

① 载1939年5月10日《国民政府公报》（渝字第151号）。
② 载1939年5月6日《国民政府公报》（渝字第150号）。

要之直辖市，其在大后方之地位，实系首屈一指。……举凡大工商业中心之条件均已具备。是故重庆市在目前之为战时首要地区，在未来为我国西南重镇，其更远之前途可发展为国际城市。"为把重庆建设成为"'现代化之大重庆市'并使之跻于国际都市之林"，他们建议由重庆市临时参议会与重庆市各法团共同组成大重庆市建设期成会。①此建议得到了重庆市临时参议会的支持。12月1日，大重庆市建设期成会正式成立并聘请各界专家50人进行重庆现状的调查与未来建设计划的制订，共谋大重庆的建设并最终形成了《重庆市建设方案》。1940年4月1日，重庆市临时参议会第二次会议召开并通过了该方案。该方案是重庆历史上第一个关于全面建设重庆市的方案，在方案正文的第一项《建设之前提》里，开宗明义地提出了"请政府明令定重庆市为中华民国战时之行都，战后永远之陪都"的建议。方案认为：

> 重庆市之重要地位，现已渐为一般所公认。其在抗战时期，为我国政治经济文化之中心，并为抗战领导机构之所在地，固无论矣；即在抗战胜利之后，亦可预测其未来之发展，有无限光明之前途。从现有之趋势观察，将来重庆市必为长期西南建设之重心，预计其必所发展为我国伟大之内陆城市，若美之芝加哥，俄之莫斯科然。然重庆市迄未在政治上明令赋予确定之地位，今云建设，当宜先有一目标、先有一前提，以便决其规模，定其步骤，故宜由重庆市临时参议会呈请行政院转呈国民政府暨国防最高委员会，请明定重庆市为中华民国战时之行都、战后永远之陪都、俾待将来抗战胜利，还都南京之后，重庆仍能在政治上保留其确定之地位。②

与重庆市临时参议会提出"明令定重庆市为中华民国战时之行都、战后永远之陪都"的同时，日本帝国主义为了达到"运用武力及谋略务

---

① 见《重庆市临时参议会第一次大会记录》，重庆市临时参议会秘书处1939年编印。
② 《重庆市建设方案》，见《重庆市临时参议会第二次大会记录》，重庆市临时参议会秘书处1940年编印。

使重庆的国民政府在1940年底屈服"①的目的,一方面,利用汪精卫作为威胁国民政府的手段,甚至直接扶植汪精卫于1940年3月30日在南京建立汪伪国民政府,发布所谓的《还都宣言》,举行声势浩大的"国府还都"典礼和活动,企图以此扰乱国际社会视听并争取部分国家的承认;另一方面,日本帝国主义又加紧了对国民党正面战场的进攻和对我方政略、战略中枢——重庆的轰炸。为此,日军在1940年5月发起枣宜会战并于6月12日攻占了重庆门户——湖北宜昌。与此同时,日本帝国主义更利用其航空业的迅猛发展及其航空作战飞机数量的增加和飞机性能的提高,于1940年5月13日制订了以轰炸中国战时首都——重庆为主要目标的"101号作战"计划。"101号作战"计划自1940年5月开始至9月4日结束,在短短的三个月时间里,日机共有飞机2664架次轰炸重庆,投弹10,024枚重约1405吨,炸死重庆市民4119人,炸伤5411人,毁房屋6952幢,②给重庆市民的生命财产和重庆城市经济带来巨大损失和破坏。

面对日本帝国主义野蛮而残酷的轰炸及其妄图毁灭重庆的阴谋,重庆各界人士纷纷发表谈话,强调指出:"重庆市民断不能因敌机之威胁而失去一物,此物实为敌人所欲剥夺者。换言之,即重庆市民决不因空袭而动摇其坚强不拔之抗战意志是也。……敌人或欲妄图毁灭重庆,然吾人则深信重庆断乎不致沦为废墟,倘即成废墟,吾人亦必决心在此光荣之基础上,重建未来之光荣。"③"重庆纵使被炸成为平地,吾人亦当以血汗于废墟上建立光明灿烂之新重庆,虽茅室斗室,不嫌其陋,珍惜之,爱护之,不轻易离开寸土,以粉碎敌人毁灭重庆之迷梦。"④"纵使重庆全成焦土,中国人民亦必在政府领导下,与日本军

---

① 吴相湘编著:《第二次中日战争史》(上),台湾综合月刊社1973年版,第532页。
② 西南师范大学历史系、重庆市档案馆编:《重庆大轰炸(1938—1943)》,重庆出版社1992年版,第15页。
③ 《重庆市民威武不能屈决不因敌机滥炸而动摇》,载《大公报(重庆)》1940年8月22日。
④ 《建设新重庆——刘航琛杨晓波谈话》,载《中央日报(重庆)》1940年8月30日。

阀继续搏斗,决不屈服。"①重庆市临时参议会议长康心如更是满怀激情地声称,对于因轰炸所造成的各种损毁,"深信为抗战期间不可避免之牺牲,亦即为国民对国家应有之贡献,故毫无怨言而益坚敌忾同仇之心"。康心如高呼:"旧重庆今已为敌机滥炸,毁其大半,新重庆则正在孕育中。"为此,他代表数十万英勇的重庆市民和于狂轰滥炸中屹立不动的重庆城市,"希望政府当局对于新重庆之建设,早有详尽擘划,务期适合现代需要而一劳永逸,树立市民福利百年之基"。进而重提于大轰炸中确立重庆陪都地位的积极意义和重大作用——"尤有进者,即市参议会前曾建议政府明定重庆为战时首都,抗战后为永久陪都,若政府采纳,则新重庆不仅将为重要商业都市,同时亦为政治文化经济之枢纽,重庆之繁荣,可以预卜,实重庆市民之幸也。市参议会必竭全力协助政府,完成建设新重庆之使命,以协力建设,答复敌机轰炸"。②

与此同时,重庆的各种媒体,也纷纷发表评论,谴责日本帝国主义妄图以轰炸毁灭重庆的阴谋,颂扬、赞赏重庆人民于大轰炸中所承受的巨大牺牲及其表现出来的沉着镇静与高昂斗志,描绘、规划未来重庆的美好前景和建设蓝图,呼吁并强调政府当局于建设未来新重庆中应当发挥的积极作用。重庆《国民公报》在一篇题为《新重庆在孕育中》的社论中,就明确指出:"时至今日,吾人更认定建设新重庆,实刻不容缓,应由政府早定计划。重庆现在是战时首都,将来是永久陪都,故建设新重庆就是为全国建设树立楷模。……际此敌寇以轰炸威胁我们的时候,我们更要以全力建设,答复敌机之轰炸。"③而要建设新重庆,依据重庆市临时参议会所拟的《重庆市建设方案》,其首要前提就是要明确确立重庆为"战时行都、战后永久陪都"之政治地位。

在重庆各界的强烈要求和呼吁下,1940年8月14日,蒋介石以国民

---

① 《劳动协会电美苏呼吁加紧援华制日》,载《中央日报(重庆)》1940年8月22日。
② 《康心如谈建设新重庆》,载《中央日报(重庆)》1940年8月29日。
③ 《新重庆在孕育中》,载《国民公报(重庆)》1940年8月31日。

政府行政院院长的名义致函给国防最高委员会秘书厅，内称：

> 查重庆地方，久为西南重镇，河山之固，国家之宝。国民政府移驻于此，瞬将三年，以天府之雄州，系中国于苞桑，行都所在，遐迩具瞻，亦既于二十八年升为行政院直辖市矣。以言形势，则金城汤池，允叶设险守国之象，以言市尘，则五剧九衢，堪称上游名都之冠。年来寇焰虽张，经营未已。此固政府建设计划之弘远，而地方人民拥护之功，尤不可忘。重庆市临时参议会建议定为陪都，足征民情慕恋，与国同休。……拟请明定重庆永为陪都之一，俾当地一切建设事业，益得按期迈进，发皇光大，永久勿替。奠西都之宏规，慰市民之喁望。①

国防最高委员会接到行政院致函后，于1940年8月15日举行第三十八次常务会议，讨论决议的第一项议案就是"行政院函请明定重庆永为陪都"案并决议"通过"。②在一番字句的斟酌与修辞之后，1940年9月6日，国民政府正式发布了定重庆为陪都的训令：

> 四川古称天府，山川雄伟，民物丰殷，而重庆绾毂西南，控扼江汉，尤为国家重镇。政府于抗战之始，首定大计，移驻办公。风雨绸缪，瞬经三载。川省人民，同仇敌忾，竭诚纾难，矢志不渝，树抗战之基局，赞建国之大业。今行都形势，益臻巩固。战时蔚成军事政治经济之枢纽，此后自更为西南建设之中心。恢闳建置，民意佥同。兹特明定重庆为陪都，着由行政院督饬主管机关，参酌西京之体制，妥筹久远之规模，藉慰舆情，而彰懋典。此令。③

---

① 参见《蒋介石为请定重庆为陪都致国防最高委员会秘书厅公函》（1940年8月14日），原件存台湾"中国国民党党史委员会"。
② 《国防最高委员会第38次常务会议记录》（1940年8月15日），见中国国民党党史委员会影印：《国防最高委员会常务会议记录》第2册，台湾"近代中国出版社"1995年版，第577页。
③ 《国民政府令（民国二十九年九月六日）》原载《新重庆》1947年创刊号。

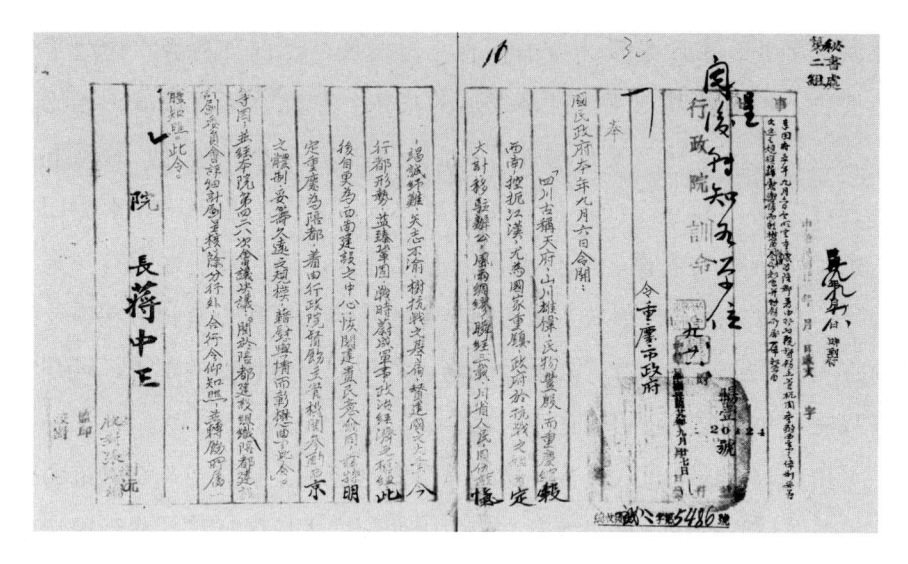

行政院转发国民政府关于明定重庆为陪都的训令

抗战时期国民政府在短短的两年间，既改重庆为直辖市后，又明令定重庆为陪都，既是当时历史条件下多种因素合力的结果，也是战时重庆政治地位不断上升、提高的历史必然，故当时即有媒体著文评论称："从全国人民的翘企和期待之中，从全川人民三年抗战所流行的血汗之中，从重庆市民的牺牲、镇定、奋发之中，洗练结晶而成的结果，并针对着暴敌杀人放火而作的答复，是重庆永为陪都的命令。"[①]在此，国民政府于法律上确立了重庆永久不移的崇高的政治地位，它是近代以来重庆政治地位发展到顶峰的标志，在重庆历史上具有巨大的现实意义和深远的历史意义，也是中华民国建置史上一件划时代的大事。从此以后，重庆就"突出四川的范围成为号召全国的大都市，同时亦在政治上成为国际城市，而与伦敦、柏林、巴黎、华盛顿、莫斯科等相提并论"[②]。重庆也因此成了"历史上不会磨灭的名字"[③]。

第二，国民政府迁都重庆，促进了重庆经济的发展。

因为便利的交通和优越的地理位置，战前的重庆无论在工业、商

---

① 《建设重庆，建设陪都》，载《中央日报（重庆）》1940年9月11日。
② 《重庆陪都之重要意义》，载《国民公报（重庆）》1940年9月11日。
③ 祖晖：《建设陪都》，载《中央日报（重庆）》1940年9月21日。

业或金融业、市政建设诸方面都有一定发展，于西部各城市中处于领先地位。但若将其与工业经济发达的华东、华北、华南诸城市相比，它又显得十分落后。就是与邻近的武汉相比，也相差甚远。这种落后一直持续到1937年全面抗战爆发前，此时，重庆工业除一家水泥厂、一家炼钢厂稍具规模、具有现代化工业特征，煤炭及航运业有一定基础外，其他方面与东部城市相比都显得相当落后。所以有论者在谈及战前重庆的工业时说，重庆"虽是西南诸省中一个最优越的都市，可是它在战前几乎是无工业可言的"[①]。

国民政府迁都重庆，促使集中在沿海地区的工矿企业、金融机构于战争爆发后开始向以重庆为中心的中国西部广大地区迁移。截至1938年2月28日，由工矿调整处协助迁往西南大后方的工厂共有68家，其中有50家迁入四川。在此50家迁川工厂中，除天原电化厂迁往川南的自流井（今自贡——作者注）外，其余49家全部迁至重庆。[②]到1938年年底，从上海、武汉等地内迁的工厂共341家，其中迁入四川的有142家。在此142家迁川工厂中，有124家迁入重庆。[③]这以后，随着战争的持续与战区的扩大，内迁厂矿也越来越多，迁入重庆的工厂也就随之增多。到1940年底内迁厂矿暂告一段落时，经国民政府经济部工矿调整处协助、由战区各地迁往大后方的民营工厂共计452家，物资设备12万吨；其中迁入四川的工厂为250家，物资设备9万吨。[④]依据有关专家研究所得出的所有迁川工厂中，有"90%以上均在川东，靠近重庆、巴县一带"[⑤]的结论计算，那么，抗战时期从东部沿海地区迁入重庆的工矿企业则在225家、物资设备在8万吨以上，分别占内迁工厂总数的49.78%、66.67%。除此之外，国民政府兵工署、资源委员会所属的一大批国营重要工矿企业亦多因政治、经济、人事上的原因迁到重庆，仅兵工署所属各兵工企业就多达11

[①] 李紫翔：《胜利前后的重庆工业》，载《四川经济季刊》1946年第3卷第4期。
[②] 《工矿调整处协助迁往西南之工厂一览表》，载《民国档案》1987年第4期。
[③] 载《新华日报·本日简讯》1938年12月14日。
[④] 林继庸：《民营厂矿内迁纪略》，见中国人民政治协商会议全国委员会文史资料研究委员会编：《工商经济史料丛刊》第2辑，文史资料出版社1983年版，第136—137页。
[⑤] 周开庆：《四川与对日抗战》，台湾商务印书馆1987年版，第52页。

家，占此时期整个兵工企业内迁厂家总数18家的60%强。这些内迁的国营和民营工厂，一般具有生产规模大、资金雄厚、设备先进、技术力量强等特点，它们迁入重庆后，与重庆原有的各种优势结合，不断得到发展壮大，重庆近代化的工业基础也于兹奠定。

抗战爆发后，与工矿企业内迁重庆的同时，原集中于东部地区以中国银行、中央银行、交通银行、中国农民银行等国有银行为首的一大批国营、省营、商营银行，也纷纷将其总行向以重庆为中心的中国抗战大后方迁移。全面抗战爆发不久，四行之总行，相继于1939年11—12月间迁往重庆办公；嗣后不久，中央信托局、邮政储金汇业局也相继迁重庆办公。其他未能将总行迁移重庆办公者，也相继在重庆设立分支行处，如被誉为"南四行"之一的浙江兴业银行，被誉为"北四行"之一的中南银行，相继在重庆设立分行。故当时有论者著文称："自二十七年一月后，各省省银行在渝设立分行及办事处者日多，其况有如抗战前之上海。"[1]

沿海工矿企业、金融机构的大批迁渝，不仅给重庆带来了数以万计的新式机器、数千名熟练工人和数以亿计的工业资本，更主要的是给重庆带来了沿海地区数十年积累起来的丰富且先进的经营经验和管理技术。而战争爆发后前方军需与后方民用的巨大市场，重庆与四川以及整个西南地区丰富的资源、人力，众多金融机构提供的资金保障，都为重庆工矿企业的发展提供了广阔的前景。这样，在1941—1943年间，重庆各地就掀起了一股工业建设的热潮，"经营工厂成为一个最时髦的运动，不单是资本所有者，即是有经验的技工，亦多有合伙的或独立的设立工厂者。一时小规模之工厂，风起云涌，对于机器、原料和技工的争夺，造成过空前的工业繁荣"[2]。据有关专家的统计，到1945年，重庆工厂总数为1694家，资本总额为2,726,338,000元。这当中，于1937年全面抗战爆发前开工的工厂只有45家，资本22,117千元，分别占工厂总

---

[1] 傅润华、汤约生主编：《陪都工商年鉴》第7编《金融》，文信书局1945年版，金融编第9页。
[2] 李紫翔：《抗战以来四川之工业》，载《四川经济季刊》1943年第1卷第1期。

数的2.7%和资本总数的0.8%；而其余的工厂都是在战火纷飞的抗战时期建立起来的。其中，在重庆遭受轰炸最为频繁、残酷的1939—1941年，重庆开工的工厂为528家，为战前45家的11.73倍；而在空袭减少后的1942—1943年两年间，重庆开工的工厂则多达702家，为战前的15.6倍。①战时重庆工业的突飞猛进，显而易见。

不仅如此，抗战时期的重庆工业，在整个大后方的工业经济中，也处于举足轻重的地位。据资料统计，到抗战胜利前夕的1944年年底，整个大后方有工厂5266家、工业资本4,801,245千元、职员59,246人、工人359,663人、动力设备5225部、工具机设备8727部，以上各项重庆分别为1518家、1,408,125千元、14,517人、89,630人、2302部、4320部，各占总数的29%、29%、19%、25%、44%、50%。②战时的重庆生产的绝大多数的产品占着整个大后方的一半以上。而重要的工业设备和产品，如发电机、发动机、各式车床、工具机、轧钢机、蒸馏塔、高压裂化炉、大型纺纱机、毛纺机、炼钢炉等，要么只能重庆生产，要么重庆的生产能力占整体的80%以上。

重庆炼钢厂

---

① 李紫翔：《胜利前后的重庆工业》，载《四川经济季刊》1946年第3卷第4期。
② 根据李紫翔《四川战时工业统计》中有关各表统计、计算，文载《四川经济季刊》1946年第3卷第1期。

因此，重庆被誉为战时中国的"工业之家"，成为当时中国工业部门最齐、门类最多、生产规模最大、产品最丰富的唯一的综合性工业生产基地，它的一举一动，不仅大大地影响着中国抗战大后方其他各地工业和其他行业的发展，而且其在生产过程中所表现出来的巨大生产能力，使之成为支撑中国长期抗战最大的经济堡垒和最为重要的物质脊梁，在为中国抗日战争的胜利做出巨大贡献的同时，也奠定了日后重庆工业经济发展的基础和格局，是重庆经济中心地位形成过程中不可或缺的重要一环，也是重庆经济进入全国经济体系与格局并发生巨大作用的一个重要时期。

第三，国民政府迁都重庆，促进了重庆文化教育的繁荣。

作为意识形态的文化教育，是一定时期政治经济发展的反映，同时反过来给政治经济以一定的作用和影响。重庆于战前在西部地区所处的优越地位，对重庆的文化教育事业起着相当的推动作用，重庆也因此成了战前西部地区文化教育相对发达的地区。到1935年，重庆一隅，即有日报8家、晚报7家、通讯社1家、杂志社6家、印刷机关18家、大小书店40余家；此外，还有大学2所、中学20余所。如果我们只局限于西南的范围，用重庆当时的地域面积来衡量，那么，重庆的文化教育也算是比较发达的。倘若我们突出西南一隅，将之纳入全国的范围来考察，那么，重庆的这些又显得微不足道。我们以全面抗战爆发前的1936年为例，从数量上看，1936年全国共有高校108所，重庆仅2所，只占全国总数的1.85%；全国共有中等学校3200所，重庆仅25所，占全国总数的0.78%；全国共有私立小学39,565所，重庆只有26所，占全国的0.066%。[①]再就质量和知名度看，在这些学校中，除创办于1929年的重庆大学稍具规模，有一定影响外，其余各校皆默默无闻。而重庆所拥有的10余家报纸、杂志和40余家书店，也全属地方

---

① 全国各类学校的统计数字，来自《重庆概况》，中共重庆市委政策研究室1952年编印，第209页；重庆市中、小学的统计数字，来自《重庆各机关法团名称》之统计，重庆市公安局警察训练所1936年版。

或行业性质，没有一家全国性的舆论阵地，其中除《商务日报》《新蜀报》《国民公报》等少数几家在四川有一定影响、存在时间较长外，其余各报大多为一方之言，存在的时间既短，编辑、印刷质量也差，故其印数极少，影响也微。

抗战爆发后，作为我国文化教育精华荟萃之地的华北、华东相继沦为战区并很快陷入敌手，为了减少日寇的破坏、避免日军之蹂躏并摆脱日军的奴役，保存我国文化教育的命脉，使之不因战争的破坏而中断并能于战争的恶劣环境下保持、发扬和光大，在国民政府的组织、领导下，一些国立、省立和私立的大专院校纷纷内迁，从而形成了我国教育史上有史以来第一次最大规模的自东向西的大迁徙。据统计，战前全国108所高校战争爆发后被迫迁移的有52所，其中先后迁入四川的有48所；在迁川高校中，又以迁往重庆的最多，其总数多达27所（这里的行政范围以当时重庆市及其紧邻的巴县、江北县、北碚管理局的行政区域为准，不包括璧山的3所，江津的2所，迁移标准也以市外迁入重庆为准），占战前全国高校总数的25%强，占全部迁川高校48所的56%强。[①]迁渝高校不仅数量多，而且大多是当时中国的著名学府或特殊学校，如中央大学、陆军大学、中央政治学校、交通大学、复旦大学、南开大学经济研究所、中央工业职业专科学校、药学专科学校、北平艺术专科学校、中央国术馆体育专科学校等。它们的迁入和集中重庆，不仅打破了日本帝国主义毁灭、摧残中国教育的迷梦，粉碎了其利用中国原有教育阵地、设施，施行奴化教育的野心；而且保存了中国教育的精华，使得中国的传统教育不因战争而中辍；更为重要的是，这些学校为抗战培养了大批的各类专门人才，为中国抗战的最后胜利做出了巨大贡献。

与此同时，国民政府及有关部门为适应战争的需要，又先后在重庆设立了重庆商船专科学校、音乐学院、正阳学院、中华剧专、中国美术

[①] 四川省志教育志编辑组：《抗战中48所高等院校迁川梗概》，见中国人民政治协商会议四川省委员会、四川省省志编辑委员会编：《四川文史资料选辑》第13辑，1964年版，第72—96页。

学院、私立乡村建设学院、私立求精商业专科学校、私立储材农业专科学校等8所高等院校。①由此一来，外地迁入、本地新设，再加上原有的2所大学，作为中国战时首都的重庆，其高等教育最盛时达37所，约占当时全国高等院校总数的三分之一。②如此众多的大专院校密集在重庆这样一个狭小的地域内，这不仅在重庆历史上前所未有，而且在中国教育史上也是第一次。它对改变重庆乃至整个中国西部地区原有教育的落后状况，对今天重庆教育的发展，都起了不可磨灭的重要作用。

抗战时期重庆人口数量的增多、政治经济的发展、高等教育的进步，也促使重庆本身的教育事业得到发展和进步。重庆中等学校在1936年只有25所，到1946年时已增加到71所，共增加了46所，平均每年增加4所还多；国民教育在1940年还只有42所，到1945年时则增加到294所，五年间增加了7倍多；职业学校在战前只有7所，战时则大量增加，抗战胜利后虽然迁回原址或停办了一些，但到1947年仍多达23所，为战前的3倍多。

抗战时期内迁重庆沙坪坝的中央大学

---

① 重庆市地方志编纂委员会编：《重庆市志》第10卷之《教育志》，西南师范大学出版社2005年版，第175页。
② 笔者认为，任何研究，都必须在一定的地域范围内进行，才可以得出科学的结论。战时重庆高等教育的地域范围，笔者以当时重庆、江北、巴县及北碚管理局的行政范围为准，其余中等教育等的地域范围，则以当时重庆市的行政范围为准。

与抗战时期重庆教育的发展进步相适应，战时重庆的文化事业也得到了快速发展并呈现出前所未有的繁荣。这种发展与繁荣主要表现在两个方面：一方面是一大批全国性的文化机关、学术团体、报纸杂志、新闻出版、书社书店纷纷迁往重庆；另一方面是一大批全国性的文化机关、学术团体、报纸杂志等在重庆的新建和创办。迁来、新建的众多文化机构与重庆原有的文化事业交相互融合、共同作用，汇集成了重庆文化史上有史以来最为繁荣、昌盛的局面，重庆因此也就成了抗战时期中国人民坚持抗战、反对日本帝国主义的文化活动中心、舆论宣传中心、对敌精神作战中心和继承中华民族优秀文化遗产的一个重要阵地。据不完全统计，抗战中，在重庆先后出版的报纸有113种（包括各种日报、晚报和导报），其中最盛时一同出版的多达22种；先后设立的通讯社有36家，其中最盛时一同发稿的多达12家；先后出版的杂志有604种，包括周刊67种，旬刊30种，半月刊101种，月刊299种，双月刊32种，季刊68种，不定期刊物7种；先后设立的书店有146家，印刷社、所160余家；活跃在重庆的各种全国性文化学术团体也多达130余个。[①]

作为文化事业繁荣发展重要标志之一的图书出版，在战时重庆也相当活跃。抗战爆发前，重庆只有中西书局、新文化印刷社等17家以机械印刷为主的印刷厂，另有商务印书馆重庆分馆、中华书局重庆分局等大小书店40家，[②]其出版的图书不仅数量较少，其影响力也是微乎其微。抗战爆发后，随着大批著名印书馆、出版社、书局的迁往重庆以及为适应抗战需要新创的一些出版机构，重庆的图书出版不仅在数量上占有首屈一指的地位，而且在编辑、校对、印刷特别是图书类型等方面，都有明显的提高和进步，重庆因此成为战时中国的出版中心。全国七大书局中，商务、中华、正中、世界、大东、开明6家将其总管理处

[①] 笔者根据重庆市档案馆馆藏及重庆市政府、重庆市党部、重庆市社会局、重庆市警察局等全宗内的有关材料统计。

[②] 重庆市新闻出版局编：《重庆市志·出版志》，重庆出版社2007年版，第3页。

迁到了重庆；国民党中央所属的6家书店——正中书局、中国文化服务社、独立出版社、青年书店、拔提书店、国民图书出版社也全部集中在重庆；中共领导的出版机构则有生活书店、读书出版社、新知书店、中国出版社等。据不完全统计，在1938年1月至1940年12月的三年里，在重庆的中华书局即出版各类图书282种，正中书局出版263种；[1]另据有关方面统计，抗战时期重庆有出版社和兼营出版的书店300多家，共出版各类图书6000多种。[2]战时重庆的出版界，不仅在重庆历史上前所未有，而且在战时整个中国大后方出版界也独占鳌头，无地可比。所以1943年10月，重庆市图书杂志审查处代处长陆并谦不无自豪地对外宣称："1943年3—8月，重庆出版图书1974种，杂志534种，约占全国出版物的1/3。"[3]一个城市的图书出版能达到全国的33%，其发展、繁荣程度不言而喻。这些出版物中，虽然有一部分是为国民党的统治服务的，其中也不乏一些宣传反共反人民的读物，但毋庸讳言的是，这当中也有不少是宣传进步、宣传抗战、宣传民主、宣传团结且深受广大人民群众喜爱和欢迎的图书、报纸和刊物，尤其是新华日报社和群众周刊社出版的"新群"丛书，它们不仅是以重庆为中心的中国抗战大后方各界、各阶层人民团结抗战的号角，而且是指引国统区人民坚持团结、反对分裂，坚持进步、反对倒退，坚持抗战、反对投降的灯塔。其中一些著名作家、学者、教授的作品，不仅在当时产生了巨大影响和作用，而且泽被后世，彪炳史册，至今仍被当作传世佳作，如郭沫若的《屈原》《甲申三百年祭》，老舍的《四世同堂》，巴金的《寒夜》《憩园》，梁实秋的《雅舍小品》，茅盾的《腐蚀》，夏衍的《法西斯细菌》，翦伯赞的《中国史纲要》，阳翰笙的《天国春秋》，张恨水的《八十一梦》，等等，无一不是各位作家在抗日民族解放战争的大背景下呕心沥血、含辛茹苦，为中华民族的苦难和重生创制的鸿篇巨

---

[1] 参见重庆市档案馆馆藏档案，全宗号0060，目录号2，卷号102。
[2] 重庆市新闻出版局编：《重庆市志·出版志》，重庆出版社2007年版，第3页。
[3] 重庆市新闻出版局编：《重庆市志·出版志》，重庆出版社2007年版，第23页。

制，同时共同汇集成了中国抗战文化史和世界反法西斯文学史上辉煌且永恒的篇章。所以，著名文学家王平陵当时即著文称赞说，抗战时期重庆"出版事业之发达，一般著作家之努力，较之战前尤有过之而无不及。更足称道的，就是那时期陪都新闻报纸的进步，无论哪一家报纸都充满着第一流的作品，无不是流寓此间的名作家所执笔。……而印在土纸上的材料，甚至是发表在副刊上的散文小品，却不是土货，可说是斐然成章，无美不具，随在可以发现中国的文化已在抗战中获得长足的进步。中国精华的凝聚，人才的集中，文化的发扬，真是有史以来第一次"①。

除此之外，其他如诗歌、杂文、剧本、戏剧、电影等等，也是日新月异、如火如荼、一日甚过一日，如话剧演出，仅战时重庆各个剧场公演的话剧，就多达240余出；②电影拍摄，当时大后方仅有的3家电影制片厂——中国电影制片厂、中央电影摄影场和中华教育电影制片厂全部集中在重庆，并于物资条件十分艰苦的条件下，摄制了抗战故事片16部、新闻片80部和科教片23部。③当代著名话剧史研究专家石曼在其《中国话剧的黄金时代》一文中，如此评价战时的重庆：

> 没有哪个时代能出如此多的文坛巨匠，也没有哪个年代能出那么多的优秀文艺作品，更没有哪个城市能拥有如此灿烂的文化星空！抗战八年间的重庆，话剧创作和演出风起云涌，经典佳作迭出，舞台上群星灿烂……重庆创造的辉煌文化和文化的辉煌，是中国任何一座城市都无可比拟的。④

与此相适应，抗战时期的重庆，各种全国性的文化交流活动，诸如讲演会、座谈会、纪念会、庆祝会、招待会等，比比皆是，无日没有；文化、美术、报刊、艺术、绘画、摄影、古物等展览，也是频频举行，

---

① 王平陵：《陪都的文化运动》，载《新重庆》1947年第1卷第4期。
② 石曼：《中国话剧的黄金时代》，载《今日重庆》2005年第4期。
③ 重庆市地方志编纂委员会编：《重庆市志》第10卷之《文化志》，西南师范大学出版社2005年版，第231页。
④ 石曼：《中国话剧的黄金时代》，载《今日重庆》2005年第4期。

一个接着一个；各种全国性的学术会议及年会、会员大会、理事会、讨论会等，也大多在重庆举行；而每当文艺节、戏剧节、诗人节、美术节、音乐节、教师节、儿童节、记者节等节日来临之际，作为中国战时首都的重庆，更是有计划、有组织、有目的地举行各种各样的盛大庆祝活动。其规模、声势与影响，都是中国文化史上浓墨重彩的一笔，也是战时中国文化进步、艺术繁荣、学术活跃的象征。如重庆的"千人大合唱"，给郭沫若、茅盾等名人的"祝寿"活动，以及热闹非凡的"雾季艺术节"，迄

抗战胜利后，为纪念重庆在抗战中的重要地位与重大贡献，重庆各界于1947年在市中心修建的"抗战胜利纪功碑"

今仍让人们难以忘怀、向往不已。此外，成千上万不同性质、不同流派、不同区域的作家、艺术家、思想家、画家、音乐家、诗人、戏剧家、哲学家、历史学家、翻译家、电影艺术家等文化工作者和社会名流，纷纷汇聚在重庆，在重庆这个历史的大舞台上生活、战斗了八年之久，既书写了他（她）们个人生活中永值纪念的一页，结下了他（她）们之间永垂青史的友谊，又汇总成了中国文化史上一个璀璨夺目的辉煌时期，为重庆、为中国抗战大后方、为整个中华民族的历史，做出了巨大且永久的贡献。一方面改变了重庆文化教育的落后面貌，缩小了中国东西部地区在文化教育上的差异，对整个中国社会的进步起了巨大的推动作用；另一方面也使中国的文化教育事业在长达八年之久、战火纷飞的全面抗战时期得以保存并取得长足的进步，于中国文化教育的发展史上起着承上启下的伟大作用，对中华民族有巨大且永久性的贡献，不可忘却。

后 记

记得在2000年左右，笔者为了一本书的出版事宜，到某一机关办理内部准印证，不知怎么就聊到了国民政府迁都重庆的事，当时负责办事的人对我说："抗战时期国民政府是逃到重庆的！"这件事对我的刺激很大。虽然在此之前，我也对国民政府迁都重庆有过一些粗浅研究，也发表了诸如《试论国民政府迁都对重庆的影响》《国民政府迁都重庆述略》《抗战初期国民政府迁都重庆之经过》等论文，对国民政府迁都重庆一事知晓一二，也知道国民政府迁都重庆是有计划、有目的的，但对计划怎样、目的何在无深入系统的研究，因而面对该办事人的说法，我的确没有很大的底气去反驳他。作为一个大学学历史毕业后又从事历史研究的人来说，此番言语刺激，无疑为自己今后的研究找到了一个方向。加之国内外学术界对抗战时期国民政府迁都重庆这一重大事件，的确少有研究，即使个别的论著有所涉及，也是要么语焉不详，要么错漏百出。有鉴于此，笔者遂决定将抗战时期国民政府迁都重庆，作为自己的一个研究方向。

十余年来，笔者通过种种途径，搜集有关抗战时期国民政府迁都重庆的各种资料，探寻国民政府迁都重庆的历史背景、决策经过、迁都原因、经过及其作用意义。通过长时期的研究，笔者认为：（一）在敌强我弱的形势下实施迁都，以积蓄力量，打败敌方，乃古今中外通常采用的一种战略，而且是一种比较成功、正确的战略，此次迁都也达到了其预期的成效和目的。（二）抗战时期国民政府的两次迁都，无论是迁都洛阳或是迁都重庆，既参照了古今中外在敌强我弱的情况下迁都备战的先例，也遵循了

后 记

中国的仁人志士、英雄豪杰有关对付日本侵略中国采取"拖"与"向内陆发展"的方略，所持的理论依据，则是孙中山先生有关建立"海陆都"的论述。迁都洛阳，因当时形势与条件所限，明显带有一定的权宜性和暂时性。而迁都重庆，则是抱定了长期抗战的最后决心，而且是早有谋划和准备，并非一时的心血来潮；它既是国民政府为对付日本帝国主义不断侵略中国所采取的一种策略，更与国民党中央长期抗战的政略有关，是抗战初期国民党中央采取的最为重要的战略决策之一，并不是用一个"逃"字就可以解释清楚的。（三）国民政府迁都重庆，古今中外既有先例，也符合孙中山先生有关建立"海陆都"的理论，更符合当时中国的国情与中日战争的具体形势和发展规律，因而它是正确的、适宜的。它不仅在当时得到了全国各地各阶层人民的支持与拥护，而且对整个中国的抗日战争，对中国西部广大地区的开发与建设，都起到了不可估量的巨大作用，从而有利于整个中国社会的发展与进步，因而是积极的、正确的，也是值得肯定的。

为了阐释抗战时期国民政府迁都重庆的背景、原因、经过与结果，回答人们有关抗战时期国民政府究竟是不是"逃"到重庆的疑问，陕西师范大学出版总社于2015年约笔者撰写一本关于抗战时期国民政府迁都重庆的书，纳入该社重点推出的"抗战大迁徙实录丛书"之中，经与该书责任编辑反复商榷，决定将此书定名为《国府西迁》。本书得到了国家社科基金抗日战争研究专项工程项目"中国抗战大后方历史文献资料整理与研究"（19KZD005）的支持。

有关抗战时期国民政府迁都重庆一事，笔者虽已研究近二十年，也自认为颇有心得且填补了国内外学界在此领域的空白，但受资料搜集以及个人水平的限制，书中错漏，在所难免，恳请广大读者批评指正；同时对为此书出版付出心血和努力的陕西师范大学出版总社及责任编辑，表示衷心的感谢！

唐润明

2020年6月